# 中国参与全球价值链的新一轮开放战略

China's Strategy on Participating the Global Value Chain

王子先 著

经济管理出版社
ECONOMY & MANAGEMENT PUBLISHING HOUSE

**图书在版编目（CIP）数据**

中国参与全球价值链的新一轮开放战略/王子先著. —北京：经济管理出版社，2014.12
ISBN 978-7-5096-3587-2

Ⅰ. ①中…　Ⅱ. ①王…　Ⅲ. ①对外开放—开放战略—研究—中国　Ⅳ. ①F125

中国版本图书馆 CIP 数据核字（2014）第 312396 号

组稿编辑：申桂萍
责任编辑：申桂萍　刘　宏
责任印制：黄章平
责任校对：赵天宇

出版发行：经济管理出版社
　　　　　（北京市海淀区北蜂窝 8 号中雅大厦 A 座 11 层　100038）
网　　址：www. E-mp. com. cn
电　　话：(010) 51915602
印　　刷：北京晨旭印刷厂
经　　销：新华书店
开　　本：720mm×1000mm/16
印　　张：15
字　　数：294 千字
版　　次：2014 年 12 月第 1 版　2014 年 12 月第 1 次印刷
书　　号：ISBN 978-7-5096-3587-2
定　　价：59.00 元

# 序 言

20 世纪 90 年代以来，在信息革命推动下，全球化的浪潮已经席卷人类生产生活的各个领域，对国际经济政治格局产生了日益深远的影响。随着全球化进程加快，国际分工和贸易边界不断拓展，价值链向全球延伸，世界经济开始进入全球价值链时代。近年来，全球价值链成为国际国内的热门话题，受到各方面重视。特别是世界贸易组织、经济合作组织、联合国贸易和发展会议等国际机构先后开展了专题研究，掀起了全球价值链研究的热潮。中国有关机构和专家学者也积极参与了相关研究，初步形成了一些有价值的成果。这些研究成果显示，世界范围内生产经营活动被日益纳入基于全球价值链的全球生产服务网络。传统意义上以商品贸易为基础的国际分工格局正在被打破，国际分工方式出现革命性变化，由单个企业内部分工为主向全球供应链、价值链分工方式递进，国际分工的节点由产业转向工序、业务流程或生产环节，企业价值增值和竞争力由整个供应链上的整体资源整合能力来决定。就要素跨境流动和分工深化的角度而言，全球化是全球价值链形成与升级的根本动力，全球生产网络是全球价值链的基础和源头，而全球价值链则是全球生产网络的高级和具体化形态。生产组织和交易方式的演进共同推动国际经济格局的深度变革，其对世界经济贸易的重大影响值得高度关注。

总体来看，价值链从单个民族国家内部向外部延伸，是与经济全球化的进程相适应的。在全球价值链时代，全球资源一体化深度整合成为对外开放新趋势。需要强调的是，产业升级催生的服务业革命具有产业组织驱动器和黏合剂的功能，带动了世界范围内优势要素集聚和优化配置，基于全球价值链的资源整合达到有史以来的最高水平。通过参与资源全球深度整合，培育国际竞争新优势，成为各国对外开放的新潮流。在这一大趋势下，就连长期处于全球化边缘状态的非洲大陆也以更加开放的姿态融入世界经济，不少非洲国家经济增长明显提速。同时，由于知识、人才、技术、研发领域创新的全球化程度不断提升，全球化和信息革命共同推动从技术到产业、管理和商业模式的全方位创新，与资源全球深度整合形成互动，构成新形势下产业和企业核心竞争力的重要源泉。应该看到，当今的国际竞争不再是单个企业之间的竞争，而是整体全球供应链与价值链之间的竞争。谁拥有全球资源最大整合平台和能力，谁就能赢得全球价值链的主导权，而积极主动的开放式发展战略成为各国应对全球化新趋势的优先选择。

过去 30 多年来，中国通过全方位参与全球价值链分工与合作，获得了巨大的开放红利，走出了一条以开放促改革、促发展、促创新的成功之路。国际权威机构研究显示，参与全球价值链的程度与人均 GDP 增长率之间呈现正相关的关系，参与全球价值链对就业和收入增长有直接带动作用。同时，参与全球价值链还是发展中国家构建生产能力、实现产业升级的重要途径。一些新兴经济体通过对外开放，不断提高自身参与全球价值链的水平，扩大了高附加值产品和服务出口，进而成功地在全球价值链中获取了更多的分工效益。中国无疑是其中成功的典范。凭借积极有效地吸收外资和出口模式升级，中国逐步融入全球分工体系，并得以嵌入全球价值链中一些技术含量相对较高的环节，成为世界工厂和全球制造第一大国。伴随对外开放进程加快，中国参与全球价值链的水平显著提高。改革开放初期，货物贸易和利用外资是中国嵌入全球价值链的主渠道，而近年来“走出去”、服务贸易、服务外包等对外开放的新途径开始发力，对于中国全方位参与全球价值链的推动作用日益凸显。中国经济连续 30 多年保持高速增长，2013 年人均 GDP 达 6767 美元；中国制造业创造的增加值占全球总量的 20.8%，其中有 220 多种工业品产量居世界第一位；中国货物贸易总额也已经跃居世界第一，并成为世界五大洲 120 个国家和地区第一大贸易伙伴。事实充分证明，过去 30 多年通过扩大开放，中国嵌入全球价值链，分享了全球化带来的利益，并在有效推动经济增长、就业和税收增加、结构升级、效率提升、技术进步的同时，促进了中国与世界各国的互利共赢和共同发展。

当然，由于现阶段全球价值链仍由跨国公司主导，参与全球价值链也存在风险。虽然中国参与全球价值链的深度、广度不断提升，并已成为诸多行业全球价值链的重要一环。但总体来看，中国企业嵌入全球价值链仍局限于对跨国公司主导的价值链的参与和适应，较多集中在全球价值链低端和低附加值环节，即仍处于“微笑曲线”的中部和底部。这不仅制约了我国对外开放质量和效益的进一步提升，限制了参与全球价值链分工的积极作用，而且不利于稳步提高我国在国际上的话语权和影响力。值得注意的是，我国也面临由于简单跟随式发展而被低端锁定的风险。尽管在全球化条件下发展中国家参与全球价值链是实现产业升级的重要途径，但也有少数国家和地区由于采用简单跟随式发展模式而导致部分产业长期被锁定在低附加值环节，难以实现转型升级，某些国家和地区还因此陷入中等收入陷阱，出现了经济社会发展倒退。目前，我国经济社会发展进入了新常态，经济增速有所放缓，资源环境约束增大，转型升级处在关键机遇期。如果不把参与全球价值链与培育自身产业价值链更好地结合起来，通过优化营商环境、推进公平竞争，形成经济内生发展和创新的综合能力，就无法提升参与全球价值链的溢出效应和开放红利，甚至局部地区有可能陷入简单跟随式发展陷阱，某些产业领域有可能被低端锁定。

2008 年国际金融危机爆发后，世界经济进入大调整、大重组、大变革时期。目前，国际贸易和投资总体复苏乏力，世界经济仍然面临诸多不确定性。如何切实有效治理全球经济深层次失衡，抑制新的风险，促使世界经济从脆弱的复苏中走出来，恢复持续较快增长，是世界各国的共同任务。正确对待全球化，保持对外开放的大格局，遏制保护主义，适时启动新一轮全球化进程，早日完成这一轮多边贸易谈判，将为世界经济贸易复苏注入强大动力。为了适应危机后的新形势，全球价值链同样需要做出重大调整，而经过重塑并改善治理之后，全球价值链仍将是推动世界经济贸易复苏的重要动力。同时，全球正在酝酿新工业革命，发达国家推进“再工业化”和制造业回流，这将带动全球价值链进一步调整与升级，并将给我国带来重大挑战和机遇。一方面，世界经济贸易持续低迷，市场需求不振，直接影响我国出口的可持续增长；各种反全球化声音和保护主义抬头，经贸摩擦升级；国际竞争空前加剧，“中国威胁论”不绝于耳。加之国内成本、资源、生态环境和汇率等压力加大，加快经济转型和产业升级势在必行。另一方面，我国也面临前所未有的历史性机遇。通过主动参与世界经济大调整获得新的技术、资源和市场，我国在危机中贸易份额不降反升就是例证；通过加快“走出去”步伐，开展海外并购，可以提升企业核心能力；通过积极主动参与全球价值链重塑、嵌入高端环节，优化全球市场网络布局，构建全球性区域价值链网络，有助于实现我国在全球价值链的地位攀升。

总体而言，经济全球化仍在继续推进，全球价值链仍在拓展和延伸，全球资源深度整合水平还在继续提高。不能因为外部危机导致局部保护主义抬头、经济全球化遇到一些障碍，就改变对世界范围内对外开放大趋势的判断。未来我国应紧紧抓住世界经济大重组、新工业革命稳步推进、全球资源深度整合以及全球价值链重塑等多重机遇。全面提升开放型经济水平，继续全方位嵌入全球价值链，努力获取更大的外溢效应和开放红利，为我国发展、改革和创新注入新的强大动力。为此，必须全面总结过去的成功经验，客观分析世界经济走势和国际竞争格局的变化，坚持对外开放基本国策不动摇，将全方位参与全球价值链作为构建开放型经济新体制的战略重点，着力提升全球资源整合能力，创造国际竞争新优势。以开放促发展、促改革、促创新，在参与全球价值链的国际竞争中赢得优势与主动，为实现全面建成小康社会的目标做出新贡献。

正是由于开展全球价值链研究对于推动中国产业转型升级、构建开放型经济新体制具有突出的理论和现实意义，本人乐意为本书作序。作者王子先同志一直从事对外开放工作与政策研究，在该领域有长期知识积累和丰富的研究成果。虽然身体有恙，但仍然勤奋探索、笔耕不辍，其精神感人。相信本书出版能够对推进基于全球价值链的新一轮对外开放有一定参考价值，给国内相关研究带来积极影响，推动全球价值链、开放型经济新体制等重大课题的理论创新和实践发展。

王洛林

2014 年 10 月

# 目　录

# 第一章　总论：全球化推动全球价值链的形成和升级

价值链从单个民族国家内部向外部的跨国延伸，是与经济全球化的总体进程相适应的，随着国际分工和贸易边界的拓展，跨国公司价值链随之向全球延伸。而且伴随经济全球化深度和广度的提高，价值链向外部延伸的范围和程度也一步步扩大。20世纪末期，经济全球化从贸易全球化延伸到服务全球化这一更高阶段，全球一体化生产服务体系正式形成，全球价值链发展也进入以服务为主导的全新阶段，世界经济历史上第一个“全球价值链”时代宣告到来。服务贸易、外包及投资是服务全球化的主轴，也成为跨国公司全球价值链分解、协作与重组的重要枢纽，从经济全球化角度分析、梳理、阐释全球价值链的形成与升级具有重要理论和实践价值。

## 第一节　从全球制造到全球服务：全球价值链形成的路线图

全球化是20世纪90年代以来使用频率最高的一个名词。此前，人们在提到世界各国经济相互联系日趋密切时，常用的词汇是世界经济一体化，与世界经济一体化并行的是世界经济区域集团化或者区域经济一体化。实际上，这两个概念指的是同一类经济现象，只是观察问题的角度不同而已。经济全球化的概念据说最早是由经济合作与发展组织（以下简称经合组织）前首席经济学家奥斯特雷在1990年使用的，也有人指出这一概念更早就有人使用。但无论如何，经济全球化概念被普遍接受和使用是20世纪90年代以来的事情，被国际经济组织和各国政府所认可更晚。联合国前任秘书长布特罗斯·加利在1992年联合国日致辞时说：“第一个真正的全球化时代已经到来。”国际货币基金组织在1997年5月发表的《世界经济展望》中第一次比较全面地分析了经济全球化的现状、特点及历史渊源，评估了经济全球化对发达国家、发展中国家和转轨国家等不同类型国家的影响及趋势（王子先，2000）。

## 一、经济全球化概念定义

经济全球化是当今人们使用频率最高的经济概念之一，也是世界广泛关注和不断争议的热点问题。但迄今为止，在世界范围内人们并没有对此下一个统一的定义，对经济全球化的概念，基本上是仁者见仁、智者见智。

1. 国际货币基金组织的定义

国际货币基金组织在 1997 年 5 月发表的《世界经济展望》中提出："全球化是指跨国商品与服务交易及国际资本流通规模和形式的增加，以及技术的广泛传播使世界各国经济的相互依赖性增强。从广义上讲，全球化所产生的福利效应基本上同古典经济学所强调的专业化以及通过贸易扩展市场所带来的效应相类似。"①

2. 全球化是一种过程

有的学者认为，全球化是一种运动，是一种过程，主要是指各国经济都在走向开放，走向市场化，世界经济趋向于一体化，各国经济相互依赖的程度大大提高，等等，这一过程目前还远未结束，它给各国经济及世界总体经济带来的影响也还很难估量。②

3. 经合组织的定义

经合组织认为，全球化是指经济、市场、技术与通信形式都越来越具有"全球性"特征，民族性和地方性减少（经合组织，1998）。

综上所述，本书认为经济全球化基本上包括以下五个层次内容：一是各种市场的国际一体化；二是经济活动的国际化，越来越多的国家进入到经济全球化行列；三是经济活动主体的国际化，如跨国公司的发展；四是国际经济协调机制不断加强，推进了贸易投资自由化、便利化；五是单个民族国家的界限日益被打破，各国经济相互依赖性日益增强。

## 二、经济全球化的渊源

今天的经济全球化现象有其历史的渊源。有些专家认为，当今的经济全球化从许多方面可以被视为一个世纪以前世界经济中出现过的趋势再现。第一次世界大战前 50 年国际经济活动的增长和相对份额，基本上与近几十年的情况相类似，只是这一进程被 1914—1918 年爆发的第一次世界大战中断并在"一战"后处于倒退状态。在 19 世纪中叶到第一次世界大战前，由于多数国家实行金本位制，加上关税的削减和运输成本的降低，因此促进了国际贸易的空前发展，世界出口

① 国际货币基金组织：《世界经济展望》（1997 年 5 月），中国金融出版社 1997 年版。

② 丁一凡：《大潮流：经济全球化与中国面临的挑战》，中国发展出版社 1998 年版。

以年均 3.5%的速度增长，超过实际产出年均 2.7%的增长，出口占世界产出的比重于 1913 年达到高峰，该水平直到 1970 年才被超过。[①]

但是我们认为，这种情况也仅是类似而已，并不构成真正意义上的全球化，其原因是：那时候世界上大多数国家和地区都没有参与进来，科技也远没有今天发达，金融市场规模也小得多（王子先，2000）。

## 三、经济全球化的内涵

20 世纪 90 年代以来的经济全球化与以前的经济国际化有着根本的不同，具有以下独特的内涵（王子先，2000）：

第一，越来越多的国家和地区融入全球经济体系。随着“冷战”的结束，东西方两大阵营的隔绝状态被打破，世界上几乎所有的国家和地区都已经先后卷入经济全球化的范围之中，不仅原来的东方阵营逐步纳入统一的全球市场体系，而且越来越多的发展中国家和地区先后走上开放道路，加入到经济全球化的大潮。这是人类历史上第一次真正意义上的全球化，是区别于以往经济国际化的重要标志。

第二，新技术进步大大降低了运输、通信和交易成本，使经济意义上的时空距离大为缩短。特别是 20 世纪 90 年代以来高科技的发展，信息高速公路的建设和网络经济的崛起，使得全球日益变成一个“地球村”，全世界的文化、知识及生活方式越来越具有全球性。

第三，跨国投资成为经济全球化的重要动力。20 世纪 70 年代，全球跨国直接投资每年只有 400 亿美元，80 年代末增至 1700 亿美元，而 1998 年已超过 6000 亿美元。据统计，1970~1997 年，世界 GDP 年均增长 3%，而世界直接投资增长 12%，几乎比前者高出 3 倍，世界跨国投资带动了世界贸易和世界经济的发展。

第四，与世界范围内的经济市场化进程相适应。20 世纪 80 年代以来，发达国家逐步放松了政府对经济的干预和管制；20 世纪 90 年代以来，经济市场化成为大多数转轨国家与发展中国家和地区的共同选择，对内实行经济自由化、对外实行开放政策，加快了融入国际经济的进程；乌拉圭回合多边贸易谈判的成功和全球范围内的区域经济一体化潮流，从不同层面推动了贸易和投资的自由化。据统计，接受国际货币基金组织第八条、实现经常项目可兑换的成员已从 1970 年的 35 个增至 1997 年年初的 137 个。这些都成为经济全球化的重要动因。有人将此定义为制度性全球一体化，[②] 确有一定道理。

第五，经济全球化从实体经济领域逐步渗透到虚拟经济领域。早期经济全球

---

① 国际货币基金组织：《世界经济展望》（1997 年 5 月），中国金融出版社 1997 年版。
② 王伟东：《经济全球化中的金融风险管理》，中国经济出版社 1999 年版。

化现象更多地体现在生产和贸易的全球化等实体经济领域。20 世纪 90 年代以来，随着金融管制的放松和金融创新的突破，经济全球化重点由实体经济部门逐步转向虚拟经济部门。到 20 世纪末，世界上每天流通的资本达 14000 亿美元，是商业交易额的 100 倍，全球金融资本的交易额 1980 年为 5 万亿美元，1992 年增至 35 万亿美元，2000 年可能达到 83 万亿美元，相当于经合组织成员国国内生产总值之和的 3 倍（王伟东，1999）。

## 第二节　从贸易全球化到服务全球化：推动全球价值链形成的主线

经济全球化经历从全球制造向全球服务延伸的进程，也展示了全球价值链升级的主线。综观当今的经济全球化，经历了从贸易全球化、生产全球化、金融全球化、研发全球化和服务全球化五个阶段，它们相互联系、相互促进，同时在时间上也相互有所交叉，共同构成经济全球化的总体格局。

### 一、贸易全球化程度不断提高

在国际经济交流的各种形式中，跨国贸易历史最为悠久。在自然经济和农耕文明时代，主要贸易对象是农副产品及手工工艺产品，规模很小，基本上是调剂余缺的自发交换关系。发源于欧洲的工业革命改变了世界贸易的历史进程，基于比较优势的国际分工与交换时代才真正来临，迎来国际贸易的空前繁荣。但是这一进程被两次世界大战所中断。“二战”后，建立了国际政治经济治理体系，带来了国际贸易的大发展。不仅规模迅猛扩大，而且国际分工与贸易模式开始打破传统民族国家的界限，不断从部门间产品间分工与贸易向部门内分工与贸易升级，从跨国公司间贸易向公司内贸易升级，真正的全球贸易网络开始形成。从 20 世纪 80 年代以来，国际贸易规模快速扩大。来自联合国贸易与发展会议（UNCTAD）的数据显示，全球货物出口额由 1980 年的 19806.56 亿美元，增长到 2013 年的 186044.16 亿美元（见图 1-1）。同时，世界贸易一直以 2 倍于世界产出的速度增长。1980~2011 年，世界货物贸易额平均增长 7%，达到 18 万亿美元；服务贸易年平均增长 8%，达到 4 万亿美元。据统计，世界货物出口贸易量年均增长速度，1913~1938 年仅为 0.7%，1948~1990 年为 6%以上，1990~1997 年为 6.7%，1998 年受亚洲金融危机的影响降为 3.5%。世界出口值占世界生产总值的比重 20 世纪 50 年代初为 5%，20 世纪 70 年代初为 10%，20 世纪 90 年代初

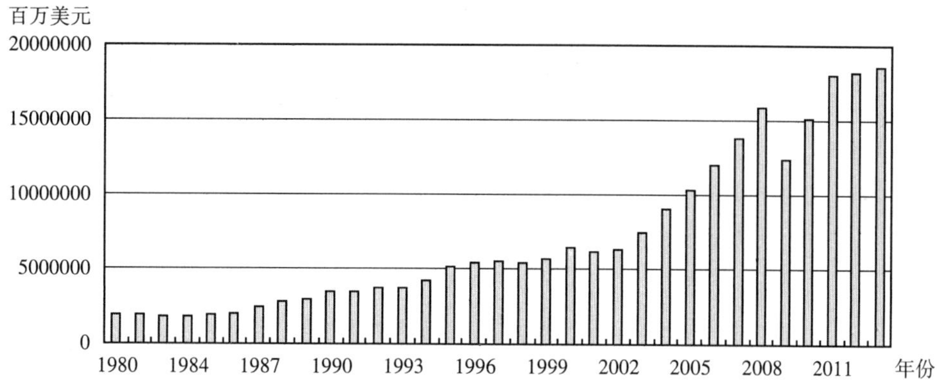


**图 1–1 全球货物贸易出口额（1980~2013 年）**

资料来源：联合国贸易与发展会议（UNCTAD）数据库。

则达到 15%，1995 年上升到 20%。①

概括而言，贸易全球化有以下趋势（王子先，2000）：一是贸易全球化范围不断扩大，发展中国家广泛参与全球贸易，发展中国家作为一个整体在全球贸易中的比重趋于上升。1980 年发展中国家出口额占全世界出口额的比重为 34%，2011 年则提高至 47%。南南贸易额从 1990 年的 8%升至 2011 年的 24%，南北贸易份额从 33%升至 38%，北北贸易份额从 56%降至 36%。② 二是世界多边贸易体制覆盖面扩大，世界贸易组织的成员数从 1995 年年初的 113 个增加至 1999 年 5 月的 134 个。三是贸易自由化程度不断提高。自关贸总协定成立以来，经过多轮关税减让谈判，发达国家的平均关税水平从 1948 年的 36%降到 20 世纪 80 年代的 4.5%，发展中国家的平均关税水平同期已降到 13%。乌拉圭回合的成功进一步推动了贸易自由化，发达国家和发展中国家的平均关税在 2005 年以前分别降到 3.8%和 10%，其中发达国家工业品关税下降达 40%。据关贸总协定秘书处估计，乌拉圭回合贸易自由化成果的实施将使 2005 年世界货物贸易比没有乌拉圭回合情况下增加 6680 亿美元，增长 23.5%，并每年为全世界增加约 5100 亿美元的收入。四是区域贸易自由化不断推进，所占比重上升。1990~2011 年，亚洲区内贸易份额从 42%升至 52%，2011 年欧盟区内贸易比重达 75%，北美区内贸易从 1990 年的 48%升至 2000 年的 56%，但 2001 年降至 48%。③ 世界范围内，各类区域经济合作组织的进展也不同程度地推进了区域内部的贸易自由化，减少了关税和非关税壁垒。五是世界多边贸易体制的法律地位进一步增强。乌拉圭回合的主要成果还包括：达成了建立世界贸易组织的协议，将多边贸易体制从传统的

① 张碧琼：《国际资本流动与对外贸易竞争优势》，中国发展出版社 1999 年版。

②③ 此处数据系作者根据商务部有关统计更新。

货物贸易拓展到服务贸易、与贸易有关的投资措施和知识产权，并建立了更加高效的争端解决机制和贸易政策评审机制。到1996年11月，世界贸易组织受理的贸易争端已达62起，相当于过去50年关贸总协定受理的贸易争端的1/4以上。六是对外贸易日益成为部门内和公司内贸易，不仅成为发达国家间贸易的主导形式，而且也日益向新兴工业化经济体和发展中国家广泛渗透。因此，贸易全球化是全球价值链形成的先导，也是全球价值链的核心组成部分。

## 二、生产全球化

第二次世界大战后，全球范围内制造业出现三次跨国转移大潮，制造业跨国投资、技术合作、生产许可、合同制造推动了生产制造业的全球化，继传统的农业和资源产业跨国分工和交换之后，工业也开始跨越传统民族国家的界限，在全球范围内配置资源和安排生产，跨国公司全球一体化生产网络逐步形成，成为经济全球化在生产领域的突出表现。20世纪90年代以来，随着各国政府管制的放松和开放政策的实行，生产全球化范围和深度都有了新的拓展，特别是21世纪前后高新技术产业跨国转移与要素重组形成新的高潮。据联合国贸发会议统计，1996年以来全球直接投资（以下简称FDI）不断创下新高，1999年已突破8000亿美元。尽管受国际金融危机冲击，全球FDI出现波动，但2013年，全球FDI存量已达254641.65亿美元，是1980年的36.5倍（见图1-2）。20世纪90年代以来，FDI以高于世界贸易1倍的速度发展。目前，跨国公司控制了世界生产的40%，国际贸易的50%~60%，国际技术贸易的60%~70%，世界FDI的80%~90%。据估计，发达国家40%的GNP来自跨国公司的海外收益。①

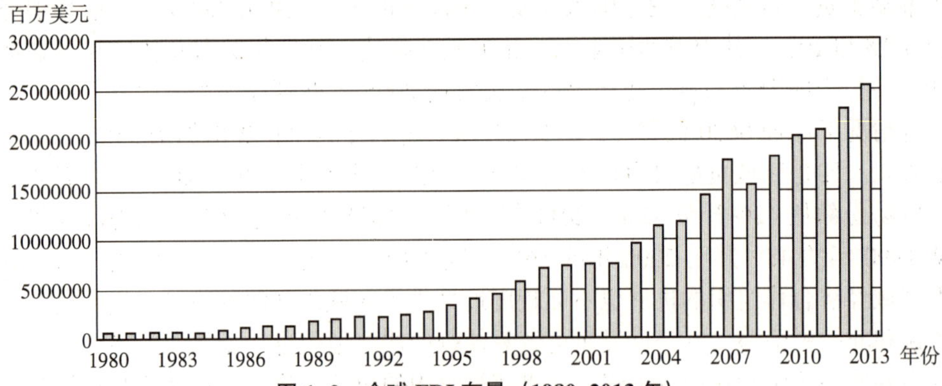


**图1-2 全球FDI存量（1980~2013年）**

资料来源：联合国贸易与发展会议（UNCTAD）数据库。

① 王伟东：《经济全球化中的金融风险管理》，中国经济出版社1999年版。

随着知识经济的蓬勃兴起和以信息技术、生物医药为主导的高新技术产业的突破，生产全球化在规模上继续扩张，在形式上不断创新，以抢占核心技术和巩固核心能力为目的的企业购并掀起新的高潮。1997 年，全球企业兼并收购总额达 12023 亿美元，比 1995 年的 2293 亿美元增长了 4 倍以上；以后又进一步增至 1998 年的 2.5 万亿美元和 1999 年的 3.4 万亿美元，其中 1998 年跨国并购总额达 4110 亿美元，占全球 FDI 的 64%，成为跨国直接投资的主导形式（江小涓，2008）。值得注意的是，跨国并购受全球经济周期影响较大。据 UNCTAD 统计，国际金融危机爆发前的 2007 年，全球跨国并购投资额突破 1 万亿美元，达到了 10450.85 亿美元，同比大幅上升 65.9%，是 1990 年的 10.6 倍，这在一定程度上反映出金融资本对实体经济的强力介入，而危机中的 2009 年全球跨国并购猛跌至 2853.96 亿美元。后危机时期，跨国并购在波动中缓慢恢复，2013 年为 1487.55 亿美元（见图 1–3）。全球生产制造网络是全球价值链的基础，随着跨国投资的迅猛发展和生产全球化的推进，全球价值链得到不断发展和升级。

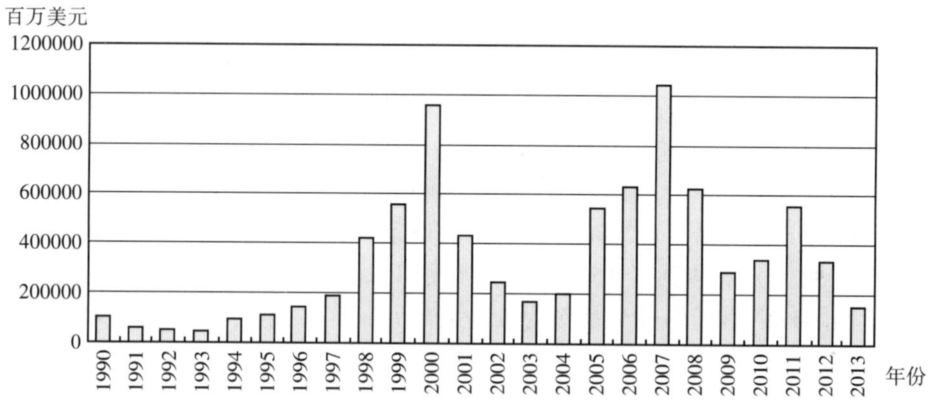


**图 1–3 全球跨国并购投资额（1990~2013 年）**

资料来源：联合国贸易与发展会议（UNCTAD）数据库。

## 三、金融全球化

金融全球化是指金融业跨国境发展而趋于全球一体化的现象，是金融资本在世界范围内扩张的结果。金融全球化主要包括三层含义：一是金融活动跨越国界开展；二是金融活动按照同一规则运行，形成全球统一的金融体系，资本流动和资本市场依据国际通行规则运行；三是在国际金融市场上，同质金融资产的价格趋同。金融全球化是国际贸易、跨国公司等实体经济发展的必然要求，而金融创新和电子信息技术的普及对金融全球化起到了推波助澜的作用，各国资本市场的开放以及对资本国际流动限制的放松使金融资本的全球扩张成为可能。金融全球化对全球金融市场的发展、财富形态的变化以及各国金融体系和相关政策的独立性产生了重大影响。

1. 金融全球化使“符号经济”在世界范围内迅速蔓延

1971 年，美国黄金窗口的关闭宣告了布雷顿森林体系的解体。从此，储备货币与黄金脱钩，货币这一传统上真实而具体的财富沦为了一种真正意义上的“抽象符号”，从而使金融经济与实体经济的分离呈现出不可逆转的态势。货币脱离实体经济发展需要的过度创造以及各种金融衍生工具的创新和应用，极大地刺激了全球符号经济的繁荣发展。“从商品货币、金属货币到纸币；从货币家族到票据家族；从股票到期货期权；从初级金融工具到以此为基础派生出的更具符号性与抽象性的衍生工具……整个经济在金融全球化的推动下逐步符号化，整个世界成了符号的主宰。这些符号在交易、在流通、在渗透；它们已成为全球最通用的语言……它们原本是服务于实体经济的，但现在却对实体经济发号施令……整个经济世界仿佛就是一群符号在表演，真正的物质生产反而淡化了。工业时代色泽凝重的机器、厂房和烟囱，在金融全球化时代几乎被花样翻新的符号所淹没。”①

2. 金融全球化和“符号经济”的演进带动了世界财富形态的变化

随着金融全球化进程加快，股票、债务和货币及其衍生产品等金融工具的交换剧增。同时，伴随着跨国并购、融资证券化和资产虚拟化浪潮，全球金融市场规模迅猛扩大。1997 年，仅美国商业银行就持有 25.7 万亿美元的衍生合同，是当时美国 GDP 的 3 倍多。2000 年，跨国的股票和债券交易额占美国、德国和日本 GDP 的比重分别达到了 15.2%、19.7%和 8.3%。外汇市场交易也空前活跃，1973 年国际外汇市场的日交易额为 150 亿美元，2000 年已经增加到 9000 亿美元。目前，国际外汇交易的日资金流量约为 2 万亿美元，是 1970 年的 120 倍，而其中仅有约 3%的外汇交易真正与生产相关，其余 97%的交易都或多或少带有投机色彩。世界财富形态及其价值构成体系的变化一定程度上加大了全球经济运行的风险。如图 1-4 所示，当今世界财富的价值体系就像一座倒置的金字塔。符号经济的过度发展使位于金字塔底层的实物财富规模相对缩小，其上一层是商品和服务贸易，再往上有债务、股票等传统虚拟资本，而在金字塔顶端则汇集了庞大的衍生期货和其他金融创新产品。这种倒置的金字塔结构本身就具有内在的不稳定性，而金字塔的维系和扩张有赖于各层级之间的适当比例。一旦出现层级间比例失当或其他突发事件，金字塔必然会发生倾斜甚至坍塌，其产生的连锁反应不仅将对国际金融体系造成严重破坏，而且还将直接威胁到世界经济的稳定运行。

① 张晓晶：《符号经济与实体经济——金融全球化时代的经济分析》，上海人民出版社、上海三联书店 2002 年版。

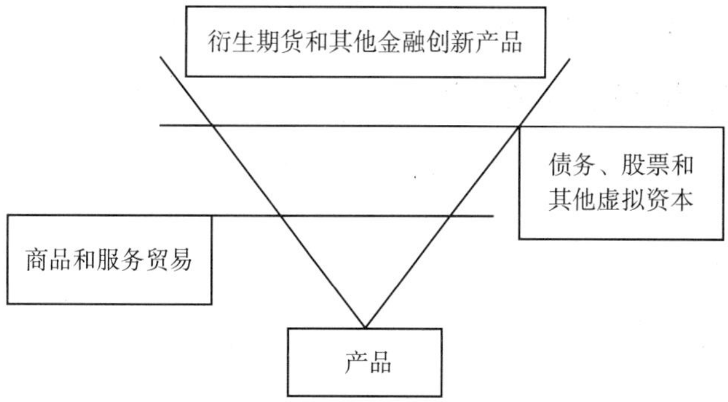


**图 1-4 世界财富价值体系示意图**

资料来源：于红川、于宏源等：《全球金融体系的脆弱性与发展中国家的金融安全》，《山东工商学院学报》2004 年第 1 期。

3. 区域经济集团的金融和货币业务出现了一体化趋势

在金融全球化趋势下，一些经济一体化程度较高的地区开始谋求货币以及金融政策的一体化。其中最典型的是欧盟，欧盟于 1999 年启动了统一货币——欧元，2002 年欧元已经全面进入流通，欧盟各成员国的货币政策也逐步纳入了统一的政策体系。在南美和东亚，有关"货币一体化和地区金融合作"议题正成为广泛谈论的热点。

在金融全球化过程中，发达国家尤其是美国，凭借强大的资本、技术、信息、人才、管理等方面的优势，掌握着国际金融发展的方向，主导着国际金融市场"游戏规则"的制定和实施，操纵着国际金融机构的决策和管理，从而控制了国际金融的命脉，主宰了金融全球化的进程，并以此分享到金融全球化的大部分利益。对于发展中国家来说，金融全球化则是一柄难以挥动的沉重"双刃剑"。一方面，金融全球化有利于发展中国家从国际市场上引入经济发展所需的资金，学习金融业运作的先进经验，提高金融体系运作的效率；另一方面，由于发展中国家自身金融体制比较脆弱、金融调控和抵御金融风险的能力较差，因此，发展中国家在金融全球化中势必处于弱势地位，不得不承担金融全球化的大部分风险，20 世纪频繁爆发于发展中国家和地区的金融危机便是其承担风险的典型例证。

同时，金融全球化也是全球价值链形成与升级的重要推手。与世界经济总体发展进程相适应，金融全球化也经历了从 20 世纪 60 年代离岸金融的发展、20 世纪 80 年代放松金融管制到 20 世纪 90 年代真正意义上的金融全球化三个发展阶段。20 世纪 90 年代以来，广大发展中国家和苏联东欧转轨国家纷纷告别了过去封闭的内向型战略，相继走上开放之路，一些东亚新兴工业化经济体更开始走向金融自由化的道路。另外，信息技术的突破和网络经济的发展以及金融创新的层出不穷，也进一步推动了金融全球化的发展。金融全球化为贸易、生产全球化提供配套服务和支持，因此金融全球化是全球价值链延伸的重要组成部分。

## 四、科技创新和研发的全球化

传统上，跨国公司出于种种考虑，一般都将研究开发放在母国，特别是核心技术由母公司绝对控制和垄断。这一局面自 20 世纪 80 年代以来有了初步改变，并在 20 世纪 90 年代取得了更大的进展。

一是世界各国间的科学技术合作与交流不断发展，各种合作开发计划相继推出，同时各区域经济集团在推进区域内成员之间科技合作研究开发方面不断取得新的进展。

二是跨国公司技术创新和研究开发的全球化取得重大突破。跨国公司之间从初级到高级形式的国际技术联盟取得突破，如 1992 年 IBM、西门子和东芝公司所签署的一个金额为 10 亿美元的研究开发新一代记忆芯片的项目，就是一种初级形式的技术联盟；跨国公司在境外设立 R&D 机构最集中的地区；跨国公司 R&D 投资中相互渗透日益增加，外国资本控制的比率在不断提高（王子先，2013）。如今，开放式创新逐步成为跨国公司的普遍选择，据美国专家研究（阿尔菲尼斯·窦厄姆，2012），传统上企业商业创新活动基本上由企业内部完成，目前估计按“80/20”法则，80%利用内部资源，20%利用外部资源完成。2003 年美国科学基金会（NSF）分析研发外包大约占 5%，在接下来的五年中达到 12%；目前制药业研发预算大约 25%用于外部；在未来新型开放型创新中将按照“20/80”法则，80%创新由外部完成，20%由内部完成。

三是研究与开发离岸外包发展迅猛。研究和开发离岸外包和研发外包有一定的区别，特指将研究和开发活动转移到国外，外包给国外的第三方企业完成。也就是说研发离岸外包是研发外包的一部分，是将研发外包给国外企业（或机构）的研发外包。跨国公司通过将一些不涉及其核心技术的易于分割的研发活动外包给第三方企业可以充分利用各国研发资源，降低研发成本和提高研发效率。研发离岸外包在软件、电子、医疗等产业中发展较快。其中，印度是许多跨国公司十分青睐的软件研发离岸外包接包国。由于研发离岸外包相关的数据比较少，这里用美国研究、开发与测试（Research，Development and Test）的国际服务贸易数据来代替。[①] 外国企业在美服务于母国市场的研发外包市场规模可以通过美国非附属机构 RDT 服务出口数据粗略体现，而美国企业（包括美国本土企业和外国企业在美国的分支机构）在国外服务于美国市场的研发外包规模可以通过美国非附属机构 RDT 服务进口数据粗略体现。从图 1-5 可以看出，21 世纪前十年间，

① 美国 RDT 服务贸易进出口数据没有区别美国企业和在美国的外国企业，而且 RDT 服务数据只能反映服务于母国市场的离岸外包情况，无法反映为东道国市场服务的离岸外包情况。

美国非附属机构各年份 RDT 贸易出口（除 2009 年有所下降之外）呈现增长态势。相比出口，美国非附属机构 RDT 贸易进口年均增长率相对更高，美国非附属机构 RDT 服务贸易在 2003 年之后就一直处于逆差状态。美国非附属机构 RDT 服务进出口数据变化，在一定程度上反映出全球研究与开发离岸外包迅猛发展的态势。

科技创新和研发的全球化适应了科技革命的要求和高科技发展的特点，是经济全球化进一步深入的重大标志，同时也成为全球价值链拓展的关键节点，推动了全球价值链向研发设计这个高端的延伸。跨国公司是推动科技全球化的微观基础和主导力量，科技全球化反过来又促进跨国公司专业化程度日益提高。随着科技全球化进程日益加快，越来越多的跨国公司通过剥离生产性、技能性环节，并将这些非核心环节外包给全球范围内的其他企业，进而使得其可以集中资源于产业链中知识密集型和无形功能环节，如设计、研发、管理、营销和品牌等环节。[①]

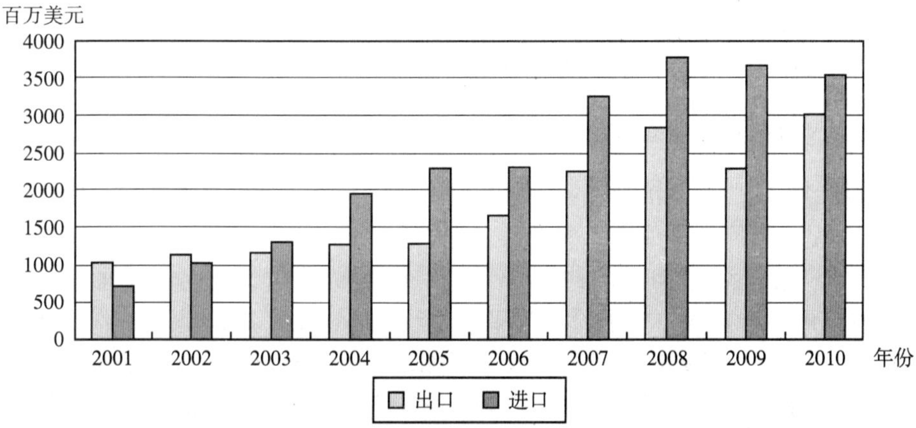


**图 1-5 2001~2010 年美国非附属机构 RDT 国际服务贸易情况**

资料来源：美国国家科学基金会。科学与工程指标（2010 年、2014 年）。

## 五、服务全球化

服务全球化是经济全球化进入新阶段的主要标志，在近十多年来经济全球化进程中具有非常鲜明的阶段特征，影响广泛深刻，与全球经济发展重组及转型中的重大议题密切相关，受到全球范围的高度关注（江小涓，2008）。服务全球化不仅从根本上改变着服务业的发展模式，而且还日益深刻地改变着世界各国经济、技术、产业及管理的发展模式（王子先，2011）。

服务全球化极大地推动了全球价值链的拓展与升级，并对各国在全球价值链

① 金殿臣：《科技全球化与我国产业开放式创新发展》，中国社会科学院硕士学位论文，2014 年。

中的地位和利益产生重大影响，成为全球价值链拓展的关键驱动力和全球价值链治理的新高点。

## 第三节 服务业革命推动服务全球化和全球价值链发展

21 世纪前后，继农业革命、工业革命之后，人类出现新的服务业革命，在信息化现代化基础上，服务业国际分工全面深化，大量生产性服务业从传统制造业中分离出来，成为新的专业化、精细化产业序列。同时，服务业外包、外部协作蓬勃发展，而高水平供应链管理为服务外包提供了重要保障，并实现了服务生产成本和交易成本的最小化，在此过程中，全球服务业与生产制造业逐步形成既分工又紧密融合的格局，推动服务全球化外包化蓬勃发展（王子先，2011）。

### 一、全球服务业革命及其影响

世界经济向服务经济的转型，以及服务经济与知识经济、新经济、网络经济的融合互动，实际上构成了一次新的产业革命。自 20 世纪 60 年代开始，以美国为先导的发达国家陆续进入服务经济时代，到 1990 年全球服务业增加值占全球 GDP 的比重突破 60%，标志着全球服务型经济格局的形成，是服务业革命的第一阶段。20 世纪 90 年代以来，IT 及互联网革命使服务业发生重大变革，新技术应用取得重大突破，服务业专业化、知识化大大加强，服务业态和管理模式不断创新，生产性服务业成为发达国家的支柱产业，特别是服务业创新更为密集频繁，由于服务业具有特殊黏合剂功能，实际上它全面推动了新的产业组织革命（陈宪、陈大中，历年《服务经济报告》）。目前，主要发达国家及新兴工业化国家和地区服务业增加值占 GDP 的比重均超过 70%（见表 1–1），呈现出服务经济的典型特点。

**表 1–1 主要发达国家及新兴工业化国家和地区服务业占 GDP 的比重**

单位：%

| 国家/地区 | 2007 年 | 2008 年 | 2009 年 | 2010 年 |
|---|---|---|---|---|
| 美国 | 77 | 77 | 79 | 80 |
| 日本 | 69 | 70 | 72 | 71 |
| 英国 | 76 | 76 | 78 | 78 |
| 德国 | 69 | 69 | 72 | 71 |
| 法国 | 77 | 77 | 79 | — |

续表

| 国家/地区 | 2007年 | 2008年 | 2009年 | 2010年 |
|---|---|---|---|---|
| 荷兰 | 73 | 73 | 74 | 74 |
| 瑞典 | 70 | 71 | 74 | 71 |
| 瑞士 | 71 | 71 | 72 | 72 |
| 意大利 | 71 | 71 | 73 | 73 |
| 西班牙 | 68 | 69 | 71 | 72 |
| 葡萄牙 | 73 | 74 | 75 | 74 |
| 加拿大 | 67 | — | — | 73 |
| 新加坡 | 71 | 73 | 72 | 72 |
| 中国香港 | 92 | 92 | 93 | — |
| 中国澳门 | 81 | 83 | 89 | — |

资料来源：世界银行 WDI 数据库。

服务业革命对全球经济社会的发展造成诸多深层次影响，这些影响主要体现为以下五个方面（王子先，2011）：一是服务创新成为服务业革命的重要标志。目前，服务创新已经比制造业更为密集和频繁，如计算机领域创新更多的是体现在作为服务的软件方面；服务创新更为系统，是涉及技术、产业、组织、管理、业务流程和制度的集成创新；服务创新还具有巨大的综合性溢出效应。二是服务流程与管理变革成为服务业革命的具体体现。服务业技术和产品创新虽然非常重要，但对人类更有意义的是它正在颠覆传统的经营管理和产业组织模式，推动全方位的流程、管理和制度变革，充分发挥服务作为产业组织黏合剂的功能，正在引发一次新的管理革命。三是覆盖整个交易过程的变革。过去的工业革命都发生在生产制造过程，而服务业革命则覆盖到整个交易过程。在现代经济中，产品在生产制造环节的时间和成本占不到 1/5，而交易流通环节则占据了 4/5 左右。因此，服务业革命可以极大地降低交易成本和风险，必然成为经济效率提高的源泉。四是服务业全球化引领服务业革命新潮流。服务业全球化成为经济全球化新的高地，跨国公司优化使用外部资源与市场的范围、触角得到了前所未有的延伸，形成了全球生产和服务网络，服务业跨国转移成为新一轮产业转移的重点。服务连外包则成为服务全球化的前沿阵地，引领服务跨境贸易、投资和管理变革的潮流。五是服务在现代经济中的核心地位进一步凸显。服务业作为促进其他产业发展的过程产业，其自身巨大的变革与创新焕发出巨大活力，其核心地位进一步增强，特别是知识型服务业成为新的经济发展引擎。

## 二、服务业革命改变传统产业升级路径

经典经济学理论认为，世界范围内产业结构升级必须经历从农业主导到工业

化再到服务经济的长期演变过程，发达国家经历了二三百年的工业化才实现了向服务经济的转型。因此，国内学界主流观点认为，由于缺乏收入、需求和其他条件的支撑，我国向服务经济转型也必然是在工业化过程完成以后。但是第二次世界大战后世界产业发展的历史一再打破传统的产业升级线性路径，诸多国家产业升级呈现明显的多元化路线（杨丹辉，2011）。其原因是服务业革命和全球化，使各国产业结构的关联性、互动性不断增强，基于全球价值链的产业内、产品内分工成为国际分工主导，全球价值链上的各个参与者共同构筑了全球生产服务网络体系，大大提高了各国产业结构的关联度，使全球产业结构作为一个开放体系产生巨大的“开放红利”，通过充分利用这种后发优势和红利，发展中国家实现跨越式升级的可能性和机会大大增加（杨丹辉，2010）。

## 三、服务全球化成为推动全球价值链升级的主导力量

1. 服务全球化概念定义

服务全球化是指服务的生产、消费和相关生产要素的配置跨越国家边界，形成一体化的全球服务网络，各国服务业相互渗透、融合和依存，国际化的服务供给和消费不断增加（江小涓，2008）。

服务跨国活动不是一个新现象。早在 19 世纪初期，随着造船、航海、通信等技术发展，洲际贸易空前活跃，贸易对象主要还是初级产品和制造业产品，一些货物贸易追逐型跨国服务贸易投资活动随之有所发展（江小涓，2008）。此后，商品贸易和初级产业、制造业领域的跨国投资，一直是跨国贸易投资活动的主要内容。到 20 世纪 70 年代初期，服务贸易仅占全球出口总额的 1/10，服务业跨国投资仅占全球跨国投资总额的 1/4。此后服务国际化快速推进，服务贸易和服务业跨国投资的增长速度明显快于全球贸易和投资总额的增长。目前，服务业跨国投资占全球跨国投资总存量的 2/3。1993 年，服务贸易占全球贸易总额的比重达到了 20.9%，但此后又有所缓慢下降，2011 年世界服务出口总额达 4 万亿美元，占世界货物贸易比重上升至 22%（王子先，2012）。

2. 服务全球化主要表现

（1）服务领域跨国公司迅速扩张，成为推动服务业全球化主体。在 2005 年美国《财富》杂志评选的全球 500 强中，全球最大的 500 家公司共涉及 51 个行业，其中 28 个属于服务行业，从事服务业的跨国公司有 281 家，超过半数。另外，在制造业企业中，有相当一部分企业的服务业务的收入已接近或超过其制造业务的收入。传统制造业跨国公司正加速向服务型跨国公司转型，如 IBM 将笔记本电脑制造卖给联想就是其向服务型跨国公司转型的战略举措。随着这一进程的加速，越来越多的传统制造业跨国公司将成为名副其实的服务业企业。与此同时，跨国公司通过掌控研发、市场营销等核心环节和强大的供应链管理体系，在

国际竞争中的地位不仅没有削弱，反而有所增强（王子先，2007）。

（2）服务业跨国投资增长迅猛，服务业跨国购并大潮迭起。从 20 世纪 90 年代到 2002 年，服务业的对外投资存量翻了两番，占全部外商直接投资存量的比重由 47%上升到 67%，2002 年服务业外国直接投资（FDI）流量为 4523 亿美元，约占当年 FDI 总量的 70%。近年来，服务业跨国投资继续以较快速度增长，2005 年服务业跨国投资比重仍占 2/3 以上（江小涓，2008）。

（3）服务贸易发展迅速。服务业信息化、现代化加快发展，大大提高了服务业的可贸易性，促进了世界服务贸易的快速发展。来自 UNCTAD 的数据显示，2013 年全球服务出口额达到 47201.82 亿美元，是 1980 年的 11.9 倍（见图 1-6）。另据有关统计，2000~2005 年，世界服务进出口额年均增长 10%，2005 年世界贸易结构发生很大变化，运输、旅游等传统服务贸易比重下降，以信息、金融、研发等为代表的服务类型贸易所占比重从 1990 年的 37.5%上升到 2005 年的 47.8%，显示新兴服务贸易增长强劲。同时，以商业存在方式提供的服务贸易额以更快的速度增长，如美国 2003 年商业存在方式的服务销售额达 2920 亿美元。不少发达国家以商业存在方式实现的服务贸易额均已超过了跨境方式的服务贸易（王子先，2013）。

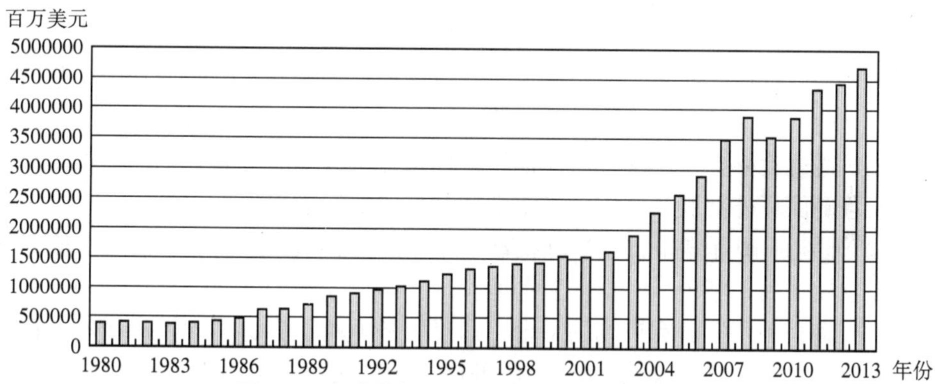


**图 1-6 全球服务贸易出口额（1980~2013 年）**

资料来源：联合国贸易与发展会议（UNCTAD）数据库。

（4）国际服务离岸外包异军突起，发展前景广阔。发达国家跨国公司实行核心竞争力战略，越来越多地将后勤办公、顾客服务、商务业务、研究开发、咨询分析等许多非核心业务活动全面外包，其中离岸外包成为新的发展趋势。目前服务离岸外包业务尚处于起步阶段，2004 年的规模大约为 3000 亿~5000 亿美元。联合国贸发会议估计近几年全球服务外包市场以每年 20%~30%的速度递增，到 2008 年已突破 1 万亿美元（江小涓，2008）。

（5）服务业跨国转移由制造业追随型逐步向服务业自主扩张型转变（王子

先，2007）。服务业进行跨国经营最初的动机就是为了向已经从事跨国生产经营的顾客提供服务，留住原来的顾客，占住已有的市场份额。但随着信息技术的应用和产业分工的深化，服务业开始不断从传统制造业中独立出来，信息、咨询、设计、财务管理、售后服务、技术支持等专业服务公司不断发展壮大，服务业转移也逐步向自主扩张型转变，不仅为原来的客户提供服务，还可以为东道国其他公司提供服务，甚至可以向第三国出口服务。如近年来跨国公司研发活动向海外大规模转移，并日益向更充分利用全球创新资源的自主扩张型转变，就是典型例子。

3. 服务全球化成因

服务全球化总的看有以下四个方面成因（王子先，2007）：

（1）生产的国际化带动了服务的国际化。跨国公司在全球范围内组织生产活动，也需要获得全球化的贸易、金融、通信、运输等服务，随着制造业全球化的整体推动和不断向发展中国家转移，一些发达国家的生产性服务业也日益全球化，并随之出现了向发展中国家转移的浪潮。

（2）以 IT 为主导的高新技术在世界服务业中的应用取得重大突破，服务业国际分工全面深化，是服务业全球化和跨国转移的重要基础。信息技术的应用不仅加速了传统服务业的升级，还创造出大批新兴服务业，并大大加快服务业活动脱离原来的生产活动，成为独立的产业部门及环节，同时也向制造业全面渗透，产业之间的融合水平也日益提高。同时，现代信息技术的发展还大大降低了企业内部管理和信息传递成本，使跨国公司可以借助信息技术及时监督其全球范围的资产、运营情况，广泛开展外包和协作，这客观上为服务业的转移提供了条件。跨国公司通过建立生产及服务供应链管理体系，不仅实现了服务生产成本的最小化，而且确保了外部服务供应的稳定性和交易成本的最小化。

（3）服务业国际竞争日益激烈推动的结果。世界服务业的迅速发展及服务业态与经营模式的不断创新，促使服务业国际竞争日益激烈，跨国公司必须建立全球范围内整合利用资源和市场的平台，通过服务业跨国转移实现生产要素的优化配置来降低成本，提高效率，改善服务质量，以占据国际分工和竞争的高端环节，增强影响力和控制力。

（4）全球服务市场自由化为服务业全球化创造了重要条件。世界贸易组织（WTO）将服务贸易纳入了全球贸易自由化体系之内，将商业存在作为服务贸易的重要方式。WTO 发达成员承诺的覆盖率为 81%，转型经济体承诺的覆盖率为 66%，对促进国际服务贸易和跨国投资发挥了重要作用。

综上所述，服务全球化不是一个孤立现象，伴随着从全球制造向全球服务升级的过程，国际分工协作从传统制造环节日益向生产性服务等高端环节延伸，全球一体化生产服务网络体系由此形成，全球价值链也由此实现了由制造主导向服务主导型的转变（王子先，2014）。服务全球化作为经济全球化的最高阶段，对全球价值链的形成与升级发挥了关键作用，使世界真正进入了“全球价值链”时代。不仅推动了世界经济总体向服务经济的转型，而且使全球服务业结构和业态也发生了巨大变化，现代服务业成为技术、知识密集型产业的典型，在广泛运用现代信息技术等成果和充分培育运用人力资源方面占据领先地位，成为推动全球价值链不断分解、协作、外包和重组的关键节点和主线，促进了全球价值链分工的不断深化。因此本书认为，服务全球化的不断发展将引领未来全球经济发展的新趋势，标志着全球价值链分工进入新的发展阶段。

## 第四节 全球价值链的主要特点及运作

### 一、全球价值链的由来及定义

1. 价值链

美国学者迈克尔·波特 1985 年在分析企业竞争优势来源时首次提出了价值链概念，随后在《竞争优势》一书中作了系统论述，他指出：“每一个企业都是在设计、生产、销售、发送和辅助其产品的过程中进行种种活动的集合体。所有这些活动可以用一个价值链来表明”（波特，1985）。其后，Gereffi 在波特价值链理论基础上指出“全球商品价值链”概念，其含义是全球不同的企业在由产品的设计、生产和营销等行为组成的价值链中开展合作；他还认为“全球商品链并不仅是企业经营活动的跨国界进行，而且是从事全球经营决策的企业使国际生产与贸易变得日益一体化”（Gereffi，1994）。波特在《竞争优势》一书中还提出“价值网络”的概念，用来概括企业从上游到下游，与渠道商、供应商、客户的广泛复杂的价值联系，包括价值分割与创造。这样从上游价值到买方价值形成一个完整的价值网络，企业之间的竞争不再只是某个环节的竞争，而是整个价值链的竞争。

2. 全球价值链的定义

随着国际分工与交换的深化，跨国贸易和投资日益活跃，跨国公司国际化水平日益提高，商品生产日益打破单个企业和民族国家的界限，逐步向全球扩散和布局，形成商品跨国生产体系，来自世界各地的企业被纳入一个一体化的生产网络中。因此，美国学者 Gereffi 率先提出了“全球商品链”概念，进入 21 世纪学术界逐步用“全球价值链”取代“全球商品链”，早期的“全球商品链”概念反映了国际分工主体是生产制造的现实，尽管也包含了从采购到市场营销等部分服务环节。全球价值链则开始更多地融入服务经济的成分，如斯特恩从三个维度来界定全球价值链：从组织规模上，全球价值链包括参与某种产品或服务的生产性活动的全部主体；从地理分布上，全球价值链必须具有全球性；从参与主体上包括一体化企业、零售商、领导厂商、交钥匙供应商和零部件供应商。并强调价值链主要描述某种商品或服务从生产到交货、消费和服务的一系列过程（斯特恩，2001）。很显然，服务及服务活动在全球价值链中的地位日益受到重视。

联合国工业发展组织（UNIDO）在众多国际机构中首次对全球价值链做出了界定，非常有权威性和代表性，得到了各方的认同："全球价值链是指为实现商品或服务价值而连接生产、销售、回收处理等过程的全球性企业网络，它涉及从原料采集和运输、半成品和成品的生产和运输储存，成品的生产和销售，直至最终消费和回收处理的全过程"（UNIDO，2002）。

参考各方面论述，本书对全球价值链作如下定义：全球价值链是指：由于国际分工与交换的不断深化，伴随全球生产和服务网络的形成，为实现商品或服务增值而连接从生产、加工、制造到物流供应链、运输配送、研发设计、信息、市场营销、融资和回收处理等过程的全球性企业网络。它通常由国内价值链拓展而来，跨国公司是全球价值链的主导，同时全球范围内前所未有的国家和众多企业被融入该网络中；其功能传统上从侧重完成商品生产及交换向侧重价值创造与增值递进；从传统的生产制造为主导向服务主导转型。总体来看，21 世纪以来全球价值链日益流行并正在成为主流商业模式，与经济全球化演进及信息网络技术革命的大潮流高度相关，既是对"二战"后产业内公司内分工与贸易理论的继承，更是重大的创新。特别是适应了全球化和知识经济大发展，人类继农业、工业革命之后出现了服务业革命，服务全球化、外包化蓬勃兴起，使全球产业、技术、管理和商业模式发生重大改变，服务经济不仅成为全球价值链（微笑曲线）的高端，而且在全球资源整合、要素聚集、创新聚集和产业组织等方面发挥日益巨大的作用。

3. 全球价值链的主要特点

由于要素在一国国内流动更为顺畅，国内产业价值链上不同环节的资本回报率和工资水平差异相对较小，因此，从价值链各环节的附加值来看，国内产业价值链较为平缓。相比之下，在要素特别是劳动力跨国流动仍存在障碍的条件下，全球价值链则表现为一条更为凹陷的"U"形曲线。在全球价值链上，劳动密集型加工组装环节的收益和附加值比国内产业价值链同类环节还要低（见图 1–7）。考虑到全球价值链的内容，本书对其特点作如下简单归纳：一是全球性，从地理分布上覆盖全球绝大多数经济体；二是整体性，包括参与某种产品或服务的所有活动主体；三是合作性，参与全球价值链主体建立多样化稳定合作关系，包括战略联盟、投资合作、研发合作、供应链合作、合同制造、服务外包等；四是增值性，全球价值链以最大程度上创造价值、实现增值为基本目的；五是整合性，全球价值链以全面整合利用全球资源、要素、人才、知识来提升效能和核心竞争力，不断创造和巩固新的竞争优势，占领国际竞争制高点；六是创新性，全球价值链通过有效利用全球创新资源，改进商业模式，推动从产业、技术到管理的全方位创新；七是共赢性，全球价值链参与者摒弃传统的“零和博弈”和“赢家通吃”理念，通过建立所有参与者互利共赢的合作关系实现开放式创新和共同发展。

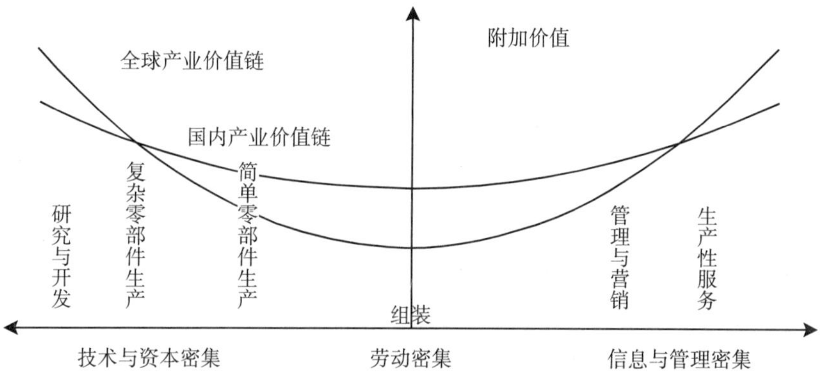


**图 1-7　全球产业价值链与国内产业价值链的异同**

## 二、全球价值链的分解与外包

1. 全球价值链分解

随着服务全球化和知识网络经济的深入发展，迎来世界范围内的产业组织革命，全球价值链的可拆分性日益强化，基于价值链的全球分工体系逐步形成，医药、IT、汽车等领域比较突出，一些传统产业也出现重大调整。如医药行业由于竞争环境和知识结构的变迁使其价值链上原本的刚性环节流动性增强，研发设计等高端活动出现日益分散化、外部化趋势。

实证研究表明，医药行业价值链深度分解的重要动力来自行业知识规模和结构的变化，快速更新的知识结构从三方面推动价值链分解：一是掌握新的专业知识的机构或企业不断加入产业链条，使医药行业价值链变粗、变长，价值链上研发、生产、营销等主要环节不断裂解和细分，出现深度分解；二是新知识的加入使价值链上一些环节的性质与作用发生变化，如化合物生成、筛选、临床测试等研发环节逐渐演变为非核心环节；三是由于功能活动参与者的差异化、多样化导致行业全球价值链的片段化，需要有效整合新的价值链参与者，协调与拥有专业知识的外围企业之间的关系变得更加重要（杨丹辉，2010）。

由于全球价值链的日益深度分解，越来越多的企业、机构、个人成为全球价值链的参与者，它们分别进行着从设计、产品开发、生产制造、营销、出售、消费、售后服务、最后循环利用等各种增值活动。综合来看，全球价值链出现深度分解不是偶然的，与世界经济科技发展大势有着密不可分的关系，概括而言主要动因如下：一是经济全球化特别是服务全球化是重大推动力，打破了全球范围配置资源的壁垒和界限，前所未有地提升了跨国公司全球资源整合的水平和范围；二是科技革命以及知识经济的迅速发展是根本动力；三是行业知识规模与结构的重大变化是具体动因；四是日益激烈的国际竞争及市场环境推动了全球价值链的分散化；五是服务外包特别是高端研发设计外包提供了具体渠道；六是日益成熟的供应链管理平台为跨国公司实现价值链全球拓展提供了具体实施手段。

2. 全球价值链外部协作与外包

全球价值链可拆分程度不断提高，需要建立相应的外部协作体系，并加强整合重组与治理控制，而服务外包异军突起更成为全球价值链分解以后实现新的组织整合的关键保障。其中，研发设计外包最具代表性，是全球价值链深度分解后再整合的典型领域。跨国公司研发方式的演变经历了三个阶段：一是母国母公司控制阶段；二是研发国际化阶段；三是研发外包阶段。最早的时候，跨国公司为了控制核心技术，通常技术研发设计都由设在该国的母公司高度垄断；"二战"后，随着世界贸易投资自由化的推进，跨国公司国际化水平随之提升，开始将部分应用性技术研发活动转移到海外子公司；进入 21 世纪前后，随着跨国公司全球价值链的深度分解，开始将更多的研发设计活动外包给外部企业和机构，并呈现出从在岸向离岸扩散的趋势，跨国公司通过自己的高端供应链和服务外包网络对此种分散化的研发设计活动进行统一的管理，达到提升创新效率和核心竞争力的目的。

跨国公司全球价值链的外包基本上循着由在岸向离岸、由低端向高端、由单一向一揽子捆绑式逐步演进的过程，并呈现出三大趋势：一是外包方式呈现从 ITO 向 BPO 和 KPO 不断升级的趋势；二是一些行业巨头也从单一业务外包向一揽子捆绑式外包演进，利丰公司就是这种捆绑式外包的承接者；三是全球价值链外包集中在发达国家跨国公司的母国，随着价值链网络的全球拓展与扩散逐步向离岸延伸，离岸外包比重逐步提升，尽管目前在岸外包仍占主体，但相对地位趋于下降。

跨国公司全球价值链外包的形成与拓展也经历了一个漫长的过程。传统上跨国公司全面参与产品市场的竞争。进入全球化时代特别是 21 世纪以来，跨国公司开始更注重对核心环节和核心资源的控制，利用多样化渠道，充分整合全球资源。跨国公司大规模推进全球外包及其对外部关系的整合体现了战略转型的要求。它们之间的竞争也由产品竞争转向核心能力的竞争，并由业务多元化混合化转向"归核化"，它们更多地把资源投入到核心业务环节，而不断将一般性业务外包给其他有竞争优势的企业和机构，由此它们可以重建全球价值链，优化全球资源配置，提升核心竞争力。

"二战"后跨国公司全球价值链外包经历了从生产制造向服务升级的长期过

程，大约可分为以下阶段：一是制造业跨国贸易投资为主阶段；二是制造业外包或合同制造阶段；三是服务业跨国投资迅速发展阶段；四是服务外包阶段。这其中伴随着经济全球化的迅速推进，更展现了世界经济从工业经济向服务经济转型的过程，服务经济在全球价值链中的地位迅速提升，并成为全球价值链的主导部分，“服务为主”的时代已经来临。

## 第五节 全球价值链治理与服务外包网络

### 一、全球价值链治理

在全球价值链可拆分和外包程度提高的趋势下，对其进行有效治理成为维持企业核心竞争地位的重要选择。Gereffi（1999）首次提出了“价值链”治理的概念，用以描述价值链上的权利分配关系。Gereffi、Humphrey 和 Sturgeon（2003）将全球价值链的治理模式分为五种类型：①市场型。在这种模式下，主要通过重复交易使市场关系得以存续，交易双方更换合作者的成本很低。②模块型。提供“交钥匙服务”的供应商根据客户的要求生产产品。供应商负责采购原材料和零部件，采用通用设备，使投资最小化，并满足需求方的技术要求。③关系型。采购商和供应商之间基于高度的资产专用性，形成了相互依赖的复杂关系，甚至利用通过信誉、家庭或种族的联系进行治理。④领导型。这种模式中的小型供应商高度依赖于大型采购商，供应商的转换成本较大，采购方对价值链的控制力较强。⑤层级型。即实行垂直一体化的企业进行内部管理。不同全球价值链类型呈现出动态变化的趋势，这种动态变化主要由以下因素推动：一是采购商与供应商在交易过程中转移的信息和知识的复杂性，尤其是对产品和生产过程的要求；二是这些信息和知识的可编码程度，即信息的可编码程度越高，转移越有效，且不需要特定交易投资；三是供应商满足交易要求的能力（见表 1-2）。[①] 同时，随着国际竞争环境的变化，对于一些知识复杂的行业而言，其全球价值链升级不再简单按照市场型—模块型—关系型—领导型—层级型的路径来进行线性升级，也有可能形成混合型的治理架构。以制药业为例，制药巨头通过采用兼具关系型、领导型、层级型的混合治理模式，实现其对全球价值链治理模式的创新，支持其对价值链进行深度分解和全球资源的战略重组，成为全球价值链的有效治理者（杨丹辉，2010）。

① 陈菲琼、王丹霞：《全球价值链的动态性与企业升级》，《科研管理》2007 年第 5 期。

**表 1–2　全球价值链治理模式的决定因素**

| 治理模式 | 知识复杂性 | 知识可编码能力 | 供应能力 | 外部协调程度和权利对称程度 |
|---|---|---|---|---|
| 市场型 | | | | 低 ↑ |
| 模块型 | | | | |
| 关系型 | | | | |
| 领导型 | | | | |
| 层级型 | | | | ↓ 高 |

资料来源：根据陈菲琼、王丹霞：《全球价值链的动态性与企业升级》，《科研管理》2007 年第 5 期，第 54 页改制。

Gereffi 还将全球价值链分成生产者驱动型和购买者驱动型。在生产者驱动型价值链中，大型跨国公司承担着整个价值链上下游企业网络的协调工作，这在汽车、飞机、计算机、半导体及大型机械制造等行业比较典型。购买者驱动的价值链是那些由大型零售商、销售商、品牌制造商主导的价值链，它们设计和组织全球生产网络，生产基地大多选择劳动力廉价的发展中国家，主要在服装、鞋子、玩具等劳动密集型消费品行业较为常见。在生产者驱动型全球价值链中，品牌制造商成为主导者，它们决定着价值创造和利润分配过程；在购买者驱动型价值链中，销售商和品牌设计商是掌控者，通常由它们决定产品生产过程和价值链每个环节的利益分配。在 20 世纪上半叶，生产者驱动的价值链占据主导；进入 20 世纪后半期，随着市场竞争的日益加剧和产品供大于求，消费者个性化、时尚化要求越来越高，生产商由于缺乏第一手的消费者需求信息，逐渐丧失了价值链的主导权，零售商和分销商逐步成为全球价值链的治理者，如沃尔玛（雷昊等，2012）。另有一类中间型的全球价值链，主导企业对增值环节的控制兼具生产者和购买者驱动的特征（见表 1–3）。随着全球价值链分工参与者增多，在新加入者（供应商、合同制造商等）与行业传统主导者（跨国公司）之间以及发达国家与新兴经济体之间，形成了持续深化、日益复杂的关系。

**表 1–3　生产者、采购者和中间型驱动的全球价值链比较**

| 项　目 | 生产者驱动的价值链 | 采购者驱动的价值链 | 中间类型 |
|---|---|---|---|
| 动力根源 | 产业资本 | 商业资本 | 两者兼有 |
| 核心能力 | 研究与发展，生产能力 | 设计；市场营销 | 两者兼有 |
| 进入壁垒 | 资本和专利权 | 市场信息、产品的设计和研发广告以及控制系统的电子化 | 两者兼有 |
| 利润来源 | 规模经济，技术所有和创新及组织创新的组合 | 范围经济，设计、销售、市场和金融服务的组合 | 两者兼有 |
| 产业分类 | 耐用品消费；中间商品；资本商品等资本技术密集型产业 | 非耐用消费品等劳动力密集型产业 | 两者兼有 |

续表

| 项 目 | 生产者驱动的价值链 | 采购者驱动的价值链 | 中间类型 |
|---|---|---|---|
| 制造企业的业主 | 跨国企业，主要位于发达国家 | 地方企业，主要在发展中国家 | 两者兼有 |
| 主要产业联系 | 以投资为主线 | 以贸易为主线 | 两者兼有 |
| 主导产业结构 | 垂直一体化 | 水平一体化 | 两者兼有 |
| 辅助体系 | 重硬件轻软件 | 重软件轻硬件 | 两者兼有 |
| 典型产业部门 | 汽车；航空器等 | 服装；鞋；玩具等 | 计算机等 |
| 典型案例 | 波音、丰田、海尔等 | 沃尔玛、耐克等 | Intel/戴尔等 |

资料来源：转引自张辉（2006）。

### 二、服务外包网络成为战略资源

价值链的深度分解推动服务外包的扩散与延伸，而随着外包规模扩大，大型发包企业将这些外包业务进行整合，实行“网络化”治理，从而在自己的管理体系中逐步构筑起“外包网络”，它们以外包合同为纽带，在全球价值链不同环节聚合各类上下游合作伙伴，它们的合作关系还不断向战略联盟升级。以医药行业为例，外包网络从产品经营和资本运作两方面推动企业核心能力的增强（杨丹辉，2010）。外包网络实际上成为跨国公司的战略资源，成为培育核心能力的主要途径，对跨国公司增强国际竞争力具有越来越重要的战略意义。

## 第六节 从全球价值链到全球供应链

### 一、从全球产业链到全球价值链

1. 全球价值链的演进

美国学者迈克尔·波特在1985年出版的《竞争优势》一书中最早提出了“价值链”概念和核心思想，“供应链”概念和管理理论最早发源于此，随后学界逐步形成和丰富了供应链管理理论体系，推动了供应链管理理论在全球的广泛应用和实践，引发了管理理论与实践的一场革命，使更多管理者的视角从企业内部延伸到企业外部甚至整个全球产业链。从产业链、价值链到供应链及服务外包网络演进，适应了经济全球化和科技、产业、管理革命的大趋势，有着丰富的深层次内涵和深刻的逻辑主线。

人们一般意义上讲的产业链是指由产品制造的各个环节形成的链条；全球产业链通常也是指跨国生产制造的网络体系，这与人类工业化和世界贸易大的历史背景高度相关。传统的国际贸易和分工理论均诞生于工业化时代或者更早的农业时代。那时候的国际分工主要是农产品的自然分工或工业制造业的部门内分工，国际贸易的主要对象也是工业制成品和农产品，因此这时的全球产业链主要是工业制成品的跨国生产网络，尽管也有金融、运输等货物追逐型服务，但总体处于被支配地位，所占比重较小。20 世纪 90 年代世界经济加快向服务经济转型改变了这一局面，随之产生了以波特为代表的价值链理论，价值创造与增值取代了生产制造成为价值链的新内涵，全球价值链及其治理理论在实际应用中逐步取代了以产业链为中心的理论体系，微笑曲线成为经典，得到了经济界的普遍重视和推广。在全球化和服务业革命新时代，全球生产服务网络取代了全球生产制造网络。商品在交易服务环节所用的时间和创造的价值要占 80%以上，而在生产制造环节仅占不到 20%，在利润分配中微笑曲线的两个高端研发和市场营销占据绝对支配地位。从这个意义上看，全球价值链并没有完全否定产业链，而是大大丰富了产业链的内涵，顺应了全球产业链大大拓展和重组的潮流，更适应了世界经济向服务经济和消费者及市场主导的转型，更好地体现了新形势下全球社会再生产和价值增值过程的运行规律。

从全球价值链向供应链的演进，为全球价值链体系的运作和治理提供了产业组织和微观的保障手段及具体支持。跨国公司在高端研发、设计、渠道整合和战略资源整合上实现了全球优化布局，建立了全球网络体系，其运作需要全球供应链管理体系的支撑，并借此重组流程、推动创新、降低成本、提高效率、控制风险，正是高水平的供应链体系确保了其在全球价值链的主导地位。跨国公司作为全球价值链的“链主”，必须对全球深度分解的价值链环节进行有效治理，为此它们通过非核心技术输出、并购、合并、合作等各种手段进行了全球供应链的整合，从而掌控了整个链条，掌握了定价权和话语权，并获得了高附加值（王子先，2012）。

跨国公司进行全球供应链整合的基本逻辑是，促进供应链上商流、物流、信息流和资金流的融合，开展供应链关系管理，提升供应链效率，尤其近些年来通过供应链金融创新加强供应链上的财务一体化管理受到重视，并通过贸易融资、并购、直接投资等手段来提高对整个供应链的掌控能力。

无论是全球价值链的布局、运营，还是全球供应链网络的构筑，通常都是通过有形的供应链管理体系来实施和操作，因此供应链管理和服务平台引领全球商业模式的变革。在企业自身供应链管理体系不断发展完善的同时，全球第三方供应链应运而生。供应链管理从自我服务转型为面向全社会的第三方新兴服务业，推动了产业组织革命和世界经济产业技术发展模式的转变。正如国内学者强调的，我国大多数行业以加工制造为主导的价值链，需要通过多种渠道实现重组，培养研发、营销、物流、信息、金融等关键战略环节。为此需要加强全球供应链的整合，发展强势的供应链一体化服务企业，提升全球供应链治理水平。除了企业自身的供应链管理体系培育外，大力发展第三方供应链服务平台成为重要性战略选择。

2. 全球价值链中的创新活动

在全球价值链中，跨国公司及其关联企业可以通过多种途径进行学习和创新，从而改善自身和整个价值链的运行效率。这些创新途径主要包括：①过程创新。在价值链内部，通过各环节上和各环节之间的分工合作，理顺价值链的运转程序，降低各种交易成本，比如加快存货周转、减少残次废品、实现规模经济的批量和及时交付等。②产品创新。利用价值链各关联单位的创新优势，增强产品的差别化范围和程度，缩短产品创新周期，降低新产品的价格水平，并为新产品创造更大的市场空间。③职能创新。在全球价值链中，各企业的合同制造、研发、设计、营销、售后服务和物流配送等各种职能被纳入了统一的系统之中，有助于企业各职能的实现。④价值链之间的创新。各关联单位通过价值链内部的学习和创新，提高了技术能力，使企业有机会向更新的、更有利可图的价值链转移。一些跨国公司甚至控制着数条价值链，而东道国的企业也有可能与多家跨国公司合作，参与多条全球价值链。这些全球价值链不仅成为跨国公司及其关联单位技术进步的起点和支点，而且也为其技术活动的成果提供了相互交流和市场化的平台。

## 二、供应链管理与管理革命

传统上，企业管理往往采用“大而全”“小而全”的纵向一体化模式，产生许多弊端，20 世纪 80 年代中后期国外很多企业放弃这种模式开始选择横向一体化模式，专注核心领域，将非核心业务外包出去，与外部企业形成广泛的战略联盟与合作关系。供应链管理是“横向一体化”的典型代表，带来了一场管理和商业模式的革命。

其实质是将分布在不同企业的优质资源组合起来，使供应链的多个环节协调运作，以减少重复和浪费，实现更大增值。供应链管理正是适应外部环境巨大变化而产生的一种新管理思想，目标正是通过信息共享及公共关系的整合来提高供应链总体效率，借助供应链效能的增强提高每一个节点企业的竞争能力和附加值，实际上引发了企业微观管理领域的全方位革命，使得供应链及其他服务平台成为核心节点。供应链管理是企业价值链体系的基本支撑，香港利丰集团对供应链管理核心理念有比较系统的总结，主要强调：以顾客为中心，以市场需求为原动力；专注于核心业务；与多企业紧密合作，共担风险，共享利益；追求物流、信息流、资金流、工作流和组织流的集成；利用信息系统优化供应链运作等。

### 三、全球供应链、服务外包网络与跨国公司核心战略演变

研发全球化与研发设计服务外包化呈现相互关联、相互促进之势，研发外包已成为跨国公司的核心战略，两者在一个全球化时代出现了交集。继贸易、投资等传统渠道之后，大量专业化第三方研发设计企业的出现带来了研发全球化模式的巨大改变，跨国公司通过自己高水平的供应链体系，可以同全世界各种专业化研发设计机构及企业建立长期稳定的外包合作关系，达到降低创新成本、控制创新风险、增强核心能力三重目的。服务外包为跨国公司实施研发全球化战略提供了新的高端平台成为日益占主导的形式，未来发展空间巨大（王子先，2012）。

由于服务外包已成为跨国公司的战略选择，服务外包网络也因此成为跨国公司的战略资源，成为跨国公司实施其产业链价值链分解并实现全球优化配置的重要工具（杨丹辉，2010）。在价值链日益深度分解条件下，外包网络构建与管控成为其核心战略，通过日益广泛的外包和外部协作，不仅提升了全球资源配置范围和能力，而且适应新的商业模式要求构建了新的运营管控体系，达到控制风险和提高核心能力目的。而服务外包网络实际上是通过跨国公司的高端供应链体系来具体组织实施的。开始时跨国公司主要通过内部供应链完成；随着全球化布局的扩大和当地化经营的发展，跨国公司也开始把一部分供应链服务平台外包给更专业化的专业机构，如思科很早就将采购执行和分销执行服务外包给深圳怡亚通公司，实际上利用了怡亚通的供应链服务平台；而埃森哲由管理咨询服务商转型为专业的服务外包跨国公司，成为从事从接包、转包、发包到提供整体解决方案的全球资源整合服务供应商和综合性服务外包网络平台，供应链公司也开始成为专业化的第三方服务平台供应商（王子先，2013）。

## 第七节 全球化新形态——服务外包：全球价值链重塑的利器

### 一、基于全球价值链的服务外包：价值链分解与优化重组的可行路径

基于全球价值链的思维和视野，服务外包从内涵到外延都会得到很大拓展，成为全球价值链分解、优化重组与治理的重要途径，具有全方位的分析价值。基于全球价值链的服务外包可能成为一个全新的研究领域，亟待破题，并进行系统的理论和分析框架重构。

传统的产业链通常都基于商品生产主导逻辑，并长期成为经济学和国际贸易理论的主导范式。在整个工业时代福特主义是典型概括，汽车装配成为主导20世纪管理的“拱心石”，人们多用全球商品链或产业链来描述。现在的价值链概念日益向服务环节拓展，覆盖最终产品或服务所需的一系列跨越企业边界的价值创造与增值活动（郑艳玲，2013）。当越来越多的增值活动超越国家边界就形成了全球价值链。在传统价值链下，商品生产处于中心位置，企业是价值创造主导者，而顾客则是价值毁灭者。自20世纪中期以来，随着发达国家率先实现向服务经济的转型，国际上有学者开始推出服务主导的逻辑，将研究中心从生产过程转到服务过程。根据学者研究，在服务主导逻辑下，服务是一切经济交换的根本性基础，是经济活动的基本成分，服务为中心的过程是经济活动的目标；这些活动从根本上被引导为寻找和提供解决方案，即直接服务和间接服务的复杂组合。在服务主导逻辑下，服务取代商品生产处于中心位置，所有参与者都是资源整合者，共同组成服务生态系统；其关注焦点是使用价值，企业和顾客共同创造价值。这意味着，价值不再仅是基于企业的单位产出，而是整合资源的整个过程。一个成功企业不再仅仅是增加价值，而是“再造价值”，战略重点不再是公司抑或产业，而是服务生态系统本身，在其中所有参与者包括顾客共同创造价值（雷昊等，2012）。继IBM之后，苹果公司开创出一种将硬件、软件和服务整合在一起的新型商业模式，实现了向服务主导逻辑的转变。

所以，现代全球价值链分析为我们提供了一种思考经济交换中的价值和价值创造的新思维逻辑与范式。服务主导逻辑更倾向于以服务价值网络取代供应链，以反映当今世界的平坦化趋势。实际上，由于全球价值链和网络协作的共同需要，服务价值网络与供应链、服务外包网络、资源整合网络都成为全球价值链共同的节点，既相互渗透交叉又相互联系促进，而网络或平台的治理与掌控成为国际竞争新制高点。

总之，服务、服务外包及其网络是全球价值链的核心环节，服务外包是其中的关键节点；服务外包为全球价值链深度分解提供了可能的前提条件；服务外包是企业优化重组全球价值链的关键选择；服务外包还是更有效整合全球资源、培育国际竞争新优势的战略举措；服务外包网络是跨国公司全球生产服务体系及供应链体系的重要组成部分。在全球价值链下，服务外包具有宏观、中观和微观全方位的理论和实践价值。

## 二、全球价值链深度分解：服务外包向高端化、多元化战略转型

美国学者罗伯特·E.肯尼迪等提出全球离岸服务外包发展演变经历六个阶段，其中第六阶段主要特点是离岸外包向多元化、高端化转型，高端人才竞争进入新阶段。此阶段，跨国公司服务外包已不满足于降低成本、提高效率，而是在全球

范围内寻找一种独一无二的技术，通过离岸转移资源来开发新产品，通过流程重组来分解和外包高端知识流程，开发新的专业能力和专业性服务供应商。这显示跨国公司服务外包开始进一步实现向高端化的战略转型。其中一个突出特点是跨国公司实施研发设计外包，将研发中心向全球布局。2007 年至今，服务外包已经进入第六阶段，即向多元化高端化的战略转型阶段，以研发设计外包和跨国公司研发中心全球化布局为重点内容，以 KPO 为重要载体，以获取关键技术、重塑核心能力为目的，服务外包展现重大新趋势。继 2000 年 9 月 GE 在印度建立投资 1.2 亿美元的科技中心，微软在中国设立相似研发机构，越来越多跨国公司开始跟进。同时，很多跨国公司开始转包知识密集型高端流程，带动知识流程外包（KPO）高速发展，2010 年达 170 亿美元，比 2003 年增长 13 倍。麦肯锡、高盛、AC 尼尔森等已在印度建立高增值服务供应及外包平台，专事高端知识流程外包业务。2008 年国际金融危机以来，服务外包向多元化高端化方向战略转型取得新的重大进展。

## 三、服务外包网络成为跨国公司全球价值链治理的关键节点

国内最新研究显示，在全球化和技术革命推动下，在很多高科技产业跨国公司研发活动日益全球化，它们把价值链上更多的研发环节外包给外部企业，通过价值链的深度分解，达到提高创新效率和增强核心竞争力的目的。以医药行业为例，快速变化的知识结构推动医药业价值链环节变多变粗变长，越来越多的专业机构和企业不断加入，为价值链分解提供了可能。跨国公司从过去专注于自己研发转向全球价值链的整合与治理，对全球价值链进行有效治理成为其维护行业战略主导地位的关键。医药巨头们正是通过价值链治理模式的创新，采取兼具关系型、领导型、层级型的混合治理模式，实现了对行业价值链的深度分解，并对价值链上的资源和参与者进行战略重组，更好实现对核心业务和核心资源的控制，成为全球价值链的掌控者，完成了医药行业价值链的战略转型。在此背景下，医药行业服务外包网络成为跨国公司的战略资源，通过外包网络的建立和管理能够实现产品经营和资本运作两种企业核心能力培育途径的集成，并对分解的业务环节实施全球最有效的配置，对这种分解和配置活动进行高效的、网络化的治理（杨丹辉，2010）。

在对服务外包网络进行治理控制的前提下，医药行业选择多样化的外包模式：一是效率模式，主要满足发包方降低成本、提高效率的要求；二是能力模式，主要为发包方增强专业能力服务；三是战略模式，主要为制药企业增强技术、管理和应变能力服务。根据自身外包服务需求，医药巨头对承担外包业务的外包商或服务商进行非常严格规范的筛选。

总之，服务外包已成为医药跨国公司的核心战略选择，借此达到增强核心能

力、整合全球资源、提高创新效率、分散创新风险，加快新药开发、开拓国际市场、降低成本等多种目标。根据有关研究，目前世界范围内有将近50%的制药公司外包业务，与越来越多的专业技术公司及生产加工企业建立了广泛的外包或合同制造关系，实现了研发资源和创新成果的共享。其他高科技产业情况大同小异。

## 四、服务外包引领全球服务业革命

基于全球价值链视角，国际服务外包不再是简单孤立的产业转移和要素重组，实际上正成为“全球服务业革命”的风暴中心。自20世纪60年代开始，以美国为先导的发达国家陆续进入服务经济时代，到1990年全球服务业增加值占全球GDP的比重突破60%，标志着全球服务型经济格局的形成，是服务业革命的第一阶段。20世纪90年代以来，IT及互联网革命使服务业发生重大变革，新技术应用取得重大突破，服务业专业化、知识化大大加强，服务业态和经营管理模式不断创新，生产性服务业成为发达国家的支柱产业，特别是服务业创新更为密集频繁，由于服务业具有特殊黏合剂功能，实际上全面推动了新的产业组织革命。进入21世纪以来，服务外包开始在更大范围、更深程度、更高水平上引领新的服务业革命。伴随服务业全球化蓬勃兴起，并由制造业追随型逐步向自主扩张型转变，国际服务离岸外包异军突起。全球价值链视角的服务外包实际上成为服务业革命新的引擎和标志，体现国际分工与交换深刻的变革，并引领世界产业、技术、管理以及跨国贸易投资新的潮流。以服务外包为先导的这次产业革命还处在蓬勃兴起之中，未来走势目前还难下定论。但有一点可以肯定，这一重大方向已不可动摇，全球价值链的调整及重塑成为必然趋势，未来前景不可限量，怎么估计都不为过，广大发展中国家只有积极参与全球价值链分工才能分享新的全球化红利，发挥新的后发优势，否则只能被边缘化（王子先，2013）。

## 五、全球价值链视角下后发国家服务业跨越式升级的经验

“二战”后世界产业发展的历史一再打破传统的产业升级线性路径，诸多后发国家产业升级呈现了明显的多元化路线，在推动向服务经济转型方面创造了许多成功的经验：一是日本实行贸易立国战略，抓住外部机遇，迅速成长为新的世界工厂和贸易强国，继制造业实现了跨越式升级之后，还于20世纪90年代顺利实现了向服务经济的转型，1990年服务业占GDP的比重达58%。二是亚洲“四小龙”在70年代实行出口导向战略，在短短20年左右时间里，实现了工业化目标和制造业自身结构由劳动密集型向资本密集型再到技术密集型的重大转变，随后又相继实现了向服务经济的转型，2004年新加坡服务业占GDP比重达65%，中国香港服务业占GDP比重目前已达90%左右，韩国和中国台湾同样实现了转

型。三是20世纪80年代以来，中国和亚洲“四小虎”相继转向对外开放和出口导向模式，也在不同程度上实现了制造业的跨越式升级，出口产业结构逐步完成从农产品和初级产品主导向劳动密集型制成品为主再向技术、资本密集型为主方向的转变，但向服务经济转型的进程还相对滞后。四是进入21世纪后印度以及爱尔兰和芬兰等欧洲国家，抓住全球信息技术革命和服务业全球化的机遇，将经济发展的视野和重点转向软件、信息技术产业和知识经济领域。特别是印度大力承接服务外包、加快信息软件等服务业发展，纷纷将产业升级带入新的路径，2009年印度服务业占GDP的比重已跃升至61%，创造了向服务经济转型新的范例。五是中东欧转型经济体加快贸易投资自由化和融入欧洲经济一体化进程，大力吸纳外部资金、技术和优势生产要素，从制造业到服务业发展与升级的步伐都不断加快，产业升级迈向非线性多元化路径前景日见清晰。

## 六、全球价值链视角下我国服务业跨越式升级的路径

全球范围内后发国家产业升级路径从线性向多元化转变不是偶然的，这与全球化和全球价值链重组大趋势紧密相关，其实际运行及理论逻辑的主线日见分明。新技术革命推动了国际分工从制造业向服务业的全面深化，服务业跨国投资、贸易与外包蓬勃发展实现了在更大范围内的全球生产要素优化配置和效率提升。为后发国家产业跨越式升级提供了前提条件。同时，发展中国家在全球技术革命和产业大变革中面临前所未有的后发优势，不用再简单重复先行工业化国家的一般产业发展路径，通过学习、模仿和国际合作可以大大加快发展与升级的进程。经济全球化使国内产业分工链条向全球延伸，过去民族国家之间的分工向跨国水平分工全面延伸，并深入到产品服务内部不同工序、区段、环节和流程，带动了全球价值链分工的大重组。20世纪90年代中后期以来，全球一体化生产服务网络进一步完善，跨国公司不断加快服务外包和跨国外包网络建设进程，分离非核心业务和流程，以抢占国际产业链制高点，强化核心竞争力和全球控制力；同时，拥有低成本、大规模制造服务能力的接包企业也可以在全球价值链中占据一席之地，有些还可以成为专业化的大型服务运营商，其结果是服务外包发包方与接包方的合作链条不断延伸扩展，甚至形成长期战略联盟。外包市场的扩展还助推像艾森哲、麦肯锡等一批专业化高端外包商的迅速成长，它们专门从事从接包到发包、转包的双向外包业务及相关服务，还有一批像简帕特这样的从传统公司自我服务向第三方服务再向完全独立的专业化服务外包商的转型，进一步推动了服务外包的全球布局和扩散。跨国服务外包因此成为助推后发国家服务业非线性升级的具体途径（杨丹辉，2010）。

服务业革命不仅是技术等硬件革命，更是从战略视野、思维理念到经营模式和管理流程的软件革命，是一场新型的产业组织革命。从形式上看，服务业外包

与制造业外包都是一种公司内贸易或者说是加工贸易；但从内涵上看，服务业简单的跟随式发展模式虽有促进发展与升级的积极效应，但被动从事服务接包业务也可能落入“飞地式”发展陷阱，外包业务自我孤立发展，无法实现与整体服务业的有效融合和互动发展，导致后发国家的产业成长路线被锁定。因此，必须适应世界潮流，全方位革新服务业的战略思维、理念、经营模式和管理流程，从生产企业“大而全”“小而全”的自我服务向培育专业化精细化系列化本土服务供应商转型，将承接服务外包与推动本国服务在岸外包及打造本土高端服务运营商结合起来，以实现本国服务业的可持续跨越式升级（王子先，2011）。

总之，在全球价值链视角下各国产业发展的关联性、互动性日益增强，也使各国的经济、产业、技术乃至管理模式出现全方位变革，一国产业结构实际上已成为一个开放系统，后起国家很有可能在一定阶段利用后发优势，分享参与全球价值链分工的红利，实现服务业跨越式升级（杨丹辉，2010）。

目前，我国总体上仍处于全球价值链的中低端，关键在于价值链高端的研发设计、市场营销、物流供应链、信息服务等生产性服务环节落后，而不仅是制造业本身技术装备水平落后，中国能够成为世界工厂就是最好的例证。基于对全球价值链现状和未来趋势的分析，我们必须把服务外包置于中国产业开放式升级战略的重要位置，适应新一轮服务业革命潮流，实施积极主动的开放战略，继续把利用后发优势实现服务业开放式升级作为优化重组价值链、推动经济结构战略性调整、创造国际竞争新优势的主攻方向，实现参与全球价值链分工与培育服务业内生发展创新能力的良性互动，以开放促改革、促创新、促转型，打造中国产业升级版（王子先，2011）。

## 第八节 若干结论

第一，全球价值链背景：国际分工从全球制造向全球服务升级。伴随着人类从农业社会向工业经济和服务经济时代的转变，国际分工也大致经历了从自然分工向垂直一体化分工再向全球价值链分工演进三个阶段。在农业社会，人类过着“刀耕火种”“男耕女织”自给自足的自然生活，间或开展原始的跨国农产品贸易。进入工业化时代，工业革命大大推动了国际分工与贸易的发展，这样贸易业进入大发展时期，但是这个时代总体上仍采取福特主义的垂直一体化分工模式，所有生产环节都在一个工厂内部完成，包括从设计、制造到销售、回收处理及售后服务的全过程，企业竞争力要通过全体产业链来表现出来。进入服务经济时代，服务成为世界经济的主导，国际分工也由此进入全球价值链分工新阶段，继

“二战”后制造业逐步走向全球分工之后，价值链中的服务环节也开始分解出去，到 20 世纪 90 年代，随着信息技术的广泛应用，服务环节加速推进全球分工，包括研发、设计、采购、营销、人力资源管理、财务、信息服务等，此时更多的服务节点在全球进行，分工体系全球化，一个全新的跨国生产服务体系基本形成（江小涓，2008）。这也就是说国际分工进入以服务为主导的全球价值链分工阶段。服务外包作为全球价值链分工的新方式，扩展了全球范围内引导优化资源配置的空间，突破了传统的要素和产品界限，大大提高了国际分工深度。传统意义上以商品贸易为基础的国际分工格局正在被打破。国际分工方式出现三大革命性变化：一是从过去以跨国贸易、投资为主导向全球价值链、供应链整合为主导转变，继合同制造之后，服务外包成为日益重要的驱动力量；二是国际分工领域从制造主导向服务主导演进，服务业跨国投资占据跨国投资总存量的 2/3，包括商业存在在内的服务贸易比重大幅提升；三是由单个企业内部分工向整个供应链分工方式递进，产品内和公司内分工与贸易更加成为主导方式，国际分工的节点由产业转变为工序、业务流程或生产要素，企业价值增值和竞争力由整个供应链上的整体引导整合能力来决定。

第二，跨国公司价值链服务化日益突出。发达国家跨国公司价值链向服务化转型已经相当普遍，因为在全球 500 强中服务类跨国公司超过一半，而其他跨国公司中服务收益也占一半以上。跨国公司“跨国经营指数”显著提升，其中服务类跨国公司从 1995 年的 32%提高至 2004 年的 52%，涉外业务重要性超过本土业务，而同期制造业相对指标仅提高不到 5 个百分点（江小涓，2008）。IBM 是跨国公司全球价值链向服务化转型的典型案例，早在 20 世纪 80 年代末就开始重大战略调整，率先实现由 IT 硬件制造商向 IT 解决方案综合服务供应商转型。同时，越来越多的跨国公司开始把服务作为价值创造及增值的主要来源，纷纷加入向“服务化”转型的队伍。

第三，基于全球价值链的服务外包正成为产业组织革命的黏合剂和驱动器。基于全球价值链视角的服务外包已不简单是传统上的国际产业转移和要素流动，实际上构成服务业革命的核心组成部分，成为新兴产业组织革命的黏合剂和驱动器。全球价值链将企业分工从行业间、产品间深入到产品内部不同工序、区段、环节和流程，可能带来的国际分工的革命性扩展，构成当代经济全球化的重要微观基础，而服务外包则构成价值链分工的重要依托和保障手段。跨国公司既是双向服务外包的主导者，也是全球生产和交换的组织者、全球价值链的重要掌控者，实现了三种身份的集成。这种模式已大不同于“福特模式”，形成了全球生产组织方式的一次革命性变化（江小涓，2008）。服务外包在产业组织方面的作用是服务经济黏合剂功能的延伸，同时又有着全方位的价值，表现在以下方面：一是服务外包本身就是世界经济结构转型的产物，也将成为推动新一轮世界产业结构转型的重要引擎；二是服务外包作为全球价值链的核心环节，将进一步拓展全球范围内资源优化配置的深度和广度，推动服务和经济全球化；三是进一步保障和支持全球价值链的深度分解，推动全球产业的大调整、大变革、大重组，加快服务—制造革命进程；四是进一步拓展全球范围内知识、技术和人才的流动与开发，推动全球技术与产业的融合，带来更强大的后发效应和学习效应；五是服务外包网络与供应链网络相互渗透，成为全球资源整合的高端平台，产生广泛的产业辐射传导示范带动作用，正成为优化产业组织的利器；六是服务外包日益成为跨国公司的核心战略，是跨国公司重组全球价值链、提升核心竞争力、占领全球竞争制高点的核心节点；七是作为一种新型商业模式，服务外包将推动企业业务及管理流程的优化重组，带来企业微观管理的全方位变革。总之，服务外包作为全球价值链的关键节点，很好地契合了世界范围内技术变革与产业升级的方向，不仅有利于改善企业微观运行效率，而且将引领全球产业转型升级的方向，成为全球产业大重组的新型驱动器。

第四，世界产业结构融合化趋势与产业升级新路径。制造服务化、服务知识化推动了世界产业结构的融合化趋势。由于技术趋同、信息趋同加剧，产业趋同的技术和市场重叠程度增强、产业边界日趋模糊。高新技术及其广泛应用是推动产业融合化的主因，而服务外包则在这一趋势中发挥着催化剂和载体的作用。产业技术的融合化趋势使原有的以单一知识及技术作为产业的划分标准和发展方式受到巨大挑战，为了应对这一变化，企业必须更加专注于核心业务，并通过外包提高战略资格的掌控能力。建立在全球价值链深度分解基础上的离岸服务外包及配套供应链体系，促使世界产业结构升级突破线性模式，出现新的路径选择。后发国家可以凭借后发优势实现产业结构的跨越式升级，即通过服务业开放与承接服务外包参与全球价值链分工，吸纳全球优势要素，提升全球资源整合能力，加快向服务经济转型，提高本国产业在全球价值链上的竞争力。

第五，基于全球价值链的服务外包更加具有战略意义。鉴于在全球化时代国内市场与国际市场的界限逐步打破，在全球生产服务一体化网络体系下跨国公司在国内市场的布局也与其全球价值链整体战略布局紧密相关。基于全球价值链的服务外包概念具有特别重要的意义和内涵，所谓服务外包是企业从优化全球价值链角度出发，根据全球产业技术及管理变革需要，对全球价值链进行分解，自己专注于核心业务，将价值链中自我提供的部分服务流程或服务环节以合同方式委托给外部服务供应商的经济活动，达到整合全球资源、降低成本、提升效率、强化核心能力的目的（杨丹辉，2010）。服务外包成为跨国公司全球价值链分解、协作与重组的重要枢纽点，也是实现产业、技术、管理全方位创新的关键节点，还成为日益流行的主流商业模式。服务外包作为经济全球化的新形态，正在掀起一场新的产业组织革命，并推动全球价值链与全球供应链的不断升级与创新。

**参考文献**

Gereffi G., Humphrey J. and Sturgeon T. The Governance of Global Value Chains, Review of International Political Economy, 2003, 11 (4).

Griffith R., Rupert Harrison and John Van Reenen. How Special is the Special Relationship? Using the Impact of US R&D Spillovers on UK Firms as a Test of Technology Sourcing, The American Economic, Review, 2006, 96 (5).

江小涓等:《服务全球化与服务外包:现状、趋势及理论分析》,人民出版社 2008 年版。

弗里德曼:《世界是平的》,湖南科技出版社 2006 年版。

雷昊等:《全球价值链治理》,中国人民大学出版社 2012 年版。

王子先:《论金融全球化》,经济科学出版社 2006 年版。

金碚等:《全球竞争格局变化与中国产业发展》,经济管理出版社 2013 年版。

杨丹辉:《全球化:服务外包与中国的政策选择》,经济管理出版社 2010 年版。

王子先:《深圳供应链管理行业发展报告 2012》,经济管理出版社 2012 年版。

郑艳玲:《供应链增值》,中国人民大学出版社 2013 年版。

王子先:《中国生产性服务业发展报告》,经济管理出版社 2008 年版。

宋华:《服务供应链》,中国人民大学出版社 2012 年版。

丁一凡:《大潮流:经济全球化和中国面临的挑战》,中国发展出版社 1998年版。

王伟东:《经济全球化中的金融风险管理》,中国经济出版社 1999 年版。

张碧琼:《国际资本流动与对外贸易竞争优势》,中国发展出版社 1999 年版。

彼得·马什:《新工业革命》,中信出版社 2013 年版。

杨丹辉、王子先:《服务外包与我国社会服务业开放发展战略》,经济管理出版社 2014 年版。

王子先:《全球化条件下中国服务业跨越式升级的路径与开放战略》,《宏观经济研究》2011 年第 7 期。

王子先:《服务全球化发展五大趋势》,《经济日报》2007 年 7 月 24 日。

王子先:《服务业跨国转移的趋势、影响及对策》,《国际贸易》2007 年第1 期。

王子先、盛宝富:《加快承接国际服务外包是新一轮对外开放的重要战略选择》,《红旗文稿》2007 年第 7 期。

王子先:《研发全球化趋势下自主创新与对外开放关系的思考》,《国际贸易》2013 年第 9 期。

王子先:《服务贸易新角色:经济增长、技术进步和产业升级的新引擎》,《国际贸易》2012 年第 6 期。

张辉:《全球价值链动力机制与产业发展策略》,《中国工业经济》2006 年第 1 期。

# 第二章　全球资源深度整合：世界各国对外开放新趋势

## 第一节　跨国贸易和投资推动全球价值链下的全球资源深度整合

### 一、经济全球化助推跨国公司价值链向全球布局和延伸

经济全球化经历了从全球制造向全球服务延伸的进程，成为全球价值链形成与发展的根本动力，跨国公司是全球价值链形成与升级的主要推手。纵观历史，经济全球化经历了从贸易全球化、生产全球化、金融全球化、研发全球化和服务全球化五个阶段，它们相互联系、相互促进，在时间上既相互继起也有所交叉，共同构筑经济全球化的总体格局（王子先，2000），也成为推动全球价值链升级的主动力。贸易全球化是全球价值链形成的先导力量，生产全球化直接推动了全球价值链在生产制造领域的拓展，金融全球化是全球价值链跨境延伸的重要组成部分，科技创新和研发全球化是全球价值链拓展的关键节点，服务全球化成为全球价值链拓展的主导和全球价值链治理的制高点。而跨国公司则直接推动了国际分工与贸易从部门间、产品间向部门内、产品内再到公司内为主导格局的演进，并打破国家界限，使得其价值链不断向全球延伸和拓展，形成跨国公司的全球价值链网络体系。

### 二、国际贸易投资是全球价值链跨国布局及延伸的具体推手

世界贸易是全球价值链形成的先导，跨国直接投资后来居上，跨国服务贸易与外包则成为推动全球价值链拓展与升级的生力军，其他各种形式的国际经济技术交流与合作则成为重要补充，共同推动了全球价值链时代的到来。世界贸易在全球价值链中的先导作用不可忽视，特别是“二战”后世界贸易进入增长高速期，一直以 2 倍于世界产出的速度增长。世界贸易从规模到结构都发生了天翻地

覆的变化，对以跨国公司为主导的全球价值链的形成与发展发挥了重要先导作用。跨国投资的飞跃式发展更成为全球价值链延伸的关键动力。跨国投资从20世纪80年代进入高速增长期，20世纪90年代以来FDI以2倍于世界贸易、4倍于世界产出，推动了跨国公司全球生产网络和全球价值链的加速形成与升级。服务贸易和外包则是后起力量，但正在成为推动全球价值链进一步延伸与重塑的生力军，潜力巨大。尤其是服务外包成为全球价值链分解、优化重组与治理的重要途径。服务、服务外包及其网络是全球价值链的核心环节，服务外包是其中的关键节点；服务外包为全球价值链深度分解提供了重要条件；服务外包是企业优化重组全球价值链的关键选择；服务外包还是更有效整合全球资源、培育国际竞争新优势的战略举措；服务外包网络是跨国公司全球生产服务体系及供应链体系的重要组成部分（王子先，2012）。由于服务业成为世界经济的主导，服务全球化推动服务可贸易性不断增强，可能使服务贸易规模最终超过货物贸易，成为未来世界贸易的主导。世界服务出口从1万亿美元增至2万亿美元大约用了10年时间，从2万亿美元到3万亿美元只用了4年时间。包括占比约50%的商业存在方式在内，2010年世界服务出口接近75000亿美元，占全球贸易之比达49.2%（王子先，2013）。

## 三、全球供应链为全球价值链顺利运转提供重要保障

跨国公司进行全球供应链整合的基本逻辑是，促进供应链上商流、物流、信息流和资金流的融合，开展供应链关系管理，提升供应链效率，尤其近些年来供应链创新不断推进，第三方供应链异军突起，通过供应链的深度整合，并通过贸易融资、并购、直接投资等手段来提高对整个供应链的掌控能力。

无论是全球价值链的布局、运营，还是全球供应链网络的构筑，通常都是通过有形的供应链管理体系来实施和操作，因此供应链管理和服务平台引领全球商业模式的变革。在企业自身供应链管理体系不断发展完善的同时，全球第三方供应链应运而生。供应链管理从自我服务转型为面向全社会的第三方新兴服务业态，推动了产业组织革命和世界经济产业技术发展模式的转变（王子先，2013）。正如国内学者强调的，我国大多数行业以加工制造为主导的价值链，需要通过多种渠道实现重组，培养研发、营销、物流、信息、金融等关键战略环节。为此需要加强全球供应链的整合，发展强势的供应链一体化服务企业，提升全球供应链治理水平。除了企业自身的供应链管理体系培育外，大力发展第三方供应链服务平台成为重要性战略选择。

供应链管理思想带来一场管理革命。传统上，企业管理往往采用“大而全”“小而全”的纵向一体化模式，产生许多弊端，20世纪80年代中后期国外很多企业放弃这种模式开始选择横向一体化模式，专注核心领域，将非核心业务外包

出去，与外部企业形成广泛的战略联盟与合作关系。供应链管理是“横向一体化”的典型代表。其实质是将分布在不同企业的优质资源组合起来，使供应链的多个环节协调运作，以减少重复和浪费，实现更大增值。供应链管理正是适应外部环境巨大变化而产生的一种新管理思想，目标正是通过信息共享及公共关系的整合来提高供应链总体效率，借助供应链效能增强提高每一个节点企业的竞争能力和附加值。

## 第二节 全球资源深度整合成为世界对外开放新潮流

价值链从单个民族国家内部向外部延伸，是与经济全球化总体进程相适应的，全球化推动了国际分工和交换边界的不断拓展，跨国公司价值链也随之向全球延伸，跨国公司在全球范围内优化配置资源和聚集优势要素的程度不断提升。特别是到20世纪末期，经济全球化延伸到服务全球化这一最高阶段，服务业革命蓬勃发展，全球一体化生产服务体系正式形成，世界经济史上第一个“全球价值链”时代宣告到来。由于服务业革命带来的产业组织驱动器和黏合剂功能，经济全球化的深度、广度空前提高，学者称3.0版的全球化时代来临，特别是跨国公司全球范围内聚集科技、知识、人才等创新要素和优化配置资源达到有史以来最高水平，人类开始进入“全球资源深度整合时代”，通过全球资源深度整合，培育国际竞争新优势，成为各国对外开放新潮流、新趋势。就连长期处于边缘化状态的非洲大陆也日益融入世界经济，开始进入经济快速增长期。由于在知识、人才、技术、研发领域，在全球范围内优化配置资源达到了前所未有的高度，创新全球化水平不断提升，开放与合作式创新成为新的潮流。全球化和信息网络革命推动从技术到产业、管理和商业模式的全方位创新，与全球要素深度整合一起，构成产业和企业核心竞争力的最大源泉。当今的国际竞争不再是单个企业之间的竞争，而是整体供应链与价值链之间的竞争，谁拥有全球资源最大整合平台与能力，谁就能赢得天下，积极主动的开放式发展战略成为优先选择（王子先，2012）。

### 一、发达国家以“再工业化”战略抢占全球资源深度整合的新高点

欧美是高度成熟的市场经济国家，是开放型经济的典型，对外开放真正成为制度性安排，政府总体上支持跨国公司开放式发展战略及其主导的全球价值链体系，但是在国家战略和政策层面很少主动提及对外开放。2008年的国际金融危

机改变了这一切，为了推动经济复苏和实体经济振兴，欧美将再工业化作为重塑国际竞争新优势的重要战略，打响了一场全球资源和市场新的争夺战，试图借此夺回制造业国际竞争主导权。奥巴马为此制订了“出口倍增计划”，出台了一系列支持制造业吸引全球资金、技术、人才的举措。其实，再工业化不是简单的制造业回归，实际上是结合新的工业和技术革命，推动制造业产业链的重组，着力发展高技术高附加值的高端制造业，进一步巩固提升其在制造业全球价值链的中高端位置，在实体经济发展上打翻身仗，聚集全球优势要素、技术、知识和人才，通过全球资源深度整合最终赢得全球新工业革命（张茉楠，2013）。

随着工业化深入发展，全球制造业中心经历了从英国向欧洲大陆向美国，再向日本转移的过程，发达国家一直是全球制造业的中心，也是世界工厂的所在地。直到20世纪60年代以来，随着发达国家经济逐步向服务经济转型，开始了“去工业化”进程，特别是20世纪90年代知识经济大潮掀起，欧美发达国家进一步出现制造业“空心化”态势。

20世纪以来，美国曾经长期占据全球制造业的主导地位，“二战”时达到高峰，20世纪50年代最高时占全球制造业的50%左右。20世纪60年代，随着制造成本上升、环境保护标准趋于严格，在国内产业升级的驱动下，欧美制造业开始向外转移，美国制造业地位随之下降，1990年降至21.5%，2009年跌破20%，2010年降至19.4%，低于中国的19.8%，失去世界制造业百年霸主地位（张茉楠，2013）。欧洲也从20世纪90年代开始去工业化历程，制造业空心化纷纷出现。国际金融危机让欧美尝到了虚拟经济过度繁荣、实体经济不振的巨大教训，因此都先后走上力推再工业化战略之路。

2011年2月，美国白宫公布《美国创新战略》，把发展先进制造业、生物技术、清洁能源等作为美国先行突破的领域，意图确保美国位于创新金字塔的顶端，抢占工业革命的先机。美国奥巴马政府推出的再工业化战略，并不是简单的制造业回归，而是抢抓新工业革命的机遇，以新能源、新材料、新技术带动美国经济转型，重建具有强大国际竞争力的工业体系，占领国际竞争的制高点。

目前，发达国家在新材料、新能源、生物技术和新一代信息技术方面仍占据显著优势，如美国在页岩油气开采技术、快速成型制造技术、复杂触摸屏技术等领域明显处于领先地位。发达国家的“再工业化”主要是对制造业全球产业链价值链的重构，重点是对高附加值环节的再造。随着推动新工业革命先导技术的产业化进入快速发展期，高成本国家通过更灵活、更经济的新制造装备生产更具个性化的、更高附加值的产品，有可能在未来制造业国际竞争中取得主动。

美国商务部数据显示，美国过去两年制造业开始出现积极发展势头，制造业就业岗位增加了40万个，这是20世纪90年代以来美国制造业部门首次出现持续性就业增长。美国波士顿咨询集团最新研究结果显示，随着“美国制造”的成本优势日益显现，美国本土制造业将迎来一次新的发展机遇。大约10年前，美国开始外包器械、计算机等占美国制造业相当比例的诸多产品。现在，这种情况正在改变。

与以往情况不同的是，美国也少有地亮出了政府引导对外开放的旗帜，奥巴马为此推出“出口倍增计划”，提出出口以年平均15%的速度增长，5年后货物和服务贸易出口额超过3万亿美元，试图建立后危机时代以出口推动经济增长和制造业复兴的新发展模式。美国政府为此出台了一系列鼓励出口、吸引投资措施，意在打造聚集全球优势要素、技术、知识、人才的新高地，构建双轮驱动内外并重的全球价值链体系，实现新的全球资源深度整合，重塑制造业的核心竞争力。美国曾是世界上最大的产业资本输出地，但随着美国“再工业化”战略的有序推进，不仅美国的资本和技术出现回流，而且还以种种优势和巨大的市场吸引全球资本与要素。根据美国波士顿咨询公司2013年8月发布的报告，未来美国制造业将重拾竞争力，未来6年每年从其他国家夺得700亿~1150亿美元的制造业出口份额，到2020年将增加250万~500万个就业岗位。

与美国异曲同工的是，欧盟也积极推动再工业化计划。2012年10月，欧盟委员会发布了《强大的欧盟工业有利于经济增长和复苏》的工业政策通报，确立了欧盟工业的核心地位，意图通过“增强型工业革命”改变欧盟工业格局。德国政府更是提出“4.0版工业”、“互联工厂”等工业复兴和高科技战略，力推高技术智能化工业，抢占新工业革命制高点，“互联工厂”则通过互联网将工厂与工厂内外事物及服务连接起来，构建新的商业模式。

发达国家再工业化不是简单回归到传统制造业为基础的旧时代，实际上是在走一条经济转型之路，是新工业革命的重要信号。目的是适应全球产业技术革命大潮，重塑全球产业链体系，强化全球价值链的竞争优势，在新一轮全球制造业竞争中掌握主导权，成为新一轮国际分工体系的掌控者，打赢全球资源、要素、人才的争夺战。

可以预见，欧美推动再工业化，也将大大改变全球市场开放格局，推动全球产业链价值链的大重组，引发日益激烈的全球资源整合之争，给中国和广大发展中国家带来新的挑战。

## 二、新兴经济体实现全球资源深度整合：印度的经验

进入21世纪前后，新兴市场对外开放不断掀起高潮。继亚洲“四小龙”、“四小虎”之后，中东欧、南亚、中亚、拉美、非洲等纷纷进入对外开放行列，金砖国家成为其中的典范，而印度更是比较成功的范例。印度实施全球化战略，通过跨国投资并购，大大提升了其全球资源整合能力，涌现出一批本国的民营巨无霸和跨国公司，实现了在全球价值链上的地位攀升。印度全球化战略的成功不

是偶然的，是世情、国情、民情形成交集的结果，更是印度从民间到政府前瞻性战略和全球化理念结出的硕果（潘松，2010）。本书认为，尽管印度整体改革开放仍待进一步推进，工业发展远远落后于服务业，整体工业化进程滞后，但是在推行全球化战略实现弯道超车方面，印度确实在世界经济进入全球价值链时代后在部分领域实现了一次成功跨越。

1. 印度实施全球化战略的历程

作为印度对外开放战略的先导，印度在发展起点上就树立全球思维和战略视野，基本同步实施了企业全球化战略，嵌入全球价值链体系，一步步实现跃升，如今充满活力的私营企业成为印度的核心竞争力，印度私营经济已日趋成熟。数据表明，印度私营经济对其 GDP 的贡献为 85%。尽管印度私营经济历史悠久，但其大崛起仍是自 20 世纪 90 年代初印度推进市场化改革以后。市场化改革为私营企业发展打破了过去命令型经济的诸多藩篱，初步释放了一定的发展空间。但是，印度的改革开放仍有很大局限性，加之投资环境和要素条件的诸多约束，印度私营企业更成功的领域是，在国内工业化和“引进来”相对滞后条件下，实行了跨越式的全球化经营战略（潘松，2010）。

1991 年印度推行改革，政府取消了对私营企业生产领域和生产规模的诸多限制，鼓励发展以知识为主的新经济，发挥人才优势，大力促进印度经济增长、技术进步。随着封闭时代结束，一个民族长期被压抑的创造力得到前所未有的释放。概括起来，印度私有企业成长经历了三个阶段（潘松，2010）：

第一阶段为半封闭半管制阶段。这个阶段，印度效法苏联模式，发展自给自足经济，优先发展重工业，采取了许多计划经济的手段。1951 年尼赫鲁政府颁布工业生产许可证制度，工业生产由国家集中调配。同时，由于外汇紧缺，政府严格限制企业以现金对外投资。20 世纪 60 年代以来只有少数几家大家族企业允许搞跨国经营。

第二阶段自 1991 年开始印度经济向自由化和全球化过渡阶段。政府取消了生产许可证制度并鼓励外国投资。1992 年，允许有条件的企业在国外发行股票和债券，取消以现金对外直接投资的限制，规定无须批准的对外投资限额为 200 万美元。

第三阶段为印度私营企业加快全球化经营阶段。进入 21 世纪，印度颁布新的外汇管理法，对境外投资的限制大大放宽，对外投资设立独资分公司投资额上限升至 1 亿美元，除银行和地产极少数领域外允许企业海外跨行业投资，允许企业国内外融资。这些改革措施为印度私营企业实施全球化战略创造了条件，印度私营企业全球化进入快速扩张和收获期，它们通过走出去主动拓展全球价值链布局，整合全球资源，加强战略合作，推动国际对接，不断推进向全球价值链中高端跃升。

2. 印度推进全球化战略的主要做法与特点

印度以私营企业为先导实施全球化战略，实际上成为国家的全球资源整合战略，通过更好整合利用国际市场和资源提升在全球价值链中的地位，实现企业和产业跨越式升级，创造了开放式发展与升级的新模式。

（1）率先在知识经济、服务经济等新经济领域高起点起步。印度在电信、软件、生物科技、风电等新经济领域诞生了一批新的一流企业。印度电信业务长期以来由两家国企垄断，1995 年开始向私营企业和外商开放。由苏尼尔·米塔尔创立的巴帝电信，通过吸收风险资本、引进无线电信新技术，迅速成长为印度最大的私营电信公司。目前，该公司拥有移动用户 1.22 亿户，市场占有率达 24%；塔塔咨询既是最大的信息服务外包商又是国内高水准的信息服务供应商；Infosys 信息系统公司，是 IT 服务外包巨头，还是市值超百亿美元的 IT 巨人，为全球客户提供咨询和 IT 技术服务，采用低风险的全球交货模式（GDM）；Biocom 目前是亚洲最大、世界第七的生物技术公司，业务覆盖 75 个国家，其创始人基兰被称为“印度生物科技女王”；成立于 1994 年的苏习兰（Suzlon）能源公司是世界上第二大风力发电机制造商，成为从事风能研发、设计、生产和咨询服务的一家综合性跨国公司，业务扩展到五大洲的 21 个国家。

（2）在制造业等传统经济领域的全球化经营异军突起。印度私营企业在制造业的重大成就常常被忽视。实际上，印度私营企业在钢铁、汽车、化工和海外能源资源开发等诸多领域都迈出了全球化步伐，并取得显著成效。很多企业是在新兴经济与传统经济领域两线作战，如塔塔集团在钢铁、汽车、化学等传统经济业务的销售额和税后利润 2009 年度仍占 3/4。但是，在传统经济领域，印度企业同样积极推进全球化战略，推行全球化治理和全方位创新，追求世界级规模和水平，并没有依靠国内市场的封闭与保护，而是大胆“走出去”实行跨国经营。

（3）跨国并购成为推进全球化战略主要手段。印度私营企业以米塔尔、塔塔、Infosys 等为代表，已经创造了一系列具有国际影响力的跨国并购成功案例。2005~2009 年，印度企业共进行了 1500 次并购，总金额超过 1200 亿美元，集中于信息技术及服务、药品、保健品及生物技术、钢铁、有色金属、电信等领域，被收购的主要是欧美公司，凸显出印度企业突破国内市场局限进军全球市场的宏大目标。印度企业平均海外并购规模从每项 1000 万美元上升到 6000 万美元。印度私营企业海外并购成为其推进全球化战略的主要手段，并且实现了超前的全球化经营理念、一流的管理水平和较强的全球资源整合能力的有机结合。

（4）注重全球资源整合，获取与欧美跨国公司一比高下的全球竞争力。印度一大批国内领先的私营企业加快向全球市场进军，表现出较强的聚集全球优势要素的前瞻意识，以海外并购方式加速“以我为主”的全球资源整合，达到强化核心业务、提高对原材料、技术、品牌、渠道的掌控力等目标。如米塔尔集团通过全球并购重组了一个年产钢铁 1.16 亿吨的钢铁大王，掌控了自身所需的 60%铁矿石和强大的产业链控制力，获得了与欧美跨国公司一比高下的全球竞争力。印度汽车巨头马亨德拉将跨国并购比喻为获取全球竞争力的一种“蛙跳”，由此打开一个又一个国际市场。而塔塔钢铁 2005 年一跃超过宝钢位居全球钢铁企业综合竞争力排名之最。

（5）注重人才的全球化。印度精英阶层有着良好的国际化背景，硅谷和华尔街的印度人明显多于中国和其他国家，在欧美跨国公司中印度裔的高管也明显多于中国人。印度经理人阶层专注于成长、创新、高度利他主义的经营哲学、高的诚信度和职业素养，成为各国顶级跨国公司竞相追逐的对象，印度在多边机构的各类国际化人才也远远多于中国。更重要的是，印度政府鼓励使用海外精英人才，实行双重国籍政策，允许外籍精英在印度生活、工作、置业，为企业利用全球化人才创造了良好条件。由于印度私营企业家有着国外教育和工作的国际化背景，他们在推行全球化战略时放手使用全球优秀人才、实行当地化经营，整合全球人力资源，有的家族企业还把外籍人士吸收进自己的高管队伍，大量聘用外籍管理和工程技术人才。

（6）注重信息软件的全球化。印度抓住全球知识经济、信息经济、服务经济蓬勃发展的机遇，成为“世界办公室”。一是率先大规模承接信息服务业的国际转移，成为全球信息服务业转移的最大受益者；二是鼓励硅谷等地的海外印度人回归创业和开放私营企业，全方位打造本土信息供应商；三是大力承接服务外包，扩大软件出口，软件出口额占全球市场份额的 20%，《财富》500 强企业中 1/3 向印度外包服务，美国华尔街大约 30%的业务在印度完成。

（7）通过参与全球分工、合作与跨国并购，印度推动本身产业链和管理链条的重组，正在创造后发国家跨越式发展的新模式。印度企业还把承接外包与打造本土高端服务供应商相结合，充分利用低廉的人力资源优势，实现承接外包与自主品牌、自主创新并重，一举实现人才储备、营销网络建设到战略管理完善等多方面的目标，避免了简单跟随式发展的重大局限。实际上，印度信息服务业创造了全球化下后发国家产业跨越式发展与升级的新范式，将国内市场与国际市场、国内资源与国际资源、国内人才与国际人才相结合，将承接外包转移与本土信息服务业创新升级相结合，实现从理念到经营战略到管理流程全方位的变革，创造一流的本国跨国公司和国际竞争优势，真正推进了经济结构的战略性调整。

（8）金融开放度高，有力配合了全球化战略的推进。印度市场化改革很多方面不及中国，但金融改革开放不仅好于我国，也好于亚洲多数国家。印度商业银行体系中，有 27 家政府银行、25 家私人银行、46 家外资银行、4.7 万家非银金融机构（多为私营）。商业银行 65%贷款给私人和私营企业，而且印度企业上市融资不设任何限制。印度金融体系的国际化和商业银行国际化经营水平不断提升，为企业"走出去"提供了重要支撑。如印度最大的私营银行ICICI（印度工业信贷投资银行）成为印度第二大银行，积极开拓海外市场，目前已在18个国家设有独资子公司、分行和办事处，资产从1999年的14亿美元增至2009年的770亿美元，其目标定位是成为一个全球性银行、全球头号的金融服务提供者。相反，我国金融国际化相对滞后的后果是，企业只能国内做大，难以通过有效实行全球化战略重塑产业链和核心竞争力，很难在全球化高起点上打造一流顶级跨国公司。

3. 印度实施全球资源整合战略实现了局部重大跨越

印度私营企业通过充分利用国际国内两个市场、两种资源，在国内国际两大市场上都取得了重大成就：

一是在国内经济各个领域取得成功，成为主导力量。如石油化学业的安巴尼家族、钢铁业的塔塔家族、汽车业的马亨德拉家族、电信业的米塔尔家族、消费品领域的弋德雷杰家族等，即使是新兴的信息软件领域也有众多的一流私营企业。

二是跻身全球一流企业排行榜。在2009年《财富》500强排名表中，印度本土有7家公司上榜，其中2家为私企，即信诚工业位列第206位，塔塔钢铁位列第315位，同样有印度背景的安赛乐·米塔尔排名第63位。2008年印度有4人进入世界富豪榜的前10名。入选福布斯全球上市公司2000强榜单的印度企业，2010年有56家，一大半为私企。由于创新和品牌价值上升，印度大公司的无形资产占总资产的比例上升到世界第三位。一些龙头企业成长为跨国巨头，已经可以与美、欧、日跨国公司一较高下。

三是推进了印度经济的顺利转型。在私营经济的主导下，印度经济还在诸多方面实现了顺利转型：一是印度居民消费顺利升级，目前消费率上升到67%；二是向服务经济转型顺利，2009年服务业占GDP的比重已上升到61%；三是在向知识经济和创新经济转型方面也取得很大成功。

4. 印度实施全球资源整合战略探索后发国家开放式跨越新模式

印度企业大规模"走出去"始于2000年，当时人均GDP仅为450美元，而且仅仅10年左右时间就取得如此巨大成功，到2010年印度人均GDP也仅为1134美元，但比全球范围内经济国际化的一般趋势大大超前。按照权威理论和实证经验，只有当人均GDP达到3000美元时，对外直接投资才能进入较快增长期，逐步由资本输入国变为输出国。很明显，印度企业全球化战略是后发国家跨越式发展的新范例，后发国家跨越式发展的领域已经从产业、技术领域直接进入到全球化经营这个新的高端层面，全球资源深度整合成为以开放促发展促跨越的利器和核心动力，印度突破了传统的比较优势和竞争优势原理，创造了直接对接全球价值链分工与合作实现地位攀升的新模式，对其他新兴市场有着广泛的参考和借鉴意义。

印度的全球资源整合战略，实际上是一种摆脱本土市场局限的“蛙跳”战略。印度改革开放比中国晚了十多年，而且在不少领域仍不彻底，私营企业发展受到一系列制约和局限，主要表现为：一是本土市场空间不足，一些规模较大企业的发展规划已超过印度市场可支撑程度，人均收入和消费水平及结构都难以支撑这些企业的迅速扩张；二是印度基础设施落后、交通不便、电力不足等严重束缚企业的扩张；三是印度的资源和要素与企业扩张的需求不符；四是印度国内产业集聚和配套水平相对滞后，不利于一些龙头企业重组优化产业链、提升整体竞争力；五是印度民众民族主义情结仍较强，无法通过大规模吸收外资和承接国际产业转移，来达到大企业加快升级和追求国际一流的目标，一些特殊经济功能区也因为民众反对而止步不前；六是体制仍不成熟，政府行政效率不高，腐败流行，营商环境不佳等，都阻碍民营企业的发展转型特别是高水平扩张。这样的国内环境迫使印度企业只能实行全球化战略，包括海外并购、拓展国际市场、开展多样化合作等，在全球范围内优化配置资源，打破本土市场、资源以及硬件、软件等一系列“瓶颈”约束，并充分利用外部的技术、人才、管理以及品牌与营销网络，迅速扩大市场份额、重塑核心竞争力，实现一种“蛙跳”。与发达国家相比，发展中国家普遍存在这种不足，因此，“蛙跳”战略可能是后发国家实现全球价值链地位跨越的一种可行路径。

5. 印度实施全球资源整合战略顺应了经济全球化新趋势

在信息网络技术革命推动下，20 世纪 90 年代以来经济全球化不断掀起新的高潮，为印度企业实施全球化战略提供了六方面黄金机遇：一是 20 世纪 90 年代制造业国际化从低端向中高端升级，印度一些顶级企业开始参与其中：二是 21 世纪 IT 等高技术产业要素重组和国际转移处于高度活跃期，印度一流私企开始大规模参与其中；三是服务业全球化在 21 世纪进入高速发展期，印度私企不仅成为大规模承接服务外包的领军者，而且积极参与全球服务经济的高端链条，优化重组产业链；四是世界贸易组织乌拉圭回合谈判在一定程度上推动了全球范围内贸易投资自由化，加上印度以私营企业为主体，其海外并购遇到的政治经济障碍较少；五是信息技术革命还推动了全球范围内企业经营理念、战略、管理流程和商业模式的变革，因为印度私营企业家有较好的全球视野、更为国际化的管理基础，他们可以学习引入全球最先进的管理模式和经营理念，实现管理革命，创造新的生产力；六是充分利用全球科技成果、知识和人才流动及其外溢效应，在高起点上推动创新转型。

6. 印度实施全球资源整合战略抓住了跨国公司全球价值链重组新机遇

经济全球化不断推动国际分工与合作的深化，以跨国公司全球价值链为主导使各国经济日益融合，激烈的国际竞争和瞬息万变的市场进一步使跨国公司无国界化成为新趋势。大前研一比较系统地分析了真正的全球化新市场、无国界跨国公司和无国界管理等新趋势、新理念（大前研一，2007），他强调在制造业领域生产交易的都是全球性产品而不是民族产品，大家都是世界公民，在无国界世界里，企业必须具备全球化的视角，不再纠缠于本地市场这一狭小之地而必须驾驭全球市场。如今，“无国界管理”已经成为众多跨国公司竞相采用的流程，去除本地化、实行全球化成为一流企业的必然选择，全球资源深度整合成为跨国公司价值链竞争的制高点，IBM 已成为全球化 3.0 版的领军者，使全球资源深度整合战略成为跨国公司全球价值链的核心战略。

康荣平在《海外华人跨国公司成长新阶段》中也从华人跨国公司这个独特视角揭示了全球跨国公司新趋势、新战略、新视野，其中天生型跨国公司打破了先国内市场后国外市场的一般规律，是 20 世纪 90 年代以后出现的新趋势，企业从创办到跨国经营的过程很短，只有 2~3 年时间，有的一建立就面向全球市场。同时，天生型跨国公司主要集中在一些高科技领域，如趋势科技，而且同时也是研发型、利基型（专注于优势核心业务）、无母国型跨国公司，形成了几种类型的交集，说明跨国公司的上述新趋势都有着经济全球化、信息技术革命和新兴市场崛起等共同的国际背景，也反映了全球价值链深度分解与治理的新趋势。这说明，印度实施全球资源整合战略取得成功不是偶然的，是其利用自身优势、抓住机遇、创新思维、实现开放式跨越式发展战略的结果。

毋庸讳言，印度有着中国无法比拟的语言、文化、理念、人才等优势，但这些并不必然带来成功，更重要的是要有前瞻性思维、全球化视野和创新型战略。

7. 印度实施全球资源深度整合战略的启示

通过国际比较，本书认为，印度实施全球资源整合战略，实现了后发国家在六方面的重大跨越：一是人均收入水平低起点上的跨越；二是工业化滞后、贸易逆差和外汇较为紧缺背景下的跨越；三是“引进来”相对不足下的跨越；四是产业链从制造业到服务业的跨越；五是从传统经济向知识经济等新经济形态的跨越；六是从本土化管理向全球化管理的跨越，实现了从理念到战略到管理流程到商业模式的全方位创新，印度龙头企业逐步构建了自己的全球价值链网络。印度实施全球资源深度整合战略的成功案例给了我们许多有益的启示：

第一，必须顺应经济全球化和全球价值链重塑的潮流，前瞻性地确立本国全球化战略思维和理念。印度在改革前与我国一样也是高度封闭和政府行政命令型经济，到 1991 年推行改革已比我国晚了 12 年，但印度企业却能冲破一系列障碍、在全球化上实现一系列跨越，关键是印度企业更能超前认识和善于利用经济全球化的机遇，为摆脱国内市场狭小和硬软件“瓶颈”约束及时树立了新的战略思维与理念，前瞻性地确立了利用国际国内两个市场、参与全球范围内资源优化配置、集聚全球优势要素的成长战略，通过整合利用全球资源、知识、人才和先进管理，实现内外集成的跨越式发展。这种前瞻性战略思维建立在充分利用印度文化、语言和国际化人才等方面的一系列优势基础上：一是印度文化一直存在西化元素，殖民历史使西方企业很早就进入印度，印度独立后这些文化传统没有完全消失，企业相对更熟悉国际市场竞争规则和国际化运营操作；二是巨大的语言优势，众多人能熟练掌握英语；三是印度人才国际化水平极高，更容易接受利用西方先进的企业管理模式、战略思维和理念；四是印度私人产权制度清晰，不依靠政府支持和保护，以纯粹的市场竞争方式获得生存和发展，企业能够确立长远战略目标和市场策略，更容易与国际通行规则接轨；五是印度自然资源稀少，天然垄断少，企业竞争优势主要靠创新力、管理力、市场力和思维力，加上印度劳动力市场不成熟，大宗廉价劳力优势无法充分利用，只能更多依靠智力和创新，开展国际化经营相对有更高起点；六是印度宗教文化利他主义理念使企业在海外并购经营中拥有包容、并存、共赢的理念，加上政治体制更容易为国际社会所接受，受到投资保护主义的阻碍也较少。

第二，构建自己的全球价值链网络、提升全球资源整合能力，是全球化战略成功的基本保证和核心成果。印度已经创造了后发国家跨国并购的成功案例，上演了“蛇吞象”“并购圣手”“钢铁大王”等一幕幕活剧，成为印度企业推行全球化战略的利器。对后来者启示颇多：一是海外并购是印度全球化战略的重要组成部分，是为了配合其整体战略而推进的；二是印度公司海外收购潮代表着一种结构性变化，目的是为了做大优势、补齐短板；三是印度企业海外并购不单纯从价格考虑，而是更注重研发、品牌、营销、管理等能力；四是注重并购后的盘活和重组，焕发新生，实现与当地的互利双赢；五是注重加强全球资源和管理整合，重塑全球产业链、价值链网络，实现管理现代化国际化，增强全球资源整合能力，大大提升核心竞争力。

第三，注重发挥私营企业实施全球资源整合战略、布局全球价值链网络的巨大优势。与我国依靠大型国有企业不同，印度活跃于跨国经营和海外并购一线的主要是私人公司，它们驾驭国际市场的能力较强，既无国内体制障碍又无国外政治障碍，运作效率高，整合能力强，能抓住瞬息万变的并购机遇，处于相对有利的议价谈判地位。一批成功的私营企业凭着对市场的敏锐、长期有效的战略规划，在海外并购市场上屡创佳绩，它们以市场化方式运作更易形成国际化的竞争能力、竞争意识和竞争优势。同时，它们不易受短期商业利益所左右，有着自己的长期目标和文化理念追求，更有利于把海外投资与并购转化为企业转型升级的强大动力。

第四，人才国际化是实施全球资源深度整合战略的重要保障。印度实施全球资源整合战略取得成功离不开人才国际化的保障：一是企业创业者多数有国际背景，米塔尔本身就是无国界的天生型跨国公司；二是在拥有大量海外留学人才的同时，还大量雇用国外研发和管理人才；三是海外机构实现当地化管理，使用当地人才等。总之，印度私企家族化模式不仅不妨碍其充分利用海外人才，而且在人才国际化方面也大有赶超之势。

第五，国家及时推进投资自由化的前瞻性战略意义重大。没有人能事先预测到印度私企实施全球化经营战略会避开一系列风险取得这么大成功，但是印度政府在外贸仍然逆差、外汇资金十分紧缺的情况下较快放松对外投资管制与限制，并按照经济自由化的规范要求率先实现了对外投资的基本自由化，使私营企业“走出去”进军全球市场的活力得到充分释放，从而才有可能通过不断试错，在练习游泳中学会搏击，实现企业全球化经营的巨大跨越。如果政府瞻前顾后、不肯放手甚至包办代替，必然会束缚企业的手脚。因此，国家前瞻性推进投资自由化的战略设计十分重要。

第六，金融国际化配套跟进对实现全球价值链地位攀升必不可少。无论是发达国家还是印度的实践都证明，银行保险等金融机构国际化是企业全球化拓展必不可少的保障，是全球资源深度整合的重要推手，甚至是全方位解决“走出去”从融资到投资兴业到市场营销、管理和风险防范的坚强保障，金融机构从投融资到生产经营全过程的配套服务尤其对中小企业海外投资并购有开路先锋的作用，是构建和延伸我国自己的全球价值链网络的重要手段。与印度相比，我国这方面差距较大。

## 三、非洲将成为全球价值链新主体和全球资源整合热土

进入 21 世纪以来，长期处于边缘化状态的非洲，开始加入经济全球化的队伍，通过对内改革和对外开放，成为全球价值链的新参与者，步入经济起飞快车道，在 21 世纪头 10 年全球经济增长最快的 10 个国家有 6 个在非洲。

近十多年来，非洲不断释放增长潜力，整体崛起的势头日趋强劲。2013 年，非洲经济增速达到 4%，是全球平均增长率的 2 倍。大多数非洲国家以持续、高速和稳定的经济增长，向世界呈现了一个富有巨大潜力的新兴市场。联合国非洲经济委员会与非洲联盟联合发布的《2014 年非洲经济报告》预测，2014~2015 年，非洲国内生产总值将分别增长 4.7%和 5%。事实上，非洲地区作为一个整体，已经开始告别人们传统印象中的贫穷形象（联合国，2014）。世界银行 2014 年 4 月 7 日发布的报告显示，撒哈拉以南非洲地区在投资和消费的带动下，2014 年的经济增长率将达到 5.2%，其中刚果（金）、塞拉利昂等自然资源富集国家的经济表现将更好（世界银行，2014）。

非洲的发展首先得益于各国对工业化的高度重视。囿于历史和自身等因素，许多非洲国家工业化仍然处于起步阶段，初级产品的收入占到了非洲国内生产总值的 40%。不过，这一现状正在发生改变。许多非洲国家意识到了自身经济发展

的局限性，已经开始调整经济结构。尼日利亚是一个有代表性的国家。该国最新确立的目标是力争成为撒哈拉以南非洲地区的投资和制造业中心。为吸引投资和振兴制造业，尼日利亚政府制定了《2010~2020 年制造业发展规划》，并动用 12.9 亿美元的干预基金，对国家确定的“先锋产业”予以优惠政策支持。喀麦隆计划到 2035 年建立有竞争力的工业，埃塞俄比亚宣称要成为“新的世界工厂”……据统计，撒哈拉以南非洲地区制造业占国内生产总值的比例目前稳定在 10%~14%，工业产值正在迅速增长。英国《经济学家》杂志称，非洲的制造业发展正呈现良好态势，甚至有望赶上亚洲。

同时，一些非洲国家还致力于经济多元化发展。除了工业外，非洲多国还致力于打造旅游及其他服务业，以带动经济的发展。根据《2014 年非洲经济报告》，目前服务业在非洲已超过工业和农业，成为收入最高的行业。非洲岛国毛里求斯就是凭借大力发展制造业和旅游业并引入外资，最终实现了经济快速发展。目前，尼日利亚三大产业中占比上升最快的是服务业，总值远超农业和工业产值的总和。此外，电信、信息技术、音乐、网上购物、航空和电影产业等增加值呈飙升趋势。

由于不少非洲国家一直沿袭旧的国内生产总值统计方法，经济增长被明显低估。经济学家黛安在《国内生产总值：简短而深情的历史》一书中写道：“有人估计，过去 20 年撒哈拉以南非洲地区经济增长要快于官方数据的三倍。”以加纳为例，2010 年重修统计数据，其国内生产总值增长了 60%，从一个低收入国家立即变成中低收入国家。尼日利亚的情况也是如此。

对外开放、引入外部资金是促推非洲经济起飞的关键动力。近些年来，非洲国家政治相对稳定，政府出台各种政策吸引外资、促进出口，缓解了制约经济发展的各种“瓶颈”，特别是调整了矿产资源政策，开始鼓励外资进入本国勘探开发，加入了初级产品的全球价值链。近十多年来，非洲重视与中国加强经贸合作，经贸关系不断发展，成为非洲经济的新推手。目前，中国已经成为非洲第一大贸易伙伴，非洲则成为中国重要的海外投资目的地，中非还合作开展了不少大型基础设施工程建设。另外，近年来非洲区域经济一体化取得重要进展，也推动了非洲经济发展。

目前，非洲已经跻身世界经济增长最快的地区之列。非洲人口也开始进入快速增长期，预计将从现在的 10 亿人增加到 2060 年的 25 亿人，为非洲经济发展提供新的人口红利。经济进入起飞阶段以后，其他方面的资源要素优势也将逐步激发出来，基础设施进一步改善，对外开放环境将进一步优化，因此非洲地区未来经济发展潜力巨大，成为全球资源整合新高地，也是聚集全球要素和投资的新热土，还将会成为世界经济新的增长极，在未来的全球价值链体系中占有一席之地。

# 第三节　全球价值链时代经济全球化走向新高度

## 一、全球化 3.0 版横空出世

全球价值链的不断升级也宣告了一个新的全球化时代的到来，即全球化 3.0 时代（弗里德曼，2006）。在“全球化 3.0 时代”中，个人成为主角，肤色和东西方文化差异不再是全球合作或竞争的障碍。软件的不断创新，网络的普及，让世界各地包括中国和印度的人们可以通过互联网轻松实现自己的社会分工。新一波的全球化正在抹平一切疆界，世界变平了，从小缩成了微小。1492~1800 年是全球化第一阶段称为全球化 1.0 时代，它是在民族国家层面发生的，从西班牙发现美洲大陆，到英国殖民印度，世界从一个庞大的尺寸，变成了中等尺寸。1820~2000 年是全球化第二阶段，称为全球化 2.0 时代，主要是在公司层面发生的，市场和劳动力造就了全球化，世界从中等尺寸缩成小尺寸。从 2000 年开始，世界进入全球化第三阶段，称为全球化 3.0 时代，整个世界的竞技场被夷平了，世界变成“迷你型”，个人成为全球化的主体，创意革命、创客革命、众包和 3D 打印技术等都是全球化 3.0 版的具体体现。

全球化 3.0 版的概念最早在弗里德曼《世界是平的》一书中有详细描述，他认为全球化的过程，就是从国家到企业，再到个人主导全球化融合的过程。如果说全球化 1.0 版的主要动力是国家，2.0 版本的主要动力是公司，那么全球化 3.0 版的独特动力就是个人在全球范围内的合作与竞争。

在《世界是平的》一书中，Windows、Web、工作流软件、上传、外包、离岸经营、内包、搜索、数字化等被称为碾平世界的十大动力，当前的潮流对所有的国家、公司、团体或个人都是巨大的机遇与挑战，世界将出现大分化。他还预言，在世界变得更平坦的未来 30 年之内，世界将从“卖给中国”变成“中国制造”，再到“中国设计”甚至“中国梦想”。而在此平坦的世界上整合全球资源运作的公司，就是全球化 3.0 版的公司。

但也有不同意见，美国布鲁金斯学会经济问题专家安德鲁·巴雷特认为，在很长一段时间里，弗里德曼的全球化 3.0 版却算不上这个世界的特征，因为在美国金融霸权之下，这种竞争与合作的状态很难实现。不过，他同时也认为这次金融危机终将终结美国的金融霸权行径，“在这种局面下弗里德曼所说的全球化 3.0 时代已经初露端倪”。

## 二、IBM 成为全球化 3.0 版的率先实践者，也是最早的全球化 3.0 版的公司

在面临咄咄逼人的全球化浪潮和自身出现巨大亏损的挑战下，IBM 新任总裁彭明盛掀起了蓝色革命，决定开创 IBM 的第三个发展阶段，即“全球整合企业时代”。彭明盛积十年之力，终于瓦解了主导 IBM 历史的帝王式管理机构，整合了供应链，重构了全球价值链。IBM 陆续在美国本土以外开展大规模投资，在东欧成立了一个海外中心，在俄罗斯成立了软件开发中心，在印度投资 600 万美元、发展服务业务。IBM 把中国作为战略基地，将全球采购总部从纽约迁往中国深圳，2008 年 IBM 首个全球供应链创新中心在北京诞生，还在中国拥有全球最大的研发基地，IBM 已将全球五大服务支持机构移师中国，中国在 IBM 的全球整合中地位突出。在全球采购中心从 300 个缩减到 3 个之后，IBM 每年节约开支亿美元计。通过改进供应链管理，2002 年仅硬件成本就节省了 25 亿美元。IBM 全球化整合很快取得了成效，从 2006 年开始 IBM 60%的收入来自美国本土以外（周国辉，2010）。

在弗里德曼眼中，全球化是必然的，不是可选择的，无论是美国、西欧国家，还是发展中国家，都将从全球化中受益。IBM 选择全球化资源整合模式并非孤例，而是跟随者云集，全球资源整合成为今后主流企业生存的一个先决条件，IBM 以渐进方式推动这幕“企业无国界”的舞台剧一再上演。

IBM 将全球整合企业定义为：在全球范围内整合生产和价值交付，这完成了对传统跨国公司和国际化经营的一次大跨越。这一大跨越有三大不同：一是模式不同，跨国公司在母国和关键市场中建立当地产能，将研发设计留在母国，而全球整合企业以市场需求为主导，在全球范围内整合生产，为顾客创造价值；二是组织机构不同，全球整合企业致力于构筑整合型供应链、价值链体系和销售、财务网络，而跨国公司每一个分支都是一个独立小王国；三是创新模式不同，全球整合企业关注的创新不仅是产品创新，而且是从产品到技术、管理和服务的全方位创新，包括充分利用外部个人创意和社会参与，而跨国公司以国家为中心的传统创新网络已经丧失效率。所以，彭明敏总结道：“跨国企业已如黄昏落日，世界步入全球整合时代”（周国辉，2010）。

## 三、全球化 3.0 版得到广泛响应

很多权威专家、学者也持类似的观点，如美国前商务部副部长罗伯特·夏皮罗在其新著《下一轮全球趋势》中放言，三大全球性力量正在重塑目前社会的发展形态：一是全球性人口变迁；二是全球化，主要表现为极其复杂的资金、资源、产品及消费需求的全球网络飞速发展；三是来自苏联的解体及其欧洲帝国土

崩瓦解，以及其带来的全球政治格局变化。这三大基本要素使全球化发生、发展的根源不会中途而废，将为未来10~15年世界发展进程描绘出一幅独一无二的全球蓝图。过去30年，国际贸易与海外投资持续增长，增长速度达到国内贸易和投资总额增速的2倍，全球经济呈现出新景象。世界贸易组织的成立推动了贸易自由化、便利化，更多体现在带来制造业跨国转移和全球化。未来全球化也将在服务业领域展现神奇魔力。庞大的全球商业金融网络已经从芝加哥、纽约、法兰克福和伦敦拓展到上海、台北、班加罗尔及布达佩斯，为服务业全球化奠定了基础，同时企业可以将服务业务像制造业一样分解外包，未来15年服务全球化会比曾经发生的制造业全球化产生更加深远的影响，使我们今天经历着真正意义上的全球化。尽管还面临很多变数，未来二三十年内全球化还会保持目前的发展趋势，其基本进程还会一路推进。中国和美国可能是全球化的两大赢家，欧洲和日本则不会被看好。

美国著名的波士顿咨询公司合伙人哈罗德·L.塞金在新著《全球性：后危机时代重塑商业的力量》也持类似观点，他描述了全球化的宏大前景，用“全球性”一词取代全球化，认为在这个现实环境之中，我们每个人，都将和来自任何地方的任何人，为了任何事物而竞争，今天当我们向前展望，已经看到一个新纪元的浮现。我们称之为全球性，一个不同类型的环境。在这个环境中，商务活动具有各种可能的流向，企业没有中心，“外国”这一概念将变得陌生，商业中心和市场主导势力都将发生改变。西方传统的商业思想与东方的商业哲学相互缠绕滋生出一种既包含盈利性与竞争性，同时也包含可持续性与合作性的新理念。“全球性是一部一鸣惊人的新剧本，长长的演员表不断延伸，拍摄场地则遍布世界各个角落。”总之，全球性代表着无数的国家、经济体、市场和地区设施。无所谓中心，无所谓本土市场，无所谓外国，无所谓地位等级。全球性代表着为不同的文化、产品和服务、客户、年代以及竞争环境，采用不同竞争策略而非单一策略。在下一个浪潮中，新老竞争者都共同致力于重组企业流程、优化供应链和营销网络，开发高端人才，发展世界级别的创新能力，以提升在全球价值链中的位置。①

美国学者李相文等指出：在一个网络化的全球经济中，单个企业难以独自获得和保有核心能力，必须通过与其他企业合作而开发新的价值网络，这已成为新的世界潮流。居于全球旋风中心的是“融合的革命”，其中制造业与服务业的融合是最持久的趋势，其带来巨大的发展机遇，继而催生出新的产品、服务、价值和商业模式，并对知识共享、合作、竞争与创新提出新挑战。经济的融合推动了经济全球化，在一个全球连通的世界，各国开放度和相互依存度大大超过以往，全球贸易增长率是全球收入增长率的4倍，是全球化推动了经济，一如海浪，全

① [美] 哈罗德·L.塞金等：《全球性：后危机时代重塑商业的力量》，东方出版社2012年版。

球化一旦成为事实，就不可逆转。[①] 著名的管理学大师大前研一在其一系列有关经济全球化的论著中，深刻揭示经济全球化、世界扁平化的大趋势，给弗里德曼全球化 3.0 版提供了重要支撑。

## 四、从众包到创客到众筹：个体在全球化主体地位日益增强

### 1. 众包：创新民主化、草根化的新趋势

2006 年 6 月，美国《连线》杂志记者杰夫·豪首次提出了“众包”概念，其定义是：一个公司或机构把过去由员工执行的工作任务，以自由自愿的形式外包给非特定的大众网络的做法。众包的任务通常由个人来承担，但如果涉及需要多人协作完成的任务，也有可能以依靠开源的个体生产的形式出现。众包这一概念实际上是对传统企业创新模式的反思。传统的创新模式要么集中于企业特别是大型跨国公司，要么像中国计划经济时代高度集中于国家科研院所。后者按照国家指令性计划进行研发创新，前者由生产商对市场进行调查，了解市场消费需求，然后根据需求设计开发新产品，这个过程都费时费力且投入大。而进入互联网时代以后，消费者和普通大众的创新热情及能力被激发出来，并被赋予新的商业价值，以用户创造价值和大众参与创新为代表的创新民主化、草根化成为一种新的趋势。众包从创新设计领域切入，开始成为业界青睐的商业模式，并对传统的企业创新模式产生颠覆性革命性影响。

中国在众包领域实现了与世界的基本同步发展。2005 年 9 月，朱民跃创办了重庆猪八戒网络有限公司，搭建了中国第一个众包平台。在中国，开始的时候人们把这种通过人的知识、智慧、经验、技能经由互联网转换成实际收益，从而达到各取所需的互联网新模式，叫作威客模式，比美国众包模式还早了一年。在中国众包模式有两种做法：一是提供一个供用户交流分享创作内容的平台，并通过这些内容产生直接销售收入或广告收入；二是通过采纳用户及爱好者的创意、设计或改进建议，直接将用户及爱好者的贡献转化为产品价值的一部分。在中国这类网站还有：“威客中国”“任务中国”“创意网”“百脑汇威客”“淘智网”等。威客模式在中国建立以来，发展十分迅猛，已经从最初的几万威客扩大到几千万威客，威客网站交易额早已突破 10 亿元。

众包从多方面突破了传统的企业创新模式：一是适应了全球化 3.0 版个人主体地位强化的新趋势，普通大众和草根日益成为创新主体，如轰轰烈烈的软件开源运动就是典型的例证；二是延伸了创新边界，可以如广泛的科技、知识、人才等社会创新资源为我所用；三是体现全球价值链的要求，实现与消费者的无缝对接，使生产者主导的创新向消费者主导转型，不仅贴近市场、贴近需求，而且实现与消

---

① 李相文等：《融合经济：融合时代的战略创新》，中国金融出版社 2013 年版。

费者的互动与参与，使消费者也成为价值链上的价值创造者；四是众包也是对外包的颠覆，外包仍然是外部雇用关系，而众包则通过社会网络吸引大众的参与，让他们加入广阔的创新与合作过程。宝洁公司是最早运用众包模式的范例之一，通过借助外部的创新中心和人才交流平台，提升了核心能力，实现了转型升级，虽然公司内部研发人员仍然维持在 9000 人，但是外部研发人员却达到 150 万人，外部创新比例从 2000 年的 15%提高到 2005 年的 50%，公司整体研发能力提高了 60%。

2. 众筹：把创新民主化往前推进，从“人人出力”到“人人出钱”

众筹翻译自英文 Crowdfunding，在中国台湾地区称为群众筹资，在美国也叫众投（Crowdinvesting）。2013 年是众筹发展的里程碑，美国国会批准了 JOBS 法案，使得在奖励式众筹和捐赠式众筹之后，股权众筹自由合法化的梦想成为现实。网络众筹的革命性好比 Facebook，打破了禁锢在人们身上的时间枷锁，缔造了自由交流沟通的新世界；而众筹模式的诞生，打破普通大众身上的资金枷锁，让创新创意民主化、草根化有了投融资的保障，人人都可以参与创新创意创业项目。众筹是由众包发展而来，众包是人人出力，而众筹又向前推进了一步，人人出力之后还有人人出钱，进一步把创新创意落到实处，众筹把创新对接资本的机会赋予了全球和所有的梦想家。其业务模式如图 2–1 所示。

目前，全球众筹业呈现突飞猛进的发展态势，类似 20 世纪 90 年代 IT 业的爆炸式增长。机构数据显示，全球众筹融资规模从 2009 年的 36.1 亿元增加至 2012 年的 173 亿元，3 年增长约 380%。目前，全球众筹融资网站超过 1500 家。自 2009 年以来，已经有 490 万个赞助者为全世界 5 万个项目筹集了 8.15 亿美元，预计 2016 年全球众筹交易额将达到 1989.6 亿元。发展中国家是未来众筹的新兴增长点，根据世界银行的报告，2025 年发展中国家众筹预计将达 960 亿美元，其中 500 亿美元在中国（世界银行，2013）。

中国从 2011 年开始引入众筹模式，目前众筹网站和业务发展迅速。最早开业的点名时间累计完成 7000 多个众筹项目，成功率接近一半，后起的众筹网累计投资人已超过 70000 人，总共筹得资金 2100 多万元。未来发展潜力巨大，不仅很多中小微企业和群体已经投身众筹行业，而且越来越多的互联网巨头和其他行业龙头企业开始拥抱众筹，掀起了众筹行业发展的高潮，必将打开众筹发展的新通道，使中国众筹行业后来居上，并以互联网金融的创新打破传统金融体制的壁垒，为中国的普通大众和草根参与创新创业注入巨大动力。植根于网络的众筹正在掀起一场全球范围内的金融革命，根据机构分析，全球众筹行业将从目前数十亿美元的产业在不久的将来发展成为上万亿美元的大市场，仅美国未来可能有近 3000 亿美元资本投入众筹市场。发展中国家将异军突起，未来 10 年众筹规模接近 1000 亿美元，中国占 50%（盛佳等，2014）。

众筹不仅解决一般的融资问题，而且是融合了众包和互联网金融的一种创新模式，它使得普通大众和消费者不仅可以以众包的方式参与创新，而且还可以向创业者、投资人转型，选择众筹方式，利用社会公众的广泛参与，一起把好的创新创意转化为商业项目，为社会创造价值、实现增值。所以，众筹特别适合文化创意和高科技类项目，具备将这些项目推向市场并实现较高投资回报的潜能；科研机构和大专院校也可以利用众筹投资来推动研究技术成果商品化市场化国际化。

可以预见，众筹行业的大发展，必将为创新民主化草根化提供强有力的支持和后盾，是推进全球化 3.0 版的重要推手。众筹模式图解如图 2–1 所示。

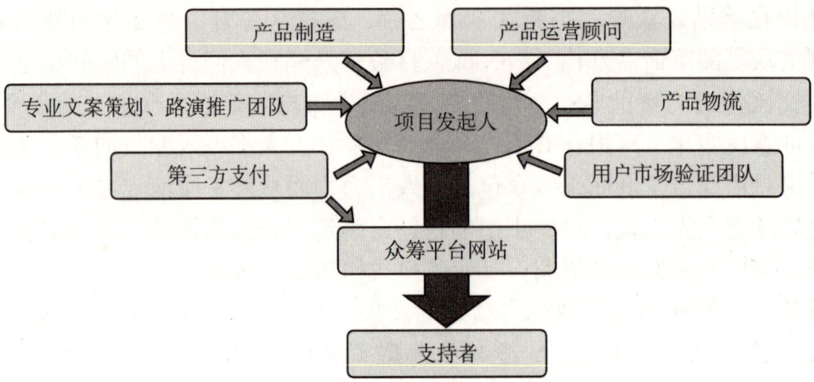


**图 2–1　众筹模式图解**

资料来源：华氏度网络。

3. 创客革命：未来将进入“人人都是创新主体”的时代

创客是一群喜欢或者享受创新的人，追求自身创意的实现，至于是否实现商业价值、对他人是否有帮助等，不是他们的主要目的。而创客空间就是为这些创客们提供实现创意和交流创意思路及产品的线下和线上相结合、创新和交友相结合的社区平台。

国内创客空间属于初创阶段，创意来源也主要来自国外的开源网站，目前还没有形成有显著特色的、可持续发展的模式。除了个别创客空间属于综合性平台之外，今后创客空间的专业化趋势在所难免。

美国学者克里斯·安德森认为“创客运动”是一种具有划时代意义的新浪潮，将实现全民创造，推动新工业革命。其中，每一个进行或参与创造的人都可以被称作“创客”。以往，凭借准入门槛低、快速创新、创新精神强烈的优势，商业互联网模式所向披靡。现在，如何将这种模式转移到制造业显得尤为关键（安德森，2012）。

安德森的新书描述了创客引领未来新工业革命的壮观图景，从另一个方面印证了个体在未来全球化中的主体作用，即人人都可以成为创新的参与者。目前，全球已经有 1000 多个可以分享生产设备的“创客空间”，并每年以惊人的速度迅猛发展，中国上海就有 100 个这样的创客空间。为创客服务的网络市场也逐步完善，2011 年近 100 万卖家在 Etsy 网络平台上销售自己的产品，销售额超过 5 亿美元。每年有 10 万人聚集到圣马特奥的“创客博览会”分享成果，全球有数十个类似的创客博览会。鉴于创客运动的巨大影响力，美国奥巴马政府在 2012 年年初开展了一个新项目，在未来 4 年内在 1000 所美国学校引入创客空间，配备 3D 打印机和激光切割机等数字制造工具。“创客运动”的另一组成部分“开源硬件”，正在对实体物品发挥作用，其效果与开源软件相似。创客与众筹网站相结合，2011 年就有近 12000 个成功的创客项目，从设计和技术到艺术等门类，募集了近 1 亿美元。“创客运动”已经兴起，犹如 1985 年的个人电脑革命，在车库里诞生的个人电脑成为改变世界的力量，工业技术的突然解放激发出喷薄而出的创新活力。21 世纪的工业格局将大不同于 20 世纪，创新不再是由大公司自上而下推进，而是由业余爱好者、创业者、专业人士等无数个体自下而上进行（安德森，2012）。正如中国创客联盟所对外宣示的，在知识经济时代，未来人人都可能成为创客，创客的创新精神成为社会的必备素质。富士康前 CEO 程天纵说了一句非常精辟的话：“大企业创新乏力，创客才是未来”。

众多跨国公司已经进入创客革命的队伍，英特尔是其中的先行实践者，希望通过创客革命加速硬件的复兴。英特尔与开源硬件平台合作，其中基于英特尔架构的首款产品伽利略电路板就是专门面向创客和教育界推出的，目的是让更多的青年创客能够通过伽利略来完成他们的创意，目前已经被广泛用于各种智能硬件的实验性开发中。通过支持教育、凝聚创客力量、推动产业创新，已经成为英特尔创新战略的重要组成部分。随着硬件复兴浪潮的到来，英特尔通过参与创客革命可能将引领芯片行业、实现伟大创新梦想。同样，作为新一代知识经济的明星企业微软，也积极参与创客革命，与其他巨头共同打造“创新中心”平台，充分利用创客人才和社会创新资源，如今微软发展的基础已经不再是传统的固定资产，而是科技创客人才与网络平台的结合。

## 五、全球价值链时代全球化 3.0 版的发展趋势

全球价值链的延伸和拓展，也将不断推动经济全球化广度和深度的进一步提升，把全球化推向人类历史上前所未有的新高度（王子先，2014）。这总体上与科技、网络、产业革命密切相关：科技网络革命将大大缩短世界的时间空间距离；产业革命将大大改变人类生产方式、提高生产效率；贸易投资自由化将减少国际交换的制度障碍和成本；交通通信条件的改善将减少物流交易成本、缩短交易时间；全球治理的维持和改善有利于遏制保护主义和贸易大战的发生，世界各

国普遍实行对外开放政策也将促推全球化。更加重要的是全球价值链已经广泛地把各国、各类经济主体以及个人连接成为一个共同的网络体系，形成相互联系、相互依赖、互利共赢、互信共存的合作网络，大家总体上是“一荣俱荣，一损俱损”的关系，谁也离不开谁，全球化和全球价值链体系的断裂将给整个世界带来灾难性的后果，这是所有理性人都不愿意看到和承受的。所以，这种互利共存关系，不仅是维持各国、各类经济主体经贸合作关系的柱石，也是各国政治安全战略的基石，将遏制全局性世界大战的发生，使得其可能性越来越小。可以预见，在全球价值链时代的大格局下，未来全球化空间十分巨大。

美国管理学大师潘卡吉·盖马沃特在《下一波世界趋势》中预测，目前全球化程度只有大约 10%，尚有 90%的空间有待开拓，全球化能够带来的潜在收益十分巨大。通过一般均衡模型测算，贸易开放带来的收益是先前多哈回合预估值 1000 亿~3000 亿美元的好几倍，这还不包括消除行政、文化壁垒和贸易便利化带来的巨大收益，以及贸易开放带来的竞争、规模经济、知识外溢等效应。综合考量以后商品贸易带来的经济收益，由原先预估的占全球 GDP 的 0.5%升至最高的 3%。笔者按今年全球 GDP 预计达到 80 万亿美元计算，最高收益可达 2.4 万亿美元。除货物贸易外，还有服务贸易以及资本、人员、知识的跨国流动，其潜力更大。以劳动力跨国流动为例，其带来的收益是不可估量的，作者运用 CGE 模型测算结果大体等于全球 GDP 的一倍甚至更多，当然劳动力的完全自由流动的难度很大，但是也要看到服务外包正在让不出国门的劳动力流动越来越多，互联网确实正在打破某些有形的国界，未来跨境提供服务、参与全球价值链及创新创意活动可能性越来越大。从知识的跨国流动看，其正的外部效应显著，大多数国家 90%以上生产率增长都依赖于外部的技术资源，贫困小国更接近 100%，世界上只有唯一的例外美国可以主要依靠国内的技术来提高生产率。如果加上服务贸易和知识流动带来的经济收益，全球化的收益可能超过全球 GDP 的 5%，按最新 80 万亿美元估算收益可达 4 万亿美元。另外，全球化还带来政治和文化方面的收益，把这些收益也加起来，可能全球化收益将从预估值占全球 GDP 的 0.5%升至 10%以上，按今年全球 GDP 最新估计值推算全球化收益将超过 8 万亿美元，当然这还不是最精确的数字（潘卡吉·盖马沃特，2012）。

未来全球化格局：全球化与本土化融合，国家、公司、个人三大主体并行。全球化 3.0 版强调了世界经济主体从国家到公司再到个人转变的大趋势，这总地反映了全球化带来的客观变化，但是也要看到全球化 3.0 版并不是完全否定国家和公司作为全球化重要主体的客观现实，只不过相对来说个体在全球化中的作用确实发生了重大历史性变化，达到了前所未有的高度，个体与国家、公司并行共同成为全球化的主导力量，但是个体力量相对上升，而国家和公司力量相对下降。盖马沃特关于世界 3.0 版的观点比较接近真实世界。笔者认为，世界并没有完全变平，世界 2.0 版关于全球高度一体化判断没有成为事实，世界空间上没有无国界，国家政府的作用仍然巨大，世界商业模式并非高度标准化，个体并非完全的世界主义。世界 3.0 版更接近真实：现在世界只是部分全球一体化，国界和空间距离仍然对跨国贸易投资发挥重要影响，政府不仅是一体化的执行者也是规范和调节者，全球商业模式也是日益多元化，个体文化差异仍然存在。笔者对全球化条件下民族国家的定位更为准确，强调：国界仍然十分重要，跨国往来同样重要，既非国家间相互孤立，又非全球彻头彻尾的一体化，仍然蕴含着广泛的可能性和多样化的选择。所以，世界 3.0 版在倡导全球化和对外开放的同时，也倡导国家间相互独立，国家间相互保持距离。总之，全球化潜力非常巨大，但也存在各种风险和挑战，将在曲折和矛盾中前行，对外开放仍然是人类的动力和希望之源。

综合各种判断本书认为，全球价值链时代全球化总体将呈现以下趋势：一是未来全球化空间和潜力仍然十分巨大，继续成为推动世界经济社会发展的综合性引擎；二是对外开放成为世界大潮流，参与全球价值链分工与合作、实现全球资源深度整合，成为各国经济社会发展的关键动力源；三是全球化也面临不少矛盾和问题，但全球化大趋势不可逆转，将在艰难和曲折中前行；四是地理和文化差异仍然是全球化的长期重要影响因素，但相对作用会逐步减弱，中国成为世界五大洲 120 个国家第一位贸易伙伴就是最新的例证；五是全球化与本土化并行，国际国内两个市场相互高度关联又相对独立，各国都要立足两个市场来实现发展和升级的目标；六是全球市场化自由化是大趋势，但国家/政府仍然是全球化重要主体，政府战略规划政策作用仍不可小视；七是国家、公司、个人三大主体并行，但个体在全球化体系中的主体地位相对日益上升，特别是在全球创新体系中占据越来越重要的主导作用，在一个高度互联互通的全球化和全球价值链网络中，既往的传统发展战略和模式值得深刻反思和调整；八是跨国公司和巨无霸在全球化中的主导作用相对逐步下降，特别是在创客革命及众包众筹模式颠覆全球商业及创新发展传统的大潮流下，跨国公司在全球价值链上的霸主地位将日益被切割和碎片化，面临重大战略调整，而中小微企业成为全球创新创业创意更加重要的主体，越来越受到各国的重视；九是全球经济治理变得日益重要，将为全球化化解矛盾和危机，减少阻力，提供保障；十是倡导全球树立互信共存、互利共赢的战略思维，因为当今世界的竞争既不是简单的国与国之间的竞争，也不是单个企业之间的竞争，而是全球供应链、全球价值链之间的竞争，国家、产业和企业的生存发展与创新越来越离不开外部合作与联合，全球价值链竞合模式取代零和博弈是必然规律。

**参考文献**


潘松：《我们向印度学什么：印度超一流企业的崛起与启示》，机械工业出版社 2010 年版。

［日］大前研一：《无国界的世界》，中信出版社 2007 年版。

［日］大前研一：《全球新舞台》，中国人民大学出版社 2007 年版。

康荣平：《海外华人跨国公司成长新阶段》，经济管理出版社 2009 年版。

盛佳等：《众筹：传统融资模式颠覆与创新》，机械工业出版社 2014 年版。

潘卡吉·盖马沃特：《下一波世界趋势：World 3.0》，中信出版社 2012 年版。

张茉楠：《欧美再工业化与中国突围》，《社会观察》2013 年第 2 期。

江小涓等：《服务全球化与服务外包：现状、趋势及理论分析》，人民出版社 2008 年版。

弗里德曼：《世界是平的》，湖南科技出版社 2006 年版。

雷昊等：《全球价值链治理》，中国人民大学出版社 2012 年版。

王子先：《论金融全球化》，经济科学出版社 2006 年版。

罗伯特·夏皮罗：《下一轮全球趋势》，中信出版社 2009 年版。

金碚等：《全球竞争格局变化与中国产业发展》，经济管理出版社 2013 年版。

杨丹辉：《全球化:服务外包与中国的政策选择》，经济管理出版社 2010 年版。

李相文等：《融合经济——融合时代的战略创新》，中国金融出版社 2013 年版。

哈罗德·L.塞金等：《全球性：后危机时代重塑商业的力量》，东方出版社 2012 年版。

克里斯·安德森：《创客：新工业革命》，中信出版社 2012 年版。

郑艳玲：《供应链增值》，中国人民大学出版社 2013 年版。

宋华：《服务供应链》，中国人民大学出版社 2012 年版。

彼得·马什：《新工业革命》，中信出版社 2013 年版。

周国辉等：《小世界：全球整合重塑中国商业模式》，中央编译出版社 2010年版。

张桂梅：《价值链分工下发展中国家贸易利益研究》，经济管理出版社 2012年版。

杨丹辉、王子先：《服务外包与我国社会服务业开放发展战略》，经济管理出版社 2014 年版。

王子先：《全球化条件下中国服务业跨越式升级的路径与开放战略》，《宏观经济研究》2011 年第 7 期。

王子先：《服务全球化发展五大趋势》，《经济日报》，2007 年 7 月 24 日。

王子先：《服务业跨国转移的趋势、影响及对策》，《国际贸易》2007 年第1 期。

王子先：《研发全球化趋势下自主创新与对外开放关系的思考》，《国际贸易》2013 年第 9 期。

王子先：《服务贸易新角色：经济增长、技术进步和产业升级的新引擎》，《国际贸易》2012 年第 6 期。

王子先：《中国需要有自己的全球价值链战略》，《国际贸易》2014 年第 7 期。

# 第三章　中国的全球价值链战略：总体战略选择

过去30多年随着中国对外开放的扩大和吸收外资水平及质量的提升，中国参与全球价值链的广度和深度也不断提高，获得了巨大的开放红利，成为全球范围内通过对外开放在全球价值链中不断升级、进而创造更多国内增值的成功范例之一。但总体来看，中国企业对全球价值链的参与，更多仍局限于对外国跨国公司价值链的参与及适应，仍相对较多地集中于全球价值链低端和低附加值环节，即处于“微笑曲线”的中部和底部，而外国跨国公司是全球价值链与全球生产服务体系的掌控者，其对全球资源整合和市场支配能力日益增强（联合国贸发会议，2013）。因此，中国需要构建自己的全球价值链和全球生产服务网络，由单纯参与全球价值链向建立自己的区域及全球价值链转变，从整体上提升中国在全球价值链上的竞争力，推动国内产业转型和企业升级。

## 第一节　世界经济进入全球价值链时代

### 一、国际分工进入全球价值链分工新阶段

联合国贸发会议2013年关于全球价值链的专题研究成果显示，全球价值链在世界经济中的主导地位日益突出，全球生产经营活动被日益纳入基于全球价值链的全球生产服务网络。跨国公司是全球价值链的主导者和治理者，发挥了重要的支配作用，它们通常是通过跨国贸易、投资与外包推动全球生产服务体系的跨国布局和延伸（联合国贸发会议，2013）。

伴随着人类从农业社会向工业经济和服务经济时代的转变，国际分工也大致经历了从自然分工向垂直一体化分工再向全球价值链分工演进三个阶段。在农业社会，人类过着“刀耕火种”、“男耕女织”自给自足的自然生活，间或原始的跨国农产品贸易。进入工业化时代，工业革命大大推动了国际分工与贸易的扩大，这样贸易业进入大发展时期。但是这个时代总体上仍采取福特主义的垂直一体化

分工模式，所有生产环节都在一个工厂内部完成，包括从设计、制造到销售、回收处理及售后服务的全过程，企业竞争力要通过整体产业链表现出来。进入服务经济时代，服务成为世界经济的主导，国际分工也由此进入全球价值链分工新阶段。继“二战”后制造业逐步走向全球分工之后，价值链中的服务环节也开始分解出去，到20世纪90年代，随着信息技术的广泛应用，服务环节加速推进全球分工，包括研发、设计、采购、营销、人力资源管理、财务、信息服务等，此时更多的服务节点在全球分布，分工体系全球化，一个全新的跨国生产服务体系基本形成（江小涓，2008）。这也就是说国际分工进入以服务为主导的全球价值链分工阶段。传统意义上以商品贸易为基础的国际分工格局被打破。国际分工方式出现革命性变化：一是从过去以跨国贸易、投资为主导向全球价值链、供应链整合为主导转变，继合同制造之后，服务外包成为日益重要的驱动力量；二是国际分工领域从制造主导向服务主导演进，服务业跨国投资占据跨国投资总存量的2/3，包括商业存在在内的服务贸易比重大幅提升；三是由单个企业内部分工向整个供应链分工方式递进，产品内和公司内分工与贸易更成为主导方式，国际分工的节点由产业转变为工序、业务流程或生产要素，企业价值增值和竞争力由整个供应链上的整体资源整合能力来决定（王子先，2012）。

## 二、跨国公司日益成为全球价值链的主导者

全球价值链总体上由跨国公司主导，特别是以发达国家的跨国公司为主导，它们推动了跨国贸易、投资和生产要素转移，不断提升全球资源整合水平和程度，形成了全球价值链的跨国延伸、布局和不断升级。以跨境贸易为例，跨国公司投入和产出品的跨境贸易主要在其海外分支机构、合作伙伴及市场交易对象之间进行，由跨国公司主导的全球价值链占据全球贸易的绝对主导地位。跨国公司一直是跨国投资的主体，控制了全球跨国直接投资的80%~90%。跨国公司是“二战”后几次大的产业转移的主导者，特别是21世纪前后推动了高新技术产业转移与要素重组新的高潮。目前，跨国公司控制了世界生产的40%，国际贸易的50%~60%，国际技术贸易的60%~70%，国际研发的80%以上（联合国贸发会议，历年《世界投资报告》）。尤其在全球价值链可拆分和外包程度日益提高的趋势下，跨国公司对全球价值链的掌控与治理变得日益重要，成为跨国公司维持核心竞争力、占领国际竞争制高点的重要途径。以制药业为例，制药业跨国公司通过采用多元化混合治理模式，实现其对全球价值链治理模式的创新，支持其对价值链进行深度分解和全球资源的战略组合，成为全球价值链的有效治理者（杨丹辉，2010）。在其他高科技产业和领域，跨国公司一样是全球价值链的掌控者与治理者。

## 三、基于全球价值链的产业升级与结构互动增强

国际分工深入到产品内部的工序或环节使得世界各国、各地区产业结构的关联性和互动性增强。一方面，为适应产业不断升级的要求，发达国家将失去优势的劳动密集型产业、技术密集型产业的部分环节以及依托 IT 技术的中低端服务业务大量向发展中国家转移。在这种基于产品生命周期的产业国际转移传统模式推动下，各国实现产业有序更替，发达国家与发展中国家产业结构之间的互动性逐步加强；另一方面，随着跨国公司的全球扩张以及部分供应商能力不断提升，产品内国际分工体系中某些特定环节的配置区位呈现固化趋势，如很多终端产品的加工组装环节集中在中国，而中低水平的服务由印度企业承担。同时，由于越来越多的发达国家丧失了制造成本优势，甚至已将很多产品的生产能力全部或部分转移出去，在这种情况下，一些凝结了最新创新成果的产品从一开始就被布点到发展中国家生产，而不再遵循先在发达国家制造，待产品进入成熟期，成本压力上升后再转由低成本国家和地区生产的产品生命周期路径。如苹果公司 iPod、iPhone、iPad 的每一代新产品都直接由设在中国的富士康公司加工组装，并输送到全球市场。这种研发设计和营销主要在发达国家，而加工组装配置在中国等发展中制造大国的模式，即所谓的“三角贸易模式”，成为当今高技术产品内分工与交换的典型形式。

后起国家在价值链部分环节上分工角色的固化有助于其实现规模经济，改善谈判地位。然而，相对于研发、品牌、营销这些核心优势，全球价值链上制造加工等非战略性环节的进入壁垒较低，竞争激烈，表现为非战略性环节上的优势不稳定，可持续性相对较弱。尤其是对于国内市场有限的国家和地区，一旦失去成本优势而被行业的主导企业“抛弃”，则有可能导致整个行业的“空心化”。以制鞋业为例，韩国劳动力成本上升直接导致耐克公司将产品加工制造转到中国，使韩国制鞋业的国际市场份额被中国替代，生产规模萎缩，国际竞争力明显削弱，而近年来，随着中国制造成本提高，耐克公司开始将部分产品制造转向越南、印度等成本更低的国家和地区。另外，一些学者（Mani，2009；Srholec，2007）也对发展中国家通过参与产品内分工，实现出口增长和结构优化提出了质疑，认为中国等发展中国家高技术产品出口“爆发式”增长实际上是一种“统计假象”，指出这些国家和地区仅在价值链的制造环节实现了专业化，甚至这种专业化也只不过是全球生产片段化的结果，而在价值链制造环节分工地位的日益强化会使发展中国家长期被锁定在价值链低端。在这种情况下，即使大规模出口高技术产品也无助于其分工收益的增进。这表明，仅凭非战略性环节上的优势嵌入全球价值链的企业或国家，其在产品内分工中的地位很难维系，而技术和配套能力的开拓和积累则将促使企业（国家）获得在全球价值链上更大的延展空间，并由“链

上”的升级转向“链”的升级。

总体而言，在新型国际分工体系中，全球价值链上的各个参与者共同构成产业发展的动力体系，从而大大提高了世界各国产业结构的关联度和开放效应。世界各国（地区）产业结构之间相互促动，形成了世界产业结构的大系统。即各国产业结构都是世界产业结构大系统的组成部分，一国（地区）产业的成长、结构变化必然要与世界其他国家和地区产业结构发生相互关系，或者说一国（地区）产业结构作为一个开放系统，在与其他国家和地区产业结构的互动影响中成长运行。全球产业结构系统处于动态变化之中，各国及各产业结构之间的关联强度和关联模式也同样处于动态演变中，并在特定的发展阶段出现跳跃式突变状态。在各国产业结构互动中，“全球利益”逐步凸显。这种所谓的“全球利益”既包括由市场机制在全球范围内的资源配置效应，又包括涉及全球资源、环境、生态等“人类共同利益”。在全球化条件下，市场机制在全球资源配置中的核心地位不断提升和巩固，商品和要素流动更加畅通，这在整体上符合各国经济发展的需要。然而，这种全球利益并不完全等同于各国国家利益的加总，在某些情况下，贸易、投资自由化带来的外部竞争还有可能危及一国国内企业的生存，造成一些国家和地区资源、税收和就业机会的流失，一国产业结构调整的自主性也受到冲击，从而增加了一国（地区）经济运行的风险和国家宏观调控的难度。

## 四、各国在全球价值链中实现互利共赢的同时也存在利益不平衡

考察国际产业转移的发展历程可以发现，发展中国家全球价值链升级一般遵循以下路径：参与全球价值链分工最初主要处在购买者驱动价值链的制造环节，随着外资进入和国内技术进步，逐步进入生产者驱动的全球价值链，并向价值链增值幅度更大的环节升级。在这一过程中，发展中国家原本拥有的初级生产要素如自然资源、劳动力不仅得以有效开发利用，而且产品内分工还为其加速高级生产要素（如技术、资本等）及类提供新的渠道（张纪，2009）。后起国家和地区在全球价值链上分工地位的提升固然离不开本国制度环境的优化和支撑，但其基于价值链的升级首先表现为本国企业能力的提升，进而才能带动本国产业的整体升级。从承接简单的加工组装订单起步，通过不断升级创新嵌入全球价值链的模式，后起国家逐步增强在某些特定环节上的竞争力，向全球领先企业迈进（见图 3-1）。

总体来看，全球价值链的形成与升级，推动了经济全球化和各国（地区）经济的一体化融合，各国（地区）互利合作水平不断提升，相互依存程度日益提高，为世界经济发展与繁荣作出了重大贡献。其中增值贸易是重要组成部分，根据联合国贸发会议的研究，在发展中国家增值贸易对其 GDP 的平均贡献率约为 28%，在发达国家增值贸易对其 GDP 的平均贡献率约为 18%。参与全球价值链

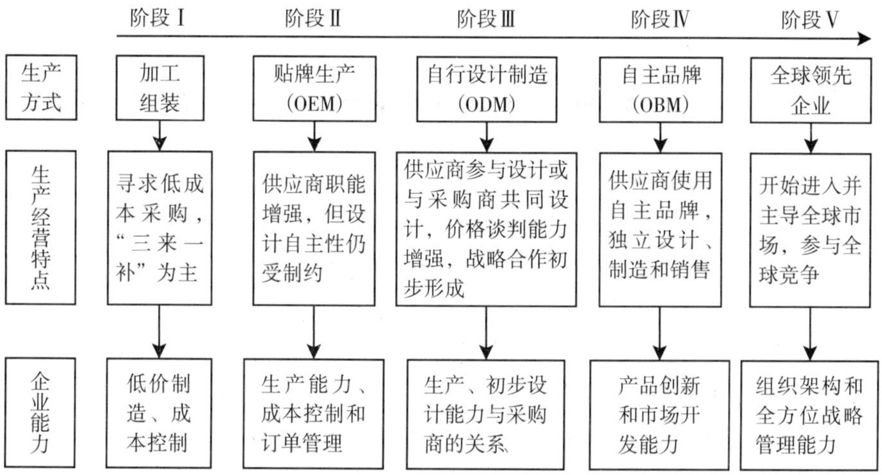


**图 3–1　全球价值链分工体系下企业能力的升级**

与全球人均 GDP 增长率之间呈明显的正相关关系，同时全球价值链拉动世界经济发展的综合性引擎作用在各方面均得到体现，对提升附加值、增加就业和收入、推动技术进步和产业升级等都有积极的直接影响。实证分析表明，参与全球价值链确实是发展中国家构建生产能力、实现长期产业升级的重要途径，一些发展中国家和地区借此成功地提高了高附加值产品和服务的出口，扩大了其在全球价值链的份额。从上述事实看，全球价值链促进了各国经济的共同发展，给人类带来共同的开放红利，总体上实现了各国各地区的互利共赢。

然而，也要看到，在全球价值链中发达国家与发展中国家的利益分配存在不平衡性，具体体现在以下方面：一是发达国家总体处于全球价值链的高端，掌握高附加值的关键环节，可以通过多元化途径获取更多的收益；二是全球价值链总体上由发达国家为主的跨国公司所主导，发达国家总体处于相对主动有利的位置；三是跨国公司是全球价值链的掌控者和治理者，占领国际竞争的制高点，其全球资源深度整合能力和市场支配地位不断增强；四是有些发展中国家由于没有处理好国内产业升级与参与全球价值链的关系，结果在低附加值领域被低端锁定而无法升级，有的还陷入危机和中等收入陷阱；五是由于全球经济治理不完善，对跨国公司社会责任约束不严，有的在生态环境和社会领域产生负面影响，包括生态保护、工作条件、职业安全与健康、就业保障等方面；六是传统跨境贸易统计方法夸大了一些发展中国家的贸易顺差、贸易增值和利益好处，加剧贸易摩擦。按照新的增值贸易统计方法计算，发展中国家的贸易顺差将大大缩减，实际上很大程度上是伴随全球价值链布局的一种顺差转移（联合国贸发会议，2013）。

## 第二节 中国参与全球价值链的总体战略选择

联合国贸发会议专题研究成果中提出中国要有自己的全球价值链战略的建议，是非常中肯的。总体来看，全球价值链研究仍远远落后于现实，不适应后危机时代全球经济大重组和新一轮全球制造—服务革命的大趋势，不利于化解经济全球化的新挑战，难以满足改善全球经济平衡及治理的新需要。从国内看，仅仅利用增值贸易方法解释贸易顺差问题、缓解经贸摩擦，是远远不够的，还需要与实施新一轮对外开放战略、创造国际竞争新优势联系起来，与经济转型、产业升级、企业升级大局联系起来，考虑我国在全球价值链上地位攀升对产业、技术、管理和商业模式创新的全方位意义。

### 一、我国通过对外开放嵌入全球价值链取得巨大开放红利

根据联合国贸发会议的研究，参与全球价值链的程度与人均 GDP 增长率之间呈现正相关，全球价值链对附加值、就业和收入都有直接影响。参与全球价值链还是发展中国家构建生产能力、实现产业升级的重要途径。一些发展中国家显著提高了自身在全球价值链的参与水平，提高了高附加值产品和服务的出口，成功地在全球价值链中获取了更大的份额。中国就是其中成功的案例，通过积极有效吸收外资和出口模式的升级，中国得以嵌入价值链中一些技术含量相对较高的环节，成为世界工厂和全球制造第一大国（联合国贸发会议，2013）。过去 30 多年伴随中国对外开放的扩大，参与全球价值链水平也得到逐步提高，前期货物贸易和吸收外资是主渠道，后期“走出去”、服务贸易、服务外包开始发力，对于中国全方位参与全球价值链的推动作用日益凸显，潜力巨大。总之，过去 30 多年通过扩大开放，中国嵌入全球价值链获得巨大的开放红利，有效推动了经济增长、就业、税收、结构升级、效率提升、技术进步和自主创新。

### 二、我国参与全球价值链也存在很大差距和挑战

贸发会议认为，由于全球价值链由跨国公司主导，参与全球价值链也存在风险：如果一国从全球价值链中只能获取较少份额的增值，那么其对经济发展的贡献就很有限；如果外溢效应过低，全球价值链也不一定能够带来技术转移和进步，特别是如果仅选择简单跟随型模式，某些国家会陷入在低附加值领域被低端锁定；全球价值链流动性强，容易被转移和替代，也可能加大发展中国家面临的外部风险；另外，对生态环境和社会的影响也值得关注。

1. 我国总体仍处于全球价值链的中低端

虽然随着中国吸收外资和整体开放水平的不断提高，中国参与全球价值链的广度、深度不断得到提升，中国已成为诸多行业全球价值链的重要一环。但总体来看，中国企业对全球价值链的参与，更多仍限于对跨国公司价值链的参与和适应，较多集中于全球价值链中低端和低附加值环节，即仍处于“微笑曲线”的中部和底部（联合国贸发会议，2013）。这制约了我国对外开放质量和效益的进一步提升，限制了参与全球价值链分工的积极作用，不利于稳步提高我国在国际上的话语权和影响力。

2. 我国也面临简单跟随式发展的陷阱

虽然，总体来看发展中国家参与全球价值链是实现长期产业升级的重要途径，但也有少数国家采用简单跟随式发展模式，一定程度上出现了产业低端锁定，部分产业长期被陷入低附加值领域而无法升级，某些中等收入国家因为陷入中等收入陷阱还出现倒退。我国已经进入中等收入阶段，内外部经济不均衡的矛盾加深，资源生态环境和社会制约加大，如果不把参与全球价值链与培育自身区域和产业价值链相结合，培育经济内生发展和创新能力，优化营商环境，推进公平竞争，就无法提升参与全球价值链的溢出效应和开放红利，甚至局部地区陷入简单跟随式发展陷阱，一些产业领域被低端锁定，无法随着内外部形势变化而不断升级，最终只能被淘汰。

3. 全球价值链加快重组升级与全球新的产业技术革命可能给我国带来双重挑战

为了适应国际金融危机后的新形势，全球价值链进入新的大调整大重塑周期。同时，全球还在酝酿新的产业技术革命，发达国家推进“再工业化”和制造业回流，将推动全球价值链的进一步调整与升级。这既是机遇，也将给我国带来双重挑战，加快经济转型和产业升级势在必行。我国新一轮对外开放必须适应全球价值链大调整和新的产业技术革命的新形势，实行全方位参与全球价值链与实现地位攀升并重，以开放促发展促改革促创新，实现对外开放新跨越，创造对外开放新优势，收获对外开放新红利，在参与全球价值链的国际竞争中赢得优势与主动。

## 三、构建自己的全球价值链是中国作为世界经贸大国的客观需要

正如联合国贸发会议所指出的，总体来看中国企业对于全球价值链的参与更多仍限于对外国跨国公司价值链的参与和适应，外国跨国公司是全球价值链的主导者和支配者，因此中国需要建立自己的区域和全球价值链，在全球范围内最有效地配置和利用世界各地的资源，由单纯参与全球价值链向建立自己主导的全球价值链和全球生产服务网络转变，以提高中国在全球价值链上的竞争优势并推动

国内经济产业转型升级。

中国通过改革开放成为新的世界工厂和制造中心，并于2012年已经取代美国成为世界制造业第一大国，占全球制造业产出的近20%，目前有220多种工业产品产量居世界第一；中国经济规模已超过日本跃居世界第二，很多预测认为2020年以后中国经济规模可能超过美国；中国已于2013年超过美国成为世界第一贸易大国，结束了美国长达百年的贸易霸主地位，并成为世界上120多个国家、地区的最大贸易伙伴，使世界贸易格局发生标志性变化，推动了我国在世界经济政治格局影响力的显著提升。国际金融危机以来，中国更成为推动世界经济复苏与发展的重要主体，与世界各国互利共赢的经贸合作关系得到了进一步拓展。但中国目前是世界经贸大国而不是强国，中国总体仍然处于全球产业链价值链的中低端，不仅企业普遍缺少核心技术、产品与自主品牌，产品附加值低，资源环境和人力代价大，贸易规模和盈利能力并不协调，而且高增值环节集中的服务部门发展滞后。2013年我国服务贸易总额5396.4亿美元，仅为美国的一半左右。作为货物贸易顺差大国，我国同时也是服务贸易逆差最大的国家。更值得注意的是，我国在国际分工中的地位、利益分配、发言权和影响力都受到现行不合理国际经济秩序的约束，在全球价值链治理中处于被支配地位。这既不利于中国经济长期可持续发展，也不利于构建新的世界经济秩序，不利于推动全球经济治理的改善和全球经济的再平衡，还会对各国互利共赢的经贸合作关系的发展带来不利影响。作为世界经贸大国，中国需要有自己的全球价值链战略，在全方位参与现有全球价值链体系基础上，有必要通过跨国贸易、投资特别是"走出去"，优化全球市场布局，搭建全球资源整合和要素聚集新平台，逐步提升在全球价值链上的地位，最终能够构建自己的区域及全球价值链，既为全球价值链重塑和优化治理作出自己的贡献，也为加快现代化产业及企业升级提供重要支撑。

## 四、中国有能力逐步构建自己的全球价值链网络，实现国内价值链与全球价值链的高效对接

一是我国过去30多年坚定实行对外开放方针，建立了对外开放的良好基础，与跨国公司和外商投资建立了广泛的合作关系，外贸结构不断优化，对外投资进入高速增长期，服务贸易和外包异军突起，我国可以在相对较高起点上进一步深入参与全球价值链分工；二是我国一直致力于实施科教兴国和创新驱动战略，把调结构、促升级、促创新放在重要位置，与其他发展中国家比较我国产业结构和创新能力也相对处于较高起点上，可以把培育内生发展能力与参与全球价值链分工有效结合起来，大大强化参与全球价值链的外溢效应；三是我国进入全面深化改革期，将充分发挥市场对资源配置的决定性作用，建立统一公平高效的现代市场体系，深化流通体制改革，改善营商环境，有利于推动建立高效的国内价值链

网络和流通服务体系，为中国企业更好参与全球价值链并实现高效对接提供重要支持；四是我国在全面深化改革的同时，将大力推进以服务业为主导的新一轮对外开放，完善开放型经济的体制机制，提升开放型经济水平，这将有利于我国企业进入全球价值链的服务端，跻身“微笑曲线”的两个高端、实现全球价值链地位攀升，以开放促发展促改革促创新将再次成为时代主旋律；五是危机中和危机后，世界经济进入大调整大变革大重组时期，跨国公司在对全球价值链进行局部收缩调整的同时，也正在顺应产业技术革命趋势酝酿新一轮扩张和布局，发达国家力推再工业化和制造业回归难以阻挡新技术和网络革命的大潮流，全球化和全球资源整合将再掀新的高潮，新一轮跨国产业转移和要素重组呼之欲出，我国作为在危机中受冲击较小的国家在这一轮全球价值链重塑中面临空前的历史机遇，完全有可能借力发力并举，加快构建由自己主导的区域及全球价值链步伐，在新一轮国际竞争中取得先机，占领制高点，创造新的国际竞争优势。

## 第三节 中国参与全球价值链战略的主要内容

### 一、制定实施自己的全球价值链战略是一项系统工程

在全方位参与现有全球价值链分工基础上逐步构建自己的全球价值链体系，既涉及中国的对外关系战略、对外开放战略、企业国际化战略，也涉及国家现代化总体战略与经济转型、产业升级、企业升级战略，还涉及国内区域和海外市场战略，应该在全面深入调查研究基础上予以统筹考虑。总的思路是：在全面参与现有全球价值链分工基础上，抓住全球价值链重塑机遇，逐步实现嵌入与拓展攀升相结合、构建全球价值链与重构国内价值链及流通服务体系相结合，布局国家全球价值链与完善产业、区域、企业板块的价值链相结合；总体上把参与全球价值链作为一项国家战略，放在统筹国内发展与对外开放关系、开放与改革良性互动、更充分利用“两个市场、两种资源”的高度予以重视，以实现全球资源深度整合和优势要素聚集为目标，创造新的核心竞争力和国际竞争优势，改变中国在全球价值链中的低端位置，推动中国产业向全球价值链高端跃升，同时也为改善全球经济平衡与治理、推动世界各国共同发展作出贡献。

### 二、中国参与全球价值链的战略选择

一要研究提出我国参与全球价值链的总体战略。将参与全球价值链分工与促进国内经济转型、产业升级结合起来，特别是按照李克强总理在2014年政府工

作报告中提出的要求，把创新摆在国家发展全局的核心位置，促进科技与经济社会发展紧密结合，推动中国产业向全球价值链高端跃升。

二要重视构建国内价值链，实现与全球价值链的高效对接。相对而言，国内价值链是基于国内市场需求发育而成，由本土企业主导，在本土市场获得品牌、销售和终端渠道，以及有自主研发创新能力的产品链高端竞争力，然后逐步进入区域或全球市场的价值链分工体系。所以，国内价值链与全球价值链不是截然分开的，也不是重新回到计划经济体制的封闭模式，而是两个市场并重，关键是通过优化国内流通和服务，打通通道，推动两个市场高效对接。构建国内价值链可以为拓展全球价值链提供重要支撑，参与全球价值链也可以为国内价值链优化提供重要动力，两者相互联系，相互促进。

三要引导重要产业优化全球价值链布局，促进由“中国制造”向“中国创造”和“中国服务”的转型升级。“中国制造”面临生态环境、资源和成本、汇率等方面因素约束日益突出，劳动力供求关系也面临拐点，靠低成本低价格竞争已难以为继，简单的贴牌代工模式挑战越来越大，加快转型升级势在必行。有关行业部门、协会和龙头企业应该加强行业全球价值链升级的研究和战略规划制定工作，将产业转型问题置于全球价值链视角予以严格的审视，注重优化行业价值链全球布局，积极参与全球资源深度整合，提升行业核心竞争力，更多嵌入高端环节，顺应全球制造—服务革命趋势，在利用好“中国制造”现有优势基础上，打造“中国创造”和“中国服务”的品牌，最终实现中国产业向全球价值链高端的跃升，为中国产业 2.0 版做出更大贡献。

四要支持中心城市和重要经济区域率先实现向全球价值链高端攀升。大力优化区域经济布局，重组区域价值链，构建高效的现代化流通和市场服务体系，全面提高流通服务效率，在新一轮改革开放中先行先试，实现跨越式发展，创造新的国内国际竞争优势，与其他地区错位竞争，发挥更大辐射带动和外溢效应。经济特区和自由贸易区更应在参与全球价值链分工、推动价值链升级中发挥先导作用。

五要支持各类企业积极参与全球价值链重塑，探索构建中国的全球价值链网络。特别是有实力的龙头企业应抓住机遇优化重组价值链布局，提升全球资源整合能力，更充分利用外部的科技、知识、人才等高端创新资源，实现地位攀升；积极培育本国的跨国公司和知名品牌，进入价值链高端环节，提升国际定价权和话语权，提高参与全球价值链治理水平，为国家总体优化重组全球价值链做出重要贡献。

**参考文献**

Kaplinsky R. Spreading the Gains from Globalization：What Can be Learned from Value Chain

Analysis? Journal of Development Studies，2000，37（2）.

Mani S. Exports of High Technology Products from Developing Countries：Is It a Real or Statistical Artifact? 2009.

Schott. Across-Product versus Within-Product Specialization in International Trade，Quarterly Journal of Economics，2004，119（2）.

Srholec M. High-tech Exports from Developing Countries：A Symptom of Technology Spurts or Statistical Illusion? Review of World Economy，2007，143（2）.

金碚等：《全球竞争格局变化与中国产业发展》，经济管理出版社 2013 年版。

张桂梅：《价值链分工下发展中国家贸易利益研究》，经济管理出版社 2012 年版。

王子先：《中国需要有自己的全球价值链战略》，《国际贸易》2014 年第 7 期。

杨丹辉：《全球竞争格局变化与中国产业转型升级——基于新型国际分工的视角》，《国际贸易》2011 年第 11 期。

佟家栋、彭支伟：《从“干中学”到“加工中学”——经济全球化背景下的国际分工、技术外溢与自主创新》，《南开学报》（哲社版）2007 年第 6 期。

唐海燕、张会清：《产品没分工与发展中国家的价值链提升》，《经济研究》2009 年第 6 期。

# 第四章　基于全球价值链的中国对外开放总体战略

## 第一节　全球经济贸易发展新趋势与中国对外开放的外部环境

近年来，国际贸易发展出现了一些新的趋势。一方面，跨境电子商务规模急剧扩张，信息化支撑的商业模式创新对国际贸易的微观生态产生了不容忽视的影响；另一方面，贸易规则酝酿着重大变革，以 TPP 为代表的新型区域经济一体化组织对 WTO 主导的多边贸易体制造成了一定的冲击，给我国对外贸易发展带来新的机遇和挑战。

### 一、全球价值链、“世界制造”与增加值贸易统计

经济全球化拓展了国际分工的边界，越来越多的产品从研发设计、原材料提供、中间品生产与组装、成品销售到废品回收等所有生产环节在全球范围内分工布点，形成了覆盖众多国家和地区的庞大生产网络，而在全球价值链的每个生产环节上，附加值被不断地创造、累加，并通过该网络在全球范围内配置和流动。在全球价值链主导的生产和分工模式下，国际贸易中的中间品交易规模急剧扩大。来自 OECD 的数据显示，目前全球货物贸易的 66%以上是中间品贸易，而在服务贸易中，该比值高达 70%。另据 WTO 统计，自 2000 年以来，中间品出口占世界非能源货物出口额的比重超过 50%，2012 年这一比值达到了 55%，中间品出口排名前六位的欧盟、中国、美国、日本、韩国、中国香港占全球中间品出口总额的 2/3。从这一角度来看，大量商品和服务已经处于“世界制造”的状态，而国际贸易也由此进入了全球价值链时代。

由大量中间品跨国交易支撑的全球价值链分工对现行国际贸易统计规则提出了挑战。显然，以进出口产品总值统计贸易额，已经不能反映国际贸易的真实情况。为解决货物贸易和服务贸易统计中的重复计算问题，更加准确地反映贸易规

模、结构及其平衡状况，近年来WTO和OECD等机构确立了基于全球价值链、以增加值统计取代总值统计的国际贸易核算新思路。2013年1月，OECD和WTO共同推出了全球增加值贸易统计数据库报告（初版），同年2月联合国贸发会议（UNCTAD）也发布了《全球价值链和发展：全球经济中的投资和增加值贸易》，在国际贸易统计新规则及其运用等方面取得了进展。新的贸易统计方法和规则将对全球贸易格局产生深远影响。首先，一旦剔除中间品贸易，仅计算贸易增加值，全球贸易规模势必会有一定幅度的缩水。据OECD初步测算，国际贸易总规模将因增加值统计而收缩20%~30%；其次，过去20余年中，全球化使得越来越多的发展中国家进入国际分工体系，新兴经济体出口快速增长，在国际贸易中所占比重持续上升。然而，一个不争的事实是，发达国家始终占据全球价值链增值幅度较大的环节，处于“微笑曲线”的两端，而发展中国家出口增长仍在相当大的程度上依赖投入品或中间品进口。增加值贸易统计将重新调整各国（地区）在全球贸易中的份额，进而影响国际贸易地区结构，发展中国家的真实分工地位得以还原，使得由新兴经济体赶超式发展引发的贸易不平衡得以适度纠偏；最后，贸易规模的普遍收缩还将改变各国（地区）的贸易依存度，更多的情况下是导致一国（地区）对外贸易依存度下降，这会促使各国更客观地看待出口对经济增长和就业的拉动作用，进而重新审视贸易政策及相关政策工具的有效性。

按照增加值统计的思路和方法，中国作为世界第一贸易大国的角色也会受到一定冲击。除了在统计规则等技术层面需要作出跟进和调整之外，“作为‘世界工厂’的中国，在国际贸易统计上，由于多头计算造成虚高的‘统计幻觉’(Statistical Illusion)，更能进一步认识到从‘中国制造’到‘中国创造’的道路还有多远。所以，用一种比较准确的方法测量中国价值链动态变化确实显得尤为必要并且具有现实意义，也能揭示‘统计在中国，受益在他国’的本质所在。”①由于仍有不少产业处于全球价值链分工中低端环节，我国制成品特别是高技术产品出口对中间品进口依赖程度较高。据WTO统计，2011年中国中间品出口额达7730亿美元，进口额达10560亿美元，占全球中间品进口总额的比重为13.2%，超过出口占比3.2个百分点，中间品贸易逆差高达2830亿美元。更值得注意的是，在增加值贸易统计下，中国与主要贸易伙伴的贸易差额将发生较大变化，特别是中国对美国和欧盟的贸易顺差将有所减少，而对日本、韩国等主要贸易逆差来源国的进口依存度也会不同程度地下降。同时，增加值贸易核算为重新评估出口对经济发展的作用提供了全新的视角和依据，有利于判断中国在全球价值链的位置，从而更加准确地判断和认识我国对外贸易发展的水平、质量和效益。

① 马涛、刘仕国：《全球价值链与增加值贸易》，中国社会科学院世界经济与政治研究所，工作论文，No. 201309。

## 二、TPP与区域经贸合作深化

近年来，久拖不决的多边谈判、日益增加的博弈成本、难以拓展的谈判议题将WTO主导的多边贸易体制中固有的局限性暴露无遗。尽管WTO也试图通过改革，加快多边判断进程，避免陷入“碎片化”的困局，但面对错综复杂的国际贸易和投资形势，现行WTO的体制机制难以适应国际竞争格局的变化以及不同成员的多元化利益诉求。在这种情况下，建立完善新型全球治理机制的呼声日渐高涨，而美国、欧盟等主要发达国家或地区也通过创新区域经济一体化架构，重塑国际影响力。其中，以美国主推的TPP（跨太平洋伙伴关系协议，Trans-Pacific Partnership Agreement，TPP）为代表，当今区域经贸一体化在不断扩宽的同时，呈现出加速深化和升级的态势。

TPP前身是跨太平洋战略经济伙伴关系协定，是由新西兰、新加坡、智利和文莱四国发起，旨在促进亚太地区贸易自由化的区域一体化组织。然而，自2008年美国宣布加入后，TPP逐步脱离了传统意义上以推动贸易自由化和投资便利化为核心内容的FTA，成为美国应对新兴经济体的集体崛起，实现其“再全球化”重大战略布局、构建制定国际经济规则，进而夯实以美元为核心的全球金融体系和信用系统的新平台。从组织架构、准入条件、治理机制来看，TPP无疑将区域一体化的内容和形态推向了新的高度和深度，不仅对多边贸易体制和现行贸易规则造成冲击，也给我国外经贸发展环境和自贸区战略带来新的挑战。就美国建立TPP的动机而言，尽管我国可以有条件地参与部分议题的谈判，但全面加入TPP在相当长的时期内并不现实，而盲目抵制和规避也会导致战略上的被动。更为不利的是，一旦TPP进入成熟运作状态，留给我国主导亚太地区一体化进程的空间将大大减少，中国和平崛起过程中掌控地区话语权、塑造地缘影响力的难度进一步增大。

## 三、跨境电子商务：互联网重塑贸易格局

随着电子信息技术普及应用和经济全球化深入发展，电子商务在国际贸易中的地位和作用日益凸显，跨境电子商务规模呈迅猛扩张之势，成为全球化的新载体和全球价值链商业模式创新的主要形式。尼尔森公司（Nielsen）发布的调查报告显示，近年来全球跨境电子商务明显提速。2013年，全球跨境电子商务交易额为1050亿美元，5年内有望达到3070亿美元。其中，跨境购物业最发达的地区依次是德国、美国、英国、中国内地和中国香港，中国、巴西、阿根廷、俄罗斯等新兴国家跨境电子商务的发展速度较快。该报告还指出，跨境电子发展最大的障碍是信用问题。目前，只有35%的欧盟受访者信任跨境电子商务并愿通过互联网在他国购物，远低于对本国销售商的信任比例（59%）。另据艾瑞咨询集团

2014 年 5 月的统计，2011 年中国跨境电商交易额为 1.6 万亿元人民币，2012 年达到 2 万亿元人民币，2013 年快速增至 3.1 万亿元人民币，年均增幅约为 30%，远高于线下传统外贸交易 10%左右的增速，中国跨境电子商务将迎来黄金发展期。

作为互联网时代商业模式创新的产物，跨境电子商务蓬勃发展使得互联网成为影响国际贸易格局的重要因素。从全球电子商务市场分布来看，已逐步形成了“中美双中心”的跨境电子商务发展格局。同时，跨境电子商务正在改变外贸企业的形态，为我国中小企业参与国际分工带来重要机遇。在跨境电子商务模式下，电商平台与第三方服务商合作为外贸中小企业提供了便捷、低成本的新商机，供应商、外贸企业、电商平台与第三方服务商等共同构筑起“电商生态圈”，进而催生出“小前端、大平台、富生态”的跨境电子商务格局。目前，我国约有 500 万家中小型外贸企业，其中大部分将成为跨境电商平台的潜在客户。

为加快跨境电子商务，带动中小外贸企业转型升级，2012 年 2 月国家发展改革委、商务部、海关总署等八部委联合发布了《关于促进电子商务快速发展有关工作的通知》，提出“组织领域各示范城市的地方电子口岸平台资源，推动地方电子口岸开展跨境贸易电子商务服务”。应该看到，尽管跨境电子商务正成为新的外贸增长点，但跨境电子商务毕竟是新鲜事物，与在国内电商相比，其支付、物流、法律适用等环节复杂得多，外贸企业发展跨境电子商务要面临更多的风险。其中，电子商务人才短缺，第三方物流系统滞后，严重阻碍我国中小外贸跨境电子商务发展。面对跨境电子商务带来的巨大商机，外贸企业需要适应全新商务模式，开发新的业务能力，力图摆脱传统外贸模式下低利润率的发展困境。

## 四、贸易摩擦升级

国际金融危机后，贸易保护主义抬头，世界范围内贸易摩擦加剧，如今金融危机催生的贸易保护主义仍是余波不断。随着出口规模和国际市场份额持续扩大，中国遭遇的贸易摩擦明显增加，迄今中国已连续 17 年成为在全球遭受贸易摩擦最多的国家。从与主要发达国家贸易伙伴的贸易摩擦来看，涉案金额大幅上升，并由传统产业向高技术产业和战略性新兴产业渗透，光伏、风电设备等行业成为贸易摩擦高发的新领域，反映出战略性新兴产业国际竞争愈演愈烈的态势，也表明发达国家主导新兴领域全球价值链的意愿十分强烈。同时，我国与发展中国家的贸易摩擦也呈增多之势。在全球价值链分工体系中，由于我国与新兴经济体国家的出口产品结构具有一定的趋同性，同质化竞争加剧。近年来，新兴经济体对我国出口产品频繁使用贸易救济措施。2012 年，发展中国家和新兴经济体对我国发起的贸易救济案件数占当年我国全年贸易摩擦案件数的比例高达 70%，涉案金额占比 13%。更为严峻的是，我国遭遇的贸易摩擦形式趋于多样化，反倾销、反补贴、保障措施等贸易摩擦相互叠加，力度增大。双方争议点也不仅停留在传统贸易保护手段上，而且逐步延伸至知识产权保护、环境保护、竞争政策、政府采购、产业政策、人民币汇率等体制和制度层面。

中国频遭贸易摩擦的原因很多，既有自身原因，也是国际上针对中国制成品大规模输出的贸易歧视的结果。长期以来，一些发达国家无视中国市场化改革的成效，始终不承认中国市场经济国家的地位，对中国出口产品成本结构的市场化核算制造了不少障碍，也增加了进口国对中国出口产品实行反倾销的随意性。同时，中国政府特别是地方政府扶持企业的方式不够公开、公平、透明、规范，也成为其他国家质疑中国出口产品价格竞争力的口实。近年来，欧盟、美国政府组成专业贸易调查团队或以学术研究等名义委托国内机构，从政府部门、相关机构、国有企业的网站等渠道，搜集关于我国各级政府税收优惠、财政补贴、要素支持等政策的证据。美国商务部声称，中国地方政府出台了4000多个针对企业或产业的优惠文件，大部分涉及税收优惠。欧盟方面，尽管其成员国对中国产品的倾销问题有不同看法，但就中国产业补贴却达成了一致。同时，发达国家行业协会、工会组织和企业也不同程度地参与对中国补贴政策的调查评估，并将收集的材料报送政府，或以此游说议员，意图影响本国对华贸易政策。在WTO对中国第三次贸易政策审议中，地方性产业补贴成为主要成员方批评中国贸易政策的靶子。根据加入WTO承诺，最晚到2016年，中国“非市场经济地位”将自动失效，届时反补贴有可能成为国外针对中国产品和企业更常用的贸易歧视手段。

## 第二节　全球价值链加快重塑升级条件下，我国对外开放面临新机遇

为了应对国际金融危机，适应新的产业技术革命和世界经济大调整的要求，跨国公司对其全球价值链进行了局部调整，同时全球价值链也进入一轮快速重塑期，给我国对外开放带来新的重要机遇。

第一，主动嵌入全球价值链，获取新的开放红利。我国现有过度依赖于投资和廉价劳动力的粗放型发展模式已经难以为继，潜在增长率日益受到资源生态环境和其他经济社会因素的约束，经济发展内生能力和后劲不足，迫切需要打造新的引擎避免陷入中等收入陷阱。由于在全球价值链下各国产业的关联性、互动性日益增强，使各国经济技术产业乃至管理模式出现全方位变革，一国产业结构实际上成为一个开放系统。作为后发国家我国有可能充分利用后发优势，仍然可以通过扩大对外开放全面参与全球价值链分工和全球要素重组，获取更大的外部利

益和外溢效应，更好发挥其综合性引擎作用，收获新一轮对外开放红利，为经济社会全面可持续发展提供重要动力，提升和维持经济潜在增长率，打造以开放促发展新引擎，帮助缓解经济转型期的各种矛盾与压力（王子先，2014）。

第二，提升全球资源和要素整合水平，打造产业升级 2.0 版。适应世界进入“全球资源深度整合”时代的新形势，抓住全球价值链重塑升级的机遇，全方位参与全球价值链分工与合作是我国扩大开放的战略选择。通过扩大开放，提高市场准入水平，推进贸易投资自由化便利化，将大大提升我国参与全球价值链分工的深度与广度，提升全球资源深度整合能力，特别是聚集全球优势要素、知识、人才和创新资源的水平，助推整体产业的跨越式升级，打造产业升级 2.0 版。

第三，推动我国在全球价值链中地位重塑与攀升，提高对外开放质量、效益。国际金融危机推动世界经济进入大调整大重组大变革时代，以跨国公司为主导的全球价值链也进入优化重组期。我国面临全球价值链大重塑的有利时机，通过提升与跨国公司的战略合作水平，加快“走出去”和服务外包步伐，我国有可能嵌入一些高端环节，优化全球价值链布局，实现我国在全球价值链中地位的重塑与攀升，提高对外开放质量、效益，推动经济发展模式向集约化转型，实现我国外贸由大到强的转变。

第四，促进中国制造向中国创造转型。面临资源、环境、劳动力和其他要素“瓶颈”的约束，中国制造业逐步告别低成本时代，面临巨大的转型升级挑战。全方位参与全球价值链将成为推动中国制造向中国创造转型的重要推手：一是扩大技术知识密集型商品及服务进口，提升制造业配套服务质量与效率，缓解成本压力；二是通过大力发展离岸和在岸服务外包业，帮助中国 4000 万个中小企业的转型升级，实现向“小而专精深”转变；三是引导制造业龙头企业重构业务管理流程，重塑核心竞争力，培育自己的跨国公司和知名品牌；四是通过跨国贸易投资的竞争和示范带动效应，帮助制造业企业加快从技术到管理和商业模式的全方位创新，提升自主创新能力；五是通过双向贸易、投资与外包，聚集全球优势要素，促进中国“6+1”整体产业链的优化重组，从根本上改变中国制造在国际产业链价值链的低端位置；六是促进产业集聚和中心城市空间集聚，延伸中国香港“前店后厂”模式，加快制造业梯度转移，优化区域产业布局与分工（王子先，2014）。

第五，强化对外开放特别是服务贸易创新溢出效应，加快创新型国家建设。过去 30 多年我国以开放促创新取得了重大成效，未来仍然是推动技术进步和自主创新的重要动力，特别是服务贸易比货物贸易的技术与创新溢出渠道更为多样化，应该成为重中之重。一是直接通过技术贸易进口途径，提高服务进口国的技术水平；二是通过知识密集型服务贸易如计算机和信息服务、专利和商标许可等，产生技术溢出效应；三是通过聘请国外服务技术专家参与本国研究与攻关，提高本国技术开发能力；四是通过服务业跨国投资产生技术溢出效应，包括通过跨国公司跨国投资中的前后向联系对当地服务供应商或销售商产生关联影响，通过外资企业的竞争与示范效应产生技术溢出，通过内外资企业之间的人员流动产生技术溢出效应；五是通过服务出口，参与国际竞争，带来技术进步与创新的动力与示范效应；六是通过广泛的国际服务贸易交流与合作，引进先进的经营理念、管理方法和商业模式，形成学习、模仿、再创新效应，推动本国软技术和思维理念的全面创新，提高企业自主创新能力（王子先，2012）。

第六，创造国际竞争新优势，提升国际话语权。我国处于全球价值链低端关键在于，一些高端生产性服务环节严重滞后，各类企业“大而全”、“小而全”，自我服务现象比较普遍，致使生产性服务低质化与制成品结构同构化形成不良循环，导致核心竞争力低下，产业升级受阻，过度依赖中间商，缺少自主知识产权和品牌，国际市场话语权定价权低下。全方位推进以服务业为重点的新一轮对外开放，有利于我国提高全球资源配置深度广度，并深度嵌入全球价值链一些高端环节，推动全球价值链重塑，逐步实现我国在全球价值链“链”和“点”上地位的攀升，形成和强化基于服务端的国际竞争新优势，推动中国制造与中国服务的良性互动，在全球制造—服务革命中抢占新的制高点；同时也通过对全球价值链、供应链的优化布局，形成与多国互利共赢的新型国际合作模式，共同推动全球价值链治理与国际经贸规则的改善，逐步提升中国企业的国际话语权、定价权和影响力，促进中国与世界的共同发展。

## 第三节　我国全方位参与全球价值链推进新一轮对外开放的战略选择

一要抓住战略机遇，继续积极主动参与全球价值链分工。未来一段时间，世界经济仍然处于调整恢复期，我国应该紧紧抓住世界经济大重组、新产业技术革命稳步推进、全球资源深度整合及全球价值链大重塑等多重机遇，全面提升开放型经济水平，继续全方位嵌入全球价值链，努力获取最大的开放红利和外溢效应，为我国发展、改革和创新注入新的强大动力。不能因为外部危机导致局部保护主义抬头、经济全球化遇到一些障碍，就改变对全球范围内对外开放大趋势的判断；经济全球化仍在继续推进，全球价值链仍在拓展和延伸，全球资源深度整合水平在继续提高，3.0 版的全球化将如期而至。中国必须汲取过去的成功经验，坚持对外开放基本国策不动摇，将全方位参与全球价值链作为下一阶段开放型经济建设的战略重点，显著提升全球资源整合能力，创造国际竞争新优势。

二要坚持实施积极主动的开放战略，推动以服务业为主导的新一轮开放。当前，世界范围内服务业革命方兴未艾，制造服务化、服务知识化进一步推动世界产业结构的大融合，中国完全可以凭借后发优势实现产业结构的开放式跨越，即通过服务业开放与双向服务外包更深度参与全球价值链分工，吸纳全球优势要素，提升全球资源整合能力，加快向服务经济转型步伐，提高本国产业在全球价值链上的竞争力。我国应该坚持实施积极主动的开放战略，将服务业作为新一轮开放的战略重点，扩大服务业市场准入，推动服务贸易自由化、便利化，加快实现服务业生产要素的自由流动，大力发展服务双向外包，以便更大程度上嵌入以服务为主导的全球价值链特别是中国有优势和潜力的“微笑曲线”高端环节，为服务业和整体产业升级提供最大动力和国际化支撑（王子先，2012）。

三要积极主动参与全球价值链重塑，推动中国地位攀升。我国必须将参与服务业全球化作为新一轮对外开放的核心内容，并置于经济增长方式转变和经济增长模式转型的战略高度认真对待，切实转变发展观念、创新发展路径。根据联合国贸发会议的建议，中国应该建立属于自己的全球价值链网络和全球生产服务体系，形成中国在全球价值链中的竞争优势，推动国内产业升级。

四要建立自己的全球价值链体系，大幅提升“走出去”水平。为了改变中国在全球价值链中所处的中低端位置，中国一方面应大力提高吸收外资质量，将外资更多列入先进制造业和知识性服务业；更为关键的是，尽快调整对外投资战略，实施基于建立自己的全球价值链体系的“走出去”战略，目的是由参与全球价值链转向建立自己的区域及全球价值链，提升中国在全球价值链中的竞争优势，在推动国内产业升级中发挥关键驱动作用。这“一战”略要求通过集群式投资，而非以往分散的点式对外投资，推动中国制造企业通过投资、贸易以及非股权模式（如合同生产等），将产业链延伸到海外，建立自己的区域和全球产业链，在全球范围内最有效利用和配置资源，逐步实现从“中国制造”向“中国主导+全球制造”转变。同时，不断提升服务业对外投资合作水平，使“中国服务”在全球价值链体系中占据一席之地，并逐步提高地位和水平。

五要加快外贸转型步伐，大力发展服务贸易。我国外贸面临大而不强、质量效益和贸易增值水平有待提升以及服务贸易与货物贸易发展不协调等方面问题，加上内外部环境的约束和成本压力加大，亟待加快转型升级的步伐。一是继续加快转变外贸增长方式，推动从数量扩张型向质量效益型的转变，让更多的企业逐步走上差异化竞争之路；二是支持高科技产品出口，提高技术含量和附加值，带来更多的贸易增值和福利；三是支持自主知识产品和自主品牌产品出口，提升外贸企业在研发设计和市场营销等高端环节的位置，显著改善中国出口商品的定价权和影响力；四是有序推动加工贸易的转型升级，实现我国加工贸易在全球价值链上地位的稳步攀升，推动内容与形式的协调创新；五是大力发展外贸综合服务企业，将供应链公司培养成促进外贸转型的重要抓手，全力推进各类外贸主体的升级；六是加快研究制定基于全球价值链的服务贸易战略，将其上升为国家战略予以高度重视，充分发挥其作为综合性引擎和产业组织驱动器的作用，像货物贸易曾经是整体改革开放的先锋和动力一样，让服务贸易发展与开放在国家新一轮改革开放中继续发挥引领作用，为打造中国经济转型和产业升级版作出重要贡献；七是把服务外包置于中国产业开放式升级战略的核心位置，突出“离岸与在岸”“接包与外包”并重的“大外包”战略，将“双向服务外包”作为我国参与全球价值链分解与重塑的重要渠道，加快服务外包业“走出去”步伐，使之成为推动我国全球价值链地位攀升的利器，同时实现服务外包与培育本土专业化服务运营商的有机结合。

六要以打造全球资源深度整合平台为抓手，推动中国企业产业全方位升级。伴随着世界经济向服务经济革命和知识经济的转型，全球第三方供应链革命应运而生，供应链管理由自我服务向专业化精细化的第三方服务供应商转型。香港利丰集团和美国的专业供应链公司是先导；同时，跨国公司由制造业主导向服务型转型，IBM 转型为 IT 解决方案服务供应商，其供应链体系也随之向混合化转型，既提供自我服务，更越来越多地为第三方提供服务，实现了向混合化物流供应链和服务外包平台的转型，也成为实现全球资源深度整合的高端平台。与此相关，全球价值链由“生产者驱动”向“购买者驱动”转型，一些大型零售商品牌商和供应链管理者，凭借他们的品牌优势，对销售渠道的控制以及供应链服务平台，在全球价值链中占据日益重要的地位。第三方供应链及相关的服务外包网络及流通综合服务企业日益成为实现全球资源整合的高端平台，帮助上下游供应商优化业务管理流程、分离非核心业务，提升核心竞争力，成为推动企业和产业升级的利器。通过建立以供应链公司为主导的购买者驱动型价值链，还有利于整合国内市场，强化对国内销售渠道的主导权；可以通过渠道交换等手段进入国外销售市场，为生产制造企业开辟通往国外中高端市场的大通道，改变过度依赖国外多层次中间商的局面。所以，必须抓紧打造自己的第三方供应链及相关专业化平台，显著提升我国企业全球资源整合能力，推动各类企业产业加快转型升级。

七要培育国际竞争新优势，提升在全球价值链上的竞争力。加快实现向竞争优势导向战略转变，在继续利用过去规模、成本优势基础上，更加注重培育基于全球价值链的国际竞争新优势（王子先，2014）：一是加强外向型企业创新能力建设，推动企业走创新驱动之路，鼓励企业通过全方位创新创造新的核心竞争优势；二是加快产业升级，培育自有品牌和自主知识产权，提高产业技术含量和附加值，培育我国高附加值产品的国际竞争优势，提升我国产品的定价权和国际影响力；三是加快从过度依赖劳动力低成本优势向发挥综合人力资源优势的转变，注重培养基于大规模高端专业化人才的国际竞争新优势；四是加快从“中国制造”向“中国服务”的升级，鼓励发展各类综合性服务平台，支持发展第三方供应链和跨境电商平台，大力提升中国产业在全球价值链服务端的竞争优势；五是显著提高在国内国际市场上的产业和区域集聚水平，增强全球资源整合能力，以链代点，培育我国产业在整体产业链和价值链“链上”的竞争优势；六是加快各类市场主体的转型升级步伐，全面优化重组业务管理流程，在优化自身价值链基础上逐步构建自己的全球价值链网络，专注核心业务，培育核心竞争力，提升国际化水平，将其中有实力的企业培育成为国际一流的跨国公司。

八要积极参与全球价值链治理，提高我国国际话语权。以发达国家跨国公司为主导的全球价值链也带来了利益的不平衡，亟须加强全球治理。本书认为：一方面，我们要与世界各国一道，推动国际经贸规则的完善，改善全球经济治理，加强跨国公司社会责任建设；另一方面，我们更要积极参与全球价值链重塑，并深度嵌入全球价值链一些高端环节，逐步实现我国在全球价值链“链”和“点”上地位的攀升，形成和强化基于服务端的国际竞争新优势，推动中国制造与中国服务的良性互动，在全球制造—服务革命中抢占新的制高点。同时，通过对全球价值链、供应链的优化布局，形成与多国互利共赢的新型国际合作模式，共同推动全球价值链治理与国际经贸规则的改善，逐步提升中国企业的国际话语权、定价权和影响力，促进中国与世界的共同发展。要与联合国贸发会议、WTO、OECD 等国际组织保持密切沟通和合作，深入研究全球价值链分工及贸易增加值统计对我国对外贸易的影响，有步骤地形成我国贸易增加值的计算方法、统计标准和管理体系，科学评估贸易增加值统计下我国对外贸易依存度变化、出口对经济增长的拉动作用以及与主要贸易伙伴的经贸关系，为调整外贸政策提供依据。

九要不断完善国内价值链，强化国内价值链与全球价值链的连接。建立自己强大的全球价值链需要高效的国内价值链和流通服务体系的支撑，同样国内价值链体系的建设也离不开全球价值链，两者是相互联系、相互促进的，必须实现高效的对接。本书认为，目前条件下，构建国内价值链体系有四个方面目的：一是实现与全球价值链高效对接，为中国实现自己的全球价值链战略提供支撑和基础条件；二是促进国内区域经贸协调发展；三是加快结构调整，实现国内产业升级；四是更好实现国内国际两个市场的结合，实现良性互动。由于中国各地区经济发展水平与要素禀赋差距十分巨大，应结合实际构建各地区的区域价值链。东部地区中低端制造业已经饱和，应更多地跻身高端制造业和现代服务业全球价值链，在此基础上实现新的产业集聚和城市空间集聚，形成自己的区域价值链网络。中西部地区为了完成产业升级，缩小地区差距和转移农村剩余劳动力等多重任务，必须发挥后发地区的比较优势，包括中国作为全球最大代工平台所积累的优势，构建以本土企业为主导和立足国内市场的国内价值链。

**参考文献**

袁志刚：《中国（上海）自由贸易试验区新战略研究》，复旦大学出版社2013 年版。

章昌裕：《WTO 困境下的国际贸易新格局与挑战》，《国际贸易论坛》2013 年第 3 期。

盛斌、魏方：《贸易增加值统计体系》，《中国海关》2013 年第 7 期。

张相文、向鹏飞：《负面清单：中国对外开放的新挑战》，《国际贸易》2013 年第 11 期。

宋加强、王强：《现代服务贸易国际竞争力影响因素研究》，《国际贸易问题》2014 年第 2 期。

杨丹辉：《从工业贸易大国走向贸易强国》，《中国工业发展报告 2014》（第十章），经济管理出版社 2014 年版。

王子先：《世界经济进入全球价值链时代，中国对外开放面临新选择》，《全球化》2014 年第 7 期。

# 第五章 基于全球价值链地位攀升的利用外资战略

联合国贸发会议专题研究成果高度肯定，中国利用外资在参与全球价值链中所发挥的作用，指出：随着中国吸收外资水平和质量的逐步提高，中国参与全球价值链的深度、广度得到不断提升，中国企业已经成为许多行业全球价值链的重要一环。中国因此成为通过吸收外资在全球价值链中不断升级，进而创造出更多国内增值的成功范例之一。中国高科技产品出口比重大幅提升，基于知识的高端服务出口在 2000~2010 年增长了 8 倍，外商投资是重要推动力量。中国出口高速增长以及在高技术领域生产能力的扩张，得益于外国投资的涌入以及与跨国公司建立的紧密的非股权合作模式（联合国贸发会议，2013）。另外，现阶段，中国企业对全球价值链的参与，更多仍然限于对外国跨国公司主导的价值链的参与及适应，这既是对我国吸收外资参与全球价值链的肯定，同时也指出了存在的问题与不足：现有我国参与的全球产业链、价值链仍然由跨国公司主导和掌控，本土企业参与程度较低，总体处于被支配地位；我国仍然较多集中于全球价值链的低端和低附加值环节，而高端环节更多被跨国公司所占据；现有跨国公司大多由发达国家所主导，发达国家在全球价值链中处于主动有利位置，掌握了更多的定价权和话语权，通过掌控全球价值链高端环节能够获得更多收益，导致了全球利益分配的不平衡。因此，为了更有效参与全球价值链竞争，在坚持积极有效利用外资方针的同时，中国应该进一步提高吸收外资的质量和水平，把优化投资结构、实现全球价值链地位攀升作为重点目标，扩大先进制造业、知识密集型服务业利用外资。

# 第一节 利用外资在我国参与全球价值链中发挥了主导作用

## 一、以“三来一补”起步，开启我国加入国际水平分工之旅

早在20世纪70年代末，国家就研究制定了积极发展“三来一补”政策，创造了相对自由的贸易小环境，推动了来料加工贸易的大发展，也助推了利用外资的起步，率先带来了中国香港地区投资的进入。1978年7月，国务院发布《开展对外加工装配业务试行办法》，率先在广东、福建、上海试行对外加工装配业务。1979年9月，国务院正式发布《发展对外加工装配和中小型补偿贸易办法》，对外加工装配业务得以在全国普遍推行。一系列政策的出台打破了高度集中的计划经济和外贸国家管制体制的障碍，对“三来一补”实行了特殊和便利的海关监管政策，发挥了关键作用。早期，港澳投资大多是以“三来一补”起步，在进行初步尝试取得成功后有些开始向“三资企业”转型。后来一些欧美跨国公司也曾经以此方式进行试水，并实现一步步转型。到1987年年底，全国绝大多数地方开展了此项业务，加工点达近3万家，1987年合同数达84061份，全国来料加工进出口额从1978年的13.3亿美元增加至1987年的116.7亿美元，占全国外贸的比重从1980年的3.4%上升至1987年的14.1%（王子先，2008）。“三来一补”是指来料加工、来样加工、来件装配和补偿贸易，简称来料加工装配业务，本身是制造业跨国转移和国际水平分工的初级形式，也是全球生产制造网络的组成部分。实际上，它是初期我国对外开放和利用外资的重要形式，推动了我国吸收外资的起步和发展；同时，也使我国开始进入国际水平分工和全球生产网络，开启了嵌入全球产业链以及后来所说的全球价值链的历史进程（曲建，2013）。

## 二、吸收外资推动我国全方位参与全球生产网络和全球价值链体系

我国吸收外资从无到有、从少到多，经历了艰难的起步和不断的跨越（见表5-1），现从后来者的角度重新做一下梳理，分为三大阶段（王子先，2008）：一是1979~1986年的试探阶段，由于配套法律和政策很不完善，其间外商来华投资顾虑很多，吸收外资数量很少，主要来自港澳地区。二是1987~2000年的起步和发展期，包括1987~1991年的起步期、1992~1997年的持续高速增长期和1998~2000年的调整期。1987~1991年由于有关配套法律和政策逐步健全，外商投资迅速起步，全国吸收外资实际金额达166.8亿美元；1992~1997年，邓小平

南方谈话以后，我国掀起一轮对外开放和吸收外资的高潮，特别是一些欧美跨国公司开始进入我国，改变了我国吸收外资的格局；1998~2000 年，受亚洲金融危机的影响，吸收外资进入一段调整期。三是自 2001 年以来的战略投资和转型升级阶段。2001 年，我国成功加入世界贸易组织标志着对外开放进入新阶段，我国开始全方位融入世界经济和全球价值链，市场准入水平大大提升，对外资的开放度大大提高；跨国公司将中国作为对外投资的首选地，进入更高水平的战略投资阶段；同时，以信息技术为主导的高科技产业跨国转移掀起高潮，服务全球化外包化蓬勃兴起，我国吸收外资也随之进入升级期，外商投资质量、结构得到提升，高科技产业和服务业成为外商投资重点，中国开始嵌入全球价值链的某些高端环节。

利用外资的大发展带来对外贸易的大发展特别是加工贸易的大发展。1994~2000 年，我国实际利用外资年均在 400 亿美元以上，2001~2006 年年均实际利用外资在 600 亿美元以上，1992 年以来连续居发展中国家首位，也长期成为外商投资首选目的地。2013 年，我国 FDI 流入量占全球 FDI 流入总量的 8.2%，虽然比 2010 年 9.4%的峰值略有回落，但比 1990 年高出 6.5 个百分点（见表 5-2）。目前，全球 500 强跨国公司中，有 400 多家来华投资，世界 IT100 强中有 90 多家进入中国。外商投资企业出口所占比重从 1986 年的 1.88%升至 2007 年的 57.1%，2001~2007 年我国进出口额从 5000 亿美元升至 2 万亿美元台阶，其中外商投资企业占到增加额的 60%。由于加工贸易相对便利，跨国公司来华投资大多数选择了加工贸易方式，带动了加工贸易的大发展，使得加工贸易成为我国外贸的主导方式，所占比重多年来超过 50%。2007 年，我国进出口总额中，加工贸易仍占 45.5%，其中加工贸易出口占 50.7%（王子先，2008）。自 1988 年我国实施沿海地区经济发展战略、大力发展“大进大出、两头在外”的加工贸易政策以来，进料加工取代“三来一补”成为主导。

**表 5-1 历年中国吸收外商投资情况**

单位：亿美元，%

| 年 份 | 项目个数 | 实际利用外资 | 实际利用外资增长率 |
|---|---|---|---|
| 1979~1985 | 6797 | 60.6 | — |
| 1990 | 7273 | 34.9 | 2.8 |
| 1995 | 37011 | 375.2 | 11.1 |
| 2000 | 22532 | 407.7 | 1.1 |
| 2005 | 44001 | 603.3 | -0.5 |
| 2007 | 37871 | 747.7 | 13.6 |
| 2008 | 27514 | 924.0 | 23.6 |
| 2009 | 23435 | 900.3 | -2.6 |
| 2010 | 27406 | 1057.4 | 17.4 |

续表

| 年　份 | 项目个数 | 实际利用外资 | 实际利用外资增长率 |
|---|---|---|---|
| 2011 | 27712 | 1160.1 | 9.7 |
| 2012 | 24925 | 1117.2 | -3.7 |
| 2013 | 22773 | 1187.2 | 4.79 |

注：外商直接投资包括港澳台投资和外商投资。
资料来源：商务部。

**表 5-2　历年中国吸收外资占世界的比重**

单位：亿美元，%

| 年　份 | 外商直接投资额 | 占世界总额的比重 | 位次 |
|---|---|---|---|
| 1990 | 34.9 | 1.7 | 13 |
| 2000 | 407.1 | 2.9 | 7 |
| 2005 | 724.1 | 7.6 | 4 |
| 2006 | 727.2 | 5.2 | 4 |
| 2007 | 835.2 | 4.6 | 6 |
| 2008 | 1083.1 | 6.1 | 3 |
| 2009 | 950.0 | 8.5 | 2 |
| 2010 | 1057.4 | 9.4 | 2 |
| 2011 | 1160.0 | 9.3 | 2 |
| 2012 | 1117.2 | 9.3 | 2 |
| 2013 | 1187.2 | 8.2 | 2 |

资料来源：商务部，《世界投资报告 2014》。

作为国际上部门内产品内、公司内贸易的重要方式，通过发展加工贸易，我国实际上承接了全球产业转移，参与了全球要素重组，开始全面进入全球生产制造体系。中国成为世界上日益重要的制造基地，甚至被称为世界工厂，目前已超过美国跃居世界制造第一大国和世界贸易第一大国。因此，通过吸收外资和发展加工贸易，中国得以全方位嵌入全球价值链，成为世界上很多产业全球价值链的重要一环。继传统的轻纺产业以后，机电产业和越来越多的高新技术产业加入国际分工和全球价值链的链条，2007 年外商投资企业机电产品出口占全国机电产品出口比重为 73%，高新技术产品出口占全国比重达 86.6%。外商投资成为推动我国出口产品结构升级的主动力，也是我国全方位、多领域嵌入全球价值链的主动力（曲建，2013）。

值得注意的是，20 世纪 90 年代中期以来，我国大规模承接国际产业转移，作为外商投资企业进出口的主要方式，加工贸易成为中国参与全球产业价值链分工和跨国公司全球布点的重要途径，加工贸易占比有较大幅度上升。但近年来，外商投资企业产品出口的国内配套能力不断增强，我国贸易方式结构发生了明显变化。1995 年，加工贸易出口额首次超过一般贸易，占当年出口总额的 52.5%，1999 年这一比值又进一步上升到 56.9%，进入 21 世纪加工贸易出口占比逐步下降，2013 年已降至 38.9%。贸易主体日益多元化同样是我国进出口结构优化的重要表现。其中，外商投资企业出口占比由 1995 年的 31.7%快速上升至 2005 年的 58.3%，随着国内出口企业竞争力提升，2013 年这一比值又回落到 47.3%。目前，民营企业和外商投资企业出口占出口总额的比重超过 95%，成为对外贸易的绝对主力。

总体来看，利用外资为促进中国经济增长和产业升级，加快要素配置的全球化发挥了不可忽视的作用。外商投资企业在扩大出口、增加税收、吸纳就业等方面扮演着重要角色。尽管受到人民币升值、劳动力成本上升以及金融危机等因素的影响，中国利用外资的增速趋缓，外商投资在资本形成和固定资产投资中所占的比重回落（见表 5-3），但中国仍然是世界最具吸引力的投资目的地之一和 FDI 流入规模最大的发展中国家。

**表 5-3　历年外商直接投资占国民经济的比重**

单位：%

| 年　份 | 占 GDP 比重 | 占全国固定资产投资比重 | 外商投资企业工业增加值占全国的比重 |
|---|---|---|---|
| 2003 | 3.3 | 8.8 | 27.6 |
| 2004 | 3.1 | 9.9 | 27.8 |
| 2005 | 2.7 | 9.5 | 28.4 |
| 2006 | 2.4 | 9.9 | 28.0 |
| 2007 | 2.3 | 9.7 | 27.4 |
| 2008 | 2.1 | 8.9 | 26.7 |
| 2009 | 1.8 | 6.9 | 27.3 |
| 2010 | 1.8 | 2.6 | 27.0 |
| 2011 | 1.6 | 2.4 | — |
| 2012 | 1.4 | 1.9 | — |
| 2013 | 1.3 | 1.6 | — |

资料来源：国家统计局。

## 三、进入 21 世纪前后我国开启通过利用外资向全球价值链中高端攀升的进程

20 世纪 90 年代以来，虽然吸收外资在我国资本形成和增加值中的比重趋于下降，但外商投资结构有所优化，整体水平有所提高。同时，由于我国外资政策引导、国内市场竞争格局变化、国内企业内生发展能力提升、跨国公司进入等因素的共同作用，我国在全球价值链中的地位进入逐步攀升的进程。特别是 21 世

纪以来，加入 WTO 使得我国市场开放程度大大提高、国内市场竞争空前加剧，加上跨国公司对华投资进入战略投资阶段，加快了这一进程（江小涓，2008）。

第一，开放和竞争使外商投资技术水平出现跃升。在 20 世纪 90 年代末和整个 80 年代外商投资的技术水平普遍不高；自 20 世纪 90 年代以来，发达国家大型跨国公司来华投资进入第一轮增长，但向中国转移先进技术的较少，到 20 世纪 90 年代中后期大型跨国公司在华投资中，引进母公司最先进技术的企业仅占 13%（江小涓，2006）。进入 21 世纪以来，加入 WTO 使我国掀起新一轮对外开放高潮，跨国公司来华投资进入战略性投资阶段，加上国内外市场接轨程度不断提高，根本改变了国内市场竞争不足和行业垄断的局面，国内竞争空前白热化，本土企业竞争力被激发，国内市场进入的门槛由此大大提高。跨国公司必须使用有竞争力的技术甚至是同步技术，才能在中国市场立足和发展。根据权威专家的调查，进入 21 世纪以后，绝大多数跨国公司提供了母公司的先进技术和比较先进的技术，其中相当一部分提供了填补国内空白的技术（江小涓，2007）。加入 WTO 十余年来，中国以更加开放的姿态和现实举措进一步锁定了 20 世纪 80 年代以来改革开放的目标方向和发展路径。依托丰富的劳动力、较完整的产业体系等自身优势，中国制造业不仅成为承接新一轮国际产业转移的主角，而且还凭借细分化的产业集群，一定程度上延长了全球价值链，带动国际分工不断深化。在创造更多分工机会、获得巨大“全球化红利”的同时，通过与跨国公司的合作和竞争，一批谙熟市场经济游戏规则、具有国际竞争力的中国企业迅速成长，成为中国经济可持续发展的基石和完成改革开放大业的宝贵财富。

第二，承接国际产业转移，进入国际高新技术产业链。21 世纪还迎来新一轮以 IT 为主导的国际产业转移，我国抓住机遇成为跨国投资的首选地和高新技术产业转移的重要目的地，全球 IT 100 强中有 90 多家进入中国市场。外商投资企业成为推动高新技术产业发展的重要动力，这从高新技术产品出口的变化可以得到印证。外商投资企业在我国高新技术产品出口中的比重从 1996 年的 58.6% 上升到 2007 年的 86.6%，目前仍然保持在 90%左右，成为推动高新技术产品出口的主力军。我国已经成为全球 ICT 产业的重要制造基地，实现了从新兴产业向支柱产业的跃升，生产规模居世界前列，许多产品产量和出口居世界第一，成为这些行业和产品全球价值链的重要组成部分（王子先，2008）。

第三，承接跨国公司研发中心，进入“微笑曲线”的某些高端环节。伴随着研发全球化进程，越来越多的跨国公司把中国、印度等作为其新的研发基地，一方面贴近市场和需求，另一方面利用当地相对廉价的研发人才和其他研发资源。中国对外商投资兴办研发中心实行鼓励政策也发挥了积极效应，截至 2013 年 5 月外商投资企业在华设立研发中心已经超过 1800 家，一些跨国公司还把中国作为其区域研发总部和全球研发中心，开始了从本地市场应用型研发中心向辅助型、功能型研发中心和全球研发中心的转变（刘丽娟，2013）。同时，国内有些龙头企业还与跨国公司合作兴办研发中心，推动了研发中心功能的拓展和研发水平的提升。

第四，服务业引进外资发力，开始嵌入全球价值链服务端。20 世纪 80 年代初，我国工业领域开放程度较低，当时外商投资项目以房地产、宾馆、餐饮为主。20 世纪 90 年代以来，我国提出了“以市场换技术”政策，外商投资开始大举进入制造业。加入 WTO 后，我国服务业对外开放程度不断提高。受服务全球化和跨国投资向服务业集中趋势以及我国加入 WTO、扩大服务业开放的推动，服务业吸收外资进入快速增长阶段。中国在加入 WTO 时对服务开放做出了广泛承诺并全面履行承诺，在 160 多个服务贸易部门中中国已经开放了 100 个，接近发达国家平均水平。“十一五”时期，我国加入 WTO 中有关服务业开放的承诺全部兑现，开放的领域不仅包括金融、保险、贸易、零售商业、房地产等外资已经进入较多的行业，而且包括通信、旅游、会展、专业商务服务等以往开放度较低的行业。到 2005 年，我国实际利用外资增长最快的领域主要集中在服务业，包括交通运输、批发零售、租赁和商务服务、科技服务、信息软件服务、居民服务等，该年服务业实际利用外资金额达 116.79 亿美元，占全国实际吸收外资的 19.36%（江小涓，2008）。近年来，我国继续鼓励承接服务业跨国转移和利用外资，服务业吸收外资比重不断提高，2011 年服务业吸收外资所占比重达 47.6%，首次超过制造业（占比 44.9%）；2013 年，服务业吸收外资 614.5 亿美元，占比首次过半，达 52.3%。目前，服务业取代制造业成为我国吸收外资的主导领域。扩大服务业利用外资是我国参与服务全球化进程的重要组成部分，与服务贸易、服务外包密切关联、相互促进，使我国开始更多地嵌入全球价值链服务端，取得明显成效。联合国贸发会议专题研究成果显示，中国基于知识的高端服务出口在 2000~2010 年增加了 8 倍，就是最好的例证（联合国贸发会议，2013）。然而，与工业对外开放的进展相比，我国服务业对外开放仍相对滞后。服务业利用外资不仅总体规模小，而且单项外商投资平均规模也与制造业有较大差距。2009 年，服务业外资项目平均投资额为 315.4 万美元，而制造业则为 478.9 万美元。服务业利用外资相对水平较低，一方面是由中国固有的产业结构和国际产业转移规律决定的。中国制造业具备较完整的内部结构和较强的产业配套能力，工业品市场容量较大，市场机制发育较完善，具备大规模承接国际产业转移的客观条件，而服务业发展总体水平较低，对外商投资的吸引力相对较弱。另一方面，服务业利用外资较少也与我国对外开放的政策导向有关。相对于其他产业，制造业对外资进入方式和股权比例的限制较少，而服务业对外资的限制仍然较多。

# 第二节　我国通过利用外资参与全球价值链分工取得的成效与不足

## 一、利用外资参与全球价值链分工收获巨大开放红利

### 1. 增加资本形成，破解“双缺口”

改革开放以前，我国是典型的短缺经济，存在巨大的进口饥渴症，面临资金和外汇双缺口，加上某些资源和技术的严重短缺，成为经济增长的桎梏。利用外资首先增加了资金和外汇来源，扩大了资本形成，缓解了双缺口。20 世纪 80 年代，利用外资占国内固定资产投资比重逐步有所提高，20 世纪 90 年代占国内固定资产投资的比重平均达 12.5%，明显高于发展中国家 7.2%的平均水平。此后，这个比重有所下降，但仍然是我国资本形成的一项重要来源（江小涓，2007）。加上对出口的巨大拉动和增加了新的进口渠道（资本项下进口和技术设备、零部件、资源进口），我国在 10 年左右实现了从外贸持续逆差向 90 年代以来持续顺差的转变，外汇储备不断增加，外汇短缺得到大大缓解，弥补了经济发展的短腿。

### 2. 提高资源配置效率

利用外资作为中国在对外开放起步阶段参与经济全球化的主导形式，使中国能够很快地加入国际分工体系中来，充分利用后发优势和比较优势，启动参与全球范围内优化配置资源之旅，一方面释放自身劳动力和其他要素的活力，另一方面逐步打开市场和资源配置空间，从整体上推动了资源配置效率的提高。由于全球化推动全球价值链可分解程度的逐步提高，因此，使得国际分工日益细化到具体工序、流程和环节，也使得更多生产要素能够以外商直接投资为载体在全球范围内流动和配置，创造出日益重要的效率提升源泉。

### 3. 促进技术进步和创新

吸收外资一直是我国改革开放以来促进技术进步的重要动力，同时通过“外溢效应”也成为促进自主创新能力提升的有效途径。从开始的轻纺制造业到后来的机电制造业，外商投资带来的应用型技术都填补了国内的产能空白和技术缺口，改变了我国制造业的供求格局，逐步实现了从严重短缺向基本平衡再向大量出口的转变；外商投资带来的不仅是资金，而且伴随资金流入还带来国外先进的经营理念、管理经验、营销和市场网络，促进了全方位创新；加入 WTO 以来，更多跨国公司开始在中国投入先进制造技术乃至国际同步技术；同时，伴随新一

轮高新技术产业跨国转移，IT 行业跨国公司开始云集中国，使我们得以继韩国、新加坡、中国台湾之后跻身高新技术产业全球产业链价值链，大规模投资推动高新技术产业产能扩张和技术进步，填补了很多技术空白；外商投资在我国带来非常明显的技术溢出效应，根据专家调查研究主要包括：对配套企业的带动效应、人力资本流动效应、示范效应、竞争效应、合作效应、技术应用效应和市场开拓效应，促进了跨国公司产品、技术、管理模式和研发能力向本国企业的扩散（江小涓，2007）；本土企业在与跨国公司合作与竞争中成长壮大，深圳等开放程度最高的城市率先涌现出一批技术和管理先进型本土企业，有的正在向国际一流跨国公司靠拢，充分证明对外开放和吸收外资也是促进自主创新的有效途径。

4. 促进产业结构调整和升级

中国通过对外开放和积极有效利用外资实现了制造业的结构升级，是继亚洲“四小龙”之后以开放促新型工业化的成功范例。联合国贸发会议专题研究成果也指出，参与全球价值链是发展中国家构建生产能力、实现长期产业升级的重要途径，并将中国与一些新兴市场作为成功的范例，认为其产业和出口同时伴随着外商直接投资不断流入价值链中技术含量较高的经济活动领域和环节（联合国贸发会议，2013）。总的来说，我国通过扩大对外开放和积极有效吸收外资，抓住了三次大的国际产业转移机遇，促进了我国产业的跨越式升级。尽管现行产业结构还存在这样那样的问题，但总体与现行经济发展阶段有关，是前进中的问题。在高度竞争的国际市场格局下，出口结构最终反映一国产业结构的真实水平，而根据世界贸易组织和其他国际机构的评估，中国出口商品结构优化程度远高于其他发展中经济体，大约接近人均收入水平 3 倍于我国的其他国家水平。

5. 我国获得了“中国制造”的大部分收益

权威研究显示（江小涓，2007），中国外向型制造业获得了参与全球化的大部分收益，在国民收入四个组成部分——劳动者报酬、固定资产折旧、生产税净额、利润中，外商投资输入资金和技术，获得的收益主要是利润中的一部分，因为合资企业中中方还获得部分投资回报，而中方获得了劳动者报酬、税收和部分利润。2003 年，上述四部分占国民收入的比重分别为 49.6%、15.9%、14.3%、20.2%，中方收益占 70%左右。外商投资企业员工的平均工资报酬明显高于国内同类企业，外商投资企业还将利润中的一部分用于再投资，实际汇出的利润少于所得利润。所以，虽然国内外各种要素都参与了“中国制造”的过程，并从中获益，但我们作为东道方供应商在全球价值链分工中获得了制造过程中应得的大部分收益。当然，在全球价值链的交易和服务环节收益分配情况不大一样，跨国公司通过占据“微笑曲线”高端的营销环节，垄断绝大部分好处，另当别论。

6. 拉动增加值增长，收获开放红利

虽然外商投资企业多采用加工贸易方式，在初始阶段增值率较低，但随着外商投资集聚和配套产业的发展，加工贸易增值率得到不断提高。在珠三角、长三角一些轻工业和IT产业形成了全球高水平的产业集聚，已经成为我国参与国际竞争的一大优势。因此，吸收外资在提升我国参与全球价值链广度深度的同时，还带来了不断增加的增值和开放红利。根据专家测算（赵晋平，2002），多年来吸收外资对经济增长的贡献率平均在20%左右，成为拉动经济增长的重要动力；吸纳大量就业，到2007年年底，吸纳就业人员超过4200万人，占全国城镇就业人口比重超过10%；2007年，外商投资企业缴纳税收占全国税收总额近20%，成为国家财政收入的重要来源；大量劳动密集型就业还促进了农村剩余劳动力的转移，解决了部分低端劳动力的出路，总体上对增加国民福利和缓解贫困发挥了积极作用。

## 二、通过利用外资参与全球价值链分工还促进了全方位制度创新

过去30余年中，中国通过改革开放实现了经济高速、持续增长，经济结构和体制机制发生了历史性的转变。作为对外开放的重要组成部分，在加入世界贸易组织之前甚至是对外开放的主线和关键，当然也是我国参与全球价值链分工的关键渠道，不仅是现代化建设的重要动力，还促进了从观念、思维到管理和制度的全方位创新，在以开放促改革方面发挥了独特作用。通过吸收外资这种增量式开放，中国得以规避面上整体激进式开放的巨大风险与成本，并通过获取开放红利为后续改革提供重要支撑和动力，并率先打破计划经济坚冰，引入市场经济理念，推动了两个市场的对接，实现了开放与改革的良性互动，创造了以开放促进体制转型的成功范例，其中的学习效应和制度外溢效应十分突出，成为很多发展中国家参考借鉴的范本（王子先，2008）。美国著名经济学家科斯对开放在中国市场化改革中的作用给予了充分肯定（科斯、王宁，2013），认为利用外资产生了明显而积极的制度效应。

### 1. 外资进入条件下的制度变迁：路径与机制

20世纪70年代末80年代初是中国改革开放的起步阶段，面临着体制转轨的艰巨任务和发展道路的不确定性。在当时的历史条件下，引入外商投资不仅可以缓解“两缺口”的矛盾，而且更为重要的是，对于剧烈变革中的中国经济来说，外商投资企业本身就是一种全新的制度安排。同时，考察利用外资30余年的历程可以发现，外资对中国制度变迁的作用机制延续了一贯的增量改革思路，即通过局部的、试错性的开放为经济体制的全面改革累积经验，注入动力和活力，从而以较低的成本，最大限度地减弱改革开放对经济社会造成的冲击。

在这种增量推动机制的作用下，外资进入的制度效应由两类路径实现，分别是强制性制度变迁和引致性制度变迁。前者主要表现为外商投资对投资环境的硬性要求改变了政府层面制度供给的内容和方式，提高了制度安排的效率，而后者

则通过外商投资企业作为新的投资主体在中国市场上的竞争、示范和合作效应，以内资企业的学习、模仿和追赶为契机，带动微观层面的制度变革。这两类制度变迁路径共同促进了制度的创立、变更及其收益格局，产生了一系列制度效应（见图 5-1）。随着中国市场经济体制逐步完善以及利用外资规模扩大，外资进入的制度变迁路径呈现出由强制性推动向引致性推动扩展的趋势。

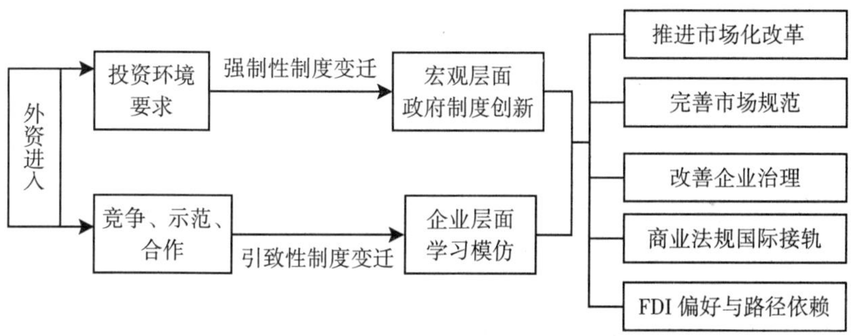


**图 5-1 外资影响中国制度变迁的路径、机制及其效应**

在外资进入推动的制度变迁并引发相关利益格局变动的过程中，外商投资企业既是制度创新的受益者，同时也是部分制度变革成本的分摊者。一方面，在相当长的时期内，各级政府为外商投资企业提供的种种优惠，特别是“以市场换技术”政策降低了外资企业进入中国市场的门槛，减少了其海外运营的风险，提高了外资企业的盈利能力，进一步巩固提升了其相对于内资企业的竞争优势；另一方面，一般意义而言，一种有效制度的形成并稳定地发挥作用往往要经过试错过程，而这一过程中需要付出一定的成本和代价。改革开放以来，外商投资企业成为相当一部分产业政策和开放政策的试验区，承担并分摊了由此引发的制度创新成本。同时，外商投资企业自身所附着的制度知识，不断被内资企业模仿、复制和吸收，缩短了先进制度建立的周期。

然而，由于制度变迁中固有的报酬递增特征和自我强化机制，因此使得一些制度安排一旦确立便具有一定的刚性和惯性，即产生所谓的“路径依赖”。这种路径依赖既有可能使制度创新进入良性发展轨道，也有可能将制度变迁锁定在低效率的状态。在外资进入的强制性制度变迁路径下，由于外商投资企业具备相对完善的治理结构和较强的法律意识，各级政府在充分体会到外资进入带来的经济活力及其在“以开放促改革、促发展”中的重要意义后，对外资产生了一定的制度偏好，将吸引外资作为刺激经济增长的低成本的政策工具。另外，由于我国利用外资规模很大，涉及各个领域，特别是改革开放初期，很多地方政府都没有设立外资进入的产业、技术和环境标准，因此，引入的外商投资企业良莠不齐，并不是所用外资企业都能凭借先进技术和完善的治理结构产生正面的制度效应。在引致性制度变迁路径下，部分投机性强、行为短期化突出，甚至违法违规经营的外商投资企业对内资企业造成了负面的示范效应，而跨国公司在多市场上惯常运用的价格歧视、转移定价、滥用市场势力、偷逃税收等行为，会在监管体系不完善的东道国被进一步放大，进而损害其微观制度传导机制。

2. 利用外资的制度创新效果

关于FDI进入对制度创新的积极意义，国内外不少研究都得出了肯定的结论(Chadee，2001；桑百川，2005；江小涓，2008；王霞，2009)。首先，利用外资有力地推进了中国市场化改革。改革开放初期，尽管吸引外商投资的法律法规并不完善，但这些政策法律仍然突破了计划体制的制度禁区。同时，政府的制度供给方式逐步转向服务于市场经济，这集中表现在政府职能的转变上。各地各级政府为吸引外资，纷纷致力于树立服务企业的意识，改善投资软环境，简化审批手续，提高政府办事效率，“逐步形成了有别于传统计划经济的‘亲商富商安商’的服务环境”。[①] 特别是对于地方政府来说，尽管各地优惠政策的比拼在一定程度上造成了制度创新资源浪费，但招商引资中的激烈竞争极大地激发了地方政府制度创新的主动性和自主性。近年来，随着各地由“招商引资”转向“招商选资”，越来越多的地方政府通过设立更加客观、科学的外资进入条件和长期目标，在落实国家产业政策的同时，加强对外资项目的引导，使其更好地作用于地方产业结构优化升级和经济可持续发展。

具体而言，经过30多年的实践，利用外资产生的积极制度外溢效应主要体现在以下六个方面：

第一，早期利用外资法律制度建设是市场化改革的萌芽。我国利用外资工作首先从立法开始。早在1979年7月，我国就发布了新中国第一部利用外资法律——《中华人民共和国中外合资经营企业法》，随后有关部门迅速出台了相关配套法律和实施细则，并在较短时间内迅速出台了一套基本的涉外经济法律法规。这不仅为外商投资提供了比较完善的法律依据，也逐步创造了相应的市场化体制和政策环境，率先突破了计划经济的法律禁区，引入市场经济的基本概念和制度框架，引入世界上先进的现代企业制度和治理组织结构等，无疑对我国随后的市场化改革是重要的先导和启蒙。

第二，推动了所有制改革和现代产权制度建设。外商投资的进入促进了我国传统所有制结构的改变，对我国形成以公有制为主导、多种所有制共同发展的格局起了重要作用；吸收外资还成为推动国有企业改革、改造、重组的重要途径，促进了国企改革，还创造了股份合作、混合所有等新的公有制实现形式；外商投资的进入和相关法律制度建设，也始终是推动我国现代产权制度建设的直接动

① 江小涓：《中国开放30年：增长、结构与体制变迁》，人民出版社2008年版。

力，它们采取国际上通行的现代企业管理模式和治理方式，客观上也推动了国内企业现代企业制度的建立和内部治理机制的改善。

第三，在利用外资实践过程中，我国逐步树立了按国际惯例办事的意识，促进了与国际通行规则的接轨。外商投资对投资和营商环境的要求非常高，为了吸引外资，20 世纪 80 年代我们就逐步树立了按国际惯例办事的意识，自发地形成一些现代市场经济的思维与理念，并在实践中不断强化；在与国际市场打交道过程中，还了解了国际通行规则和标准，接受了与国际通行规则接轨的想法。

第四，改善我国投资环境的努力，促进了面上经济体制改革的启动和深化。早期利用外资法律及相关配套规则的实施是最主要的动力，以后随着对外开放从沿海到沿江、沿边、沿线的扩大，外商投资辐射范围也进一步扩大到全国，由此推动了从价格、财税、投资、外贸、金融、外汇到内贸流通领域的配套改革。

第五，推动了我国收入分配和企业激励机制的改革。外商投资的进入，带来整套新的收入分配机制和理念，还引入企业家和职业经理人创新的薪酬激励机制，推动了人力资源开发和市场化工资分配机制改革，推动了我国企业家阶层的培育与成长。

第六，推动了政府职能转变。为了提高吸收外资的竞争力，各级政府都致力于减少政府直接干预，加快培育商品、要素和劳动力市场，推动了从行政主导型资源配置方式向市场主导型的转变。特别是一些对外开放先导区率先推进“小政府、大社会”模式，公共服务逐步得到健全，全方位微观制度创新得到推进。外商投资企业对政府行为撞击反射式的反应也推动了宏观体制改革，推动了宏观经济调控方式朝着市场导向的开放型经济调控体系的转变（王子先，2008）。

## 三、利用外资存在的不足与问题

中国作为通过吸收外资在全球价值链中实现不断升级，进而创造更多国内价值增值的成功范例，过去的成就和经验值得充分肯定，但是也要看到我们存在的不足与问题，正视在全球产业链价值链竞争中面临的新挑战：

第一，从整体上看我国企业仍然较多地集中于全球价值链的低端和低附加值环节。改革开放以来，利用外资一直是产业升级的重要推动力，带来了外向型经济的大发展，直接推动我国出口结构实现了从农副产品为主向轻纺产品为主、再向机电产品为主和高新技术产品为重要方向的三大跨越，助推了我国制造业的不断升级。但是，我国产业仍主要集中在劳动密集环节，即使是高新技术产业也不例外，技术含量和附加值不高，总体处于全球价值链的低端和低附加值环节，即仍处于“微笑曲线”的中部和底部。随着我国要素禀赋结构特别是劳动力供求格局的变化，利用外资的结构以及在产业升级中的功能作用都面临新的挑战，加快转型升级势在必行。

第二，跨国公司是全球价值链的主导者和治理者，我国企业总体上处于被动不利的地位。我国最早是通过吸收外资嵌入跨国公司全球价值链的，这对我国扩大开放、参与经济全球化发挥了重要作用，随着我国经济技术水平和综合国力的提升，特别是产业升级，我国在全球价值链中的地位和利益趋于改善，但总体处于受支配的被动地位没有发生根本变化。以发达国家为主导的跨国公司是全球价值链的主导者和治理者，它们通过利用全球价值链和全球生产网络掌控了其高端环节，支配全球规则标准的制定，左右全球治理，掌握全球定价权、话语权，掌控全球资源和市场的能力不断增强。

第三，国内企业参与全球价值链程度较低，外商独资化趋势进一步降低国内企业参与度。不少国内企业对参与与外商投资企业的配套合作意愿不强，国有企业怕麻烦、民营企业怕失去独立性，影响了对跨国公司全球价值链的参与；一般实力强的龙头企业不愿意合资合作，只有实力弱小或者遭遇困境的企业才愿意加入跨国公司的价值链，其结果自然是中方在全球价值链中的发言权和影响力比较小。同样是以加工贸易方式参与国际水平分工、承接国际制造业转移，日本、韩国能够做到或最终实现以本土企业为主导，而我们只能长期处于附属地位。一个时期以来，外商独资化成为趋势，进一步降低了国内企业参与全球价值链合作的程度。

第四，国内中间品和其他配套产业参与度不足，增值率有待进一步提高。改革开放以来，外商投资企业加工贸易增值率总体是不断提高的，在 IT 产业和部分轻纺产业都形成了产业集聚，但很多情况下通常是外商投资自我配套居多，国内部分企业随后逐步加入，进入跨国公司供应链体系。但与发达国家比，我国增值率相对较低，特别是投资中间品产业形成了对日、韩的长期依赖，影响了外向型制造业的附加值提升，也限制了我国产业对全球价值链的参与和利用。

第五，国内生产性服务业落后，加大了对跨国公司价值链的依赖程度。由于研发设计、市场营销、物流供应链、品牌拓展等生产性服务差距很大，严重制约了我国企业在国内外市场上整合资源、布局产业、拓展市场、沟通信息、连接客户、创造价值、实现增值能力的提升，形成对跨国公司价值链的长期高度依赖。很多企业不能在与外商合资合作过程中成长、成熟，反而在“微笑曲线”的两端对外商依赖越来越深。生产性服务业落后事实上已经成为我国处于全球价值链低端的症结所在。

第六，我国现有招商方式及各地之间的盲目竞争不利于提升在全球价值链中的地位。总体来看，地方在我国招商引资、扩大开放中发挥了十分积极的作用，也要看到一些地方过于依赖优惠政策而不是改善营商环境来吸引外资，存在着盲目竞争，追求 GDP 增长和短期政绩，助长了这种风气。在招商引资方式上也就相应存在着“大呼隆”、“散乱差”等情况，不能按照国家整体方针政策和产业规划要求，以提高质量效益和优化结构为重点，无法做到以整体产业链投促取代单个项目投促，无法更好实现产业集聚和空间集聚，因此也不能促进国内企业更多融入全球价值链、提升与跨国公司的配套合作水平。

## 第三节 我国利用外资的新情况、新问题

当前，我国已步入全方位、多层次、宽领域的对外开放新阶段，利用外资的外部环境和内部条件发生了显著变化，利用外资出现了一些新情况、新问题。如何在要素配置日益全球化大背景下，进一步优化投资环境、创新利用外资方式、提高利用外资质量，促使外资在加快产业转型升级、推动全球价值链整合、深化体制改革中更好地发挥作用，成为我国对外开放领域中的重大课题。

### 一、“以市场换技术”的局限性增大

长期以来，国家一直将获得先进技术作为技术引进、利用外资的主要目的。20 世纪 80 年代中后期，国家提出“以市场换技术”策略，旨在通过有条件地对外商出让国内市场，换取跨国公司的技术转让，以提高产业的整体技术水平、优化产业结构。从理论上讲，外资进入主要从两个方面影响东道国的技术水平和创新能力：一是直接的技术转让和研发活动；二是由跨国公司技术转让和研发活动产生的各种溢出效应。关于“以市场换技术”的得失，仍有较大争议。客观评价这一策略的实施效果，对全面总结加入 WTO 影响、进一步调整利用外资政策具有现实意义。

#### 1.“以市场换技术”的积极作用及其局限性

总体来看，通过出让部分国内市场，吸引跨国公司投资，一定程度上促进了我国制造业生产能力的提高，扩大了国内市场规模；带动了我国产业结构升级及工业经济效益的改善；加快了我国技术进步的步伐，提高了我国制造业的整体技术水平；推进了贸易结构优化和出口竞争力提升；刺激了国内产业组织结构调整，产生了一定的竞争示范效应。

具体而言，从直接技术转让来看，在汽车、家用电器、计算机、通信器材、数控机床、仪器仪表、医疗器械、食品加工等领域，跨国公司投资企业或直接转让了技术，或带来了新产品和新工艺，促进了引进技术的消化吸收，使我国这些行业的技术和工艺在较短时间内缩小了与国外先进水平的差距。外资企业还带来了诸如图纸、操作方法、专利、商标、技术规程、产品标准和管理模式等“软技术”。近年来，国内市场竞争加剧进一步刺激了外资企业加快技术转让步伐，从

而在中国市场上获得长期竞争优势。

从技术溢出效果来看，外资进入对技术进步产生了一系列有益的间接效应：一是跨国公司使国内企业和消费者有更多的机会接触先进技术、设备和产品，提高了国内消费者、企业及相关研发人员对新技术、新产品、新管理方式的学习兴趣和模仿能力。二是面对跨国公司投资企业的竞争压力，国内企业纷纷加紧技术冲刺，内资企业的技术创新意识增强，研发投入力度加大。三是带动了为跨国公司配套的国内企业技术水平的提高。

外资进入的溢出效应还包括人员培训、人才流动、技术创新组织管理、各种层面的技术合作以及集群式研发等。这些间接的促进作用不仅有利于我国创新体系的完善，而且有利于我国技术和人才市场的成熟发展。

尽管外资进入对我国产业技术进步和结构升级作出了不可忽视的贡献，但跨国公司技术转让、研究开发活动及其溢出效应仍存在一定的局限性，主要表现在：部分行业出让了市场，却没有换回先进技术。一些行业跨国公司市场势力增强，行业技术主导权流失，核心技术外部依赖加剧；跨国公司技术转让的水平仍然偏低，而且以生产设备等硬件技术为主；跨国公司挤占了我国有限的创新资源和科研人才；受制于国内配套水平和产业关联，跨国公司技术溢出的范围有限，其实际效果有待进一步扩大和提高。

2.“以市场换技术”效果不理想的原因

第一，利用外资过程中毕竟存在“利益错位”。跨国公司不具有技术转移的天然动机，其技术转移安排要服从于全球战略和整体利润目标。出于维护竞争优势的考虑，跨国公司不可能大量转让高新技术和关键技术。

第二，“以市场换技术”这一策略虽然在特定历史条件下具有合理性和有效性，但这一策略本身存在内在的逻辑缺陷。技术进步是动态、持续的过程，出让市场获得了某一项技术并不等于能够拥有可持续的技术开发和创新能力。跨国公司进入在某一时段带来了新技术，但从存量技术到技术创新之间存在逻辑断层。

第三，作为这一策略制定的实施主体，内资企业在与大跨国公司谈合资和技术转让条件时，其博弈能力相对较弱。在引资谈判中，由于信息不对称，中方往往对外方技术的先进性缺乏准确的判断，而在地方和部门利益驱使下，不谈或少谈技术转让的引资项目屡见不鲜，导致跨国公司技术转让出现偏差。

第四，这一策略实行过程中缺少国家层面的整体设计和政策配套。虽然在利用外资产业指导目录中，对外资企业技术水平和技术转让有一定要求，但这些要求并未准确反映各行业技术发展和市场竞争的特点，主要以税收优惠刺激跨国公司转让技术，也未建立一整套技术转让水平的测评方法和考核方式。

第五，我国自身技术吸收与创新能力有限，对跨国公司转让技术的再开发和创新投入一直较低，一定程度上制约了跨国公司技术转让和技术溢出的效果。

第六，受制于经济发展水平和发展阶段，中国市场对高端技术的需求有限。实行改革开放初期，外资企业用并不先进的技术，甚至是发达国家市场上被淘汰的产品、工艺和技术就能轻松占据中国市场。这种需求层次决定了其转让先进技术的动力不足。

## 二、“外资偏好”及弱化趋势

### 1. 中国的“外资偏好”及其影响

随着利用外资规模扩大以及跨国公司对部分行业市场控制力增强，外资进入的一些制度效应逐步强化和固化。近年来，国内外一些学者开始注意到中国利用外资的制度依赖现象，认为从中央到地方，甚至部分内资企业都不同程度地存在“FDI 偏好”，并尝试运用经济学理论工具解读中国的“FDI 偏好”现象（黄亚生，2005；胡立法、唐海燕，2007；梅松、李稻葵，2008）。这些研究普遍认为根植于中国经济政治体制中的制度扭曲导致 FDI 在中国不仅扮演着实体资本跨国配置载体的角色，带动技术进步、产业结构升级、扩大出口和就业，而且还发挥了“体制纠偏”和推动制度变革的作用，而这种作用不断被放大则有可能导致中国经济对利用外资产生一定的路径依赖。

制度经济学认为，政府与个人同样具有特殊的偏好，这种偏好的形成往往基于那些能使政府以较低成本获得利益“最大化”的制度安排。FDI 之所以成为中国各级政府和国内企业的“偏好”恰恰是因为凭借自身的制度知识，在改革开放的特定环境下，FDI 有助于突破传统体制的制度扭曲。这些制度扭曲主要表现在三个方面（黄亚生，2005）：一是中国金融资源是按照政治上而非经济上的层级进行分配，民营企业在其初创期从国有银行获得信贷支持的难度很大。二是中国法律对私人投资和私有财产的保护力度不够。融资约束以及产权缺乏法律保障，使得民营企业愿意吸收 FDI 成为合资公司，从而在一定程度上缓解了上述两种扭曲。三是行政分割及地方政府之间相互竞争的格局，导致各级政府对 FDI 有很强的追逐动力。

随着国内“两缺口”矛盾缓解，高储蓄率和不断扩大的外汇储备规模本应使我国吸收外资的动力减弱，但“由于正规制度（Formal Institution）不健全导致政府与企业之间广泛地存在着双重道德风险，政府和国内企业都不能相互兑现自己的承诺，最终形成了低水平均衡。而 FDI 由于其流动性和全球影响力，与中国政府互为‘绑定’，在很大程度上降低了双方的道德风险，弥补了正规制度的缺陷，由此形成了高水平的均衡”。[①] 实际上，在一个制度健全、产权明晰的国家，政府与企业之间的道德风险即政府和企业违背承诺的风险是可以用法律等正规制度

① 梅松、李稻葵：《中国经济的 FDI 偏好——克服双重道德风险的创新机制》，《国际经济合作》2008 年第 2 期。

加以约束和限制的，而对于中国这样法制基础相对薄弱的发展中国家而言，政府和企业诚信缺失使得双重道德风险广泛存在，并损害经济运行的正常秩序。在这种情况下，为了实现经济增长的短期目标，就有必要寻求一些暂时性的、次优的制度安排方法，而 FDI 进入恰恰为解决双重道德风险提供了途径。这既是由于 FDI 的流动性使其对东道国政府信誉形成了某种全球化的评价标准，同时跨国公司拥有的国际化诚信体系使其比一般国内企业更倾向于践行对东道国制度的承诺。“在这一均衡下，外资企业更愿意进入中国，同时中国政府也欢迎外资企业的进入。这种相互‘绑定’的机制，相比政府与国有企业以及政府与民营企业之间的机制更有优势，因为它大大降低了原有体制内自然产生的道德风险，是对原有体制的改善。”①

具体而言，FDI 偏好在企业和政府行为中的表现有所不同。对于国有企业来说，即使不缺乏资金，也希望通过合资提升技术和管理水平；对于民营企业来说，与跨国公司合作，不仅解决了资本来源，而且身份转换使其降低了税负，摆脱了各种歧视待遇；而对于地方政府，尽管越来越多的地方已不再把“招商引资”作为评价官员业绩的指标，但在改革推进遭遇诸多困难，制度创新缺乏新思路，特别是企业跨地区重组障碍重重的情况下，扩大“招商引资”的规模成为地方政府保持经济增长、实现企业改制，增加就业为数不多的政策选择。

应该看到，即使在特定的制度环境中，FDI 偏好也只是一种次优的制度安排，因为 FDI 并不具备推动东道国制度创新的天然动机，其制度效应的形成是以东道国让渡部分利益为前提的，也势必以部分要素价格新的扭曲为代价。同时，在 FDI 偏好驱动下，地方政府对局部利益的追求不断强化。主要表现在强调行政效益甚于强调市场效益，将利用外资作为一项政治任务、政绩指标加以对待，政府直接出面招商引资，进一步增强了地方政府公司化的趋势。这一点在各级开发区政府中表现得尤为突出。然而，具有公司特征的开发区体制，比较适应外资数量扩张为主的要求，并不适应有选择地、比较自觉地吸收外资项目的要求（裴长洪，2005）。另外，FDI 偏好还在一定程度上加深了中国的二元经济结构。一是跨国公司提供的产品以城市居民消费为主，且跨国公司的产品一般价格和档次较高，跨国公司的这种投资结构和市场取向将拉大我国市场结构的二元级差，加剧市场分割（杨丹辉，2004）。二是 FDI 在促进中国经济非农化的过程中有可能加大农业与非农业的技术与就业差距，从而加深了二元经济程度（王海军，2010）。

2.“外资偏好”是否在弱化

另一个值得关注的现象是，近年来政府和企业具有的 FDI 偏好出现了不同程

① 梅松、李稻葵：《中国经济的 FDI 偏好——克服双重道德风险的创新机制》，《国际经济合作》2008 年第 2 期。

度的弱化迹象。特别是部分沿海发达地区的地方政府和开发区，迫于日益增大的产业转型升级压力，在当地外资存量已经较大、地方政府外资政策空间被压缩的情况下，近年来这些地方政府不断细化外商投资的进入条件，越来越多的政府设立了更为严格、全面的“招商选资”标准，特别是以长三角地区、珠三角地区为代表的东部沿海地区逐步提高了外资项目的门槛，设立了更高的技术、环境和土地标准。尽管我国的投资环境总体上不断优化，但这些争论和政策调整一定程度上影响着外商的投资预期，特别是一些技术含量较低、投资规模较小的外商体味到“由座上宾”到被下“逐客令”的巨大心理落差，开始向内陆地区转移，甚至从中国撤资。其中，一些投资规模小、技术含量低、污染严重的劳动密集型加工类的外商投资企业很难在经济较发达的沿海地区继续生存加快向中西部地区或周边国家转移。

同时，随着国民待遇的落实，改革开放初期外商投资推动制度变革的环境发生了很大变化，在日益开放完善的市场经济条件下，外商投资通过突破制度扭曲形成的创新效应有所削弱。与之形成鲜明对照，国有企业特别是大型央企不论资本实力、技术水平还是其更为紧密的政企关系、银企关系，都对地方政府具有更大的吸引力，而且尽管央企的分配机制并不比外企规范、收入水平也不必然高于外企，但其稳定性和灵活性要超出外资企业，成为越来越多高素质人才理想的就业选择。对于地方政府来说，国有企业的优势还表现在便于沟通、税收实惠、地方带动效应快等方面。[①] 随着国有企业和民营企业竞争力不断提升，将与外资展开更为激烈的资源和市场争夺，进而进一步扭转所谓的 FDI 偏好。当然，在国有企业改革并不彻底，体制机制仍存在一些沉疴痼疾，而民营企业道德风险未完全消除的情况下，地方政府由 FDI 偏好转向央企偏好，对中国产业转型升级和可持续发展并不见得就是福音，毕竟其转而追逐央企投资项目的动机仍有很深的制度扭曲背景，包括金融体系扭曲的顽症。

## 第四节　实行以全球价值链地位攀升为主的吸收外资战略

在世界进入全球价值链时代和中国经济加快转型升级的大背景下，我国的利用外资战略应该与时俱进，把推动国内产业向全球价值链中高端跃升作为主要目

① 作者在对广东、山东等地调研中发现，目前地方地府对投资规模大、利税高的国企项目的兴趣甚至超过了外资项目，大型央企成为各地新一轮招商引资的首选。特别是重化工业的国有大项目对地方政府的吸引力很大。

标，着力提高利用外资的质量效益，优化外资结构，强化外溢效应，继续发挥利用外资在我国全方位参与全球价值链分工与合作中的积极作用，努力实现内外资企业协同发展。

## 一、创新利用外资战略、提高利用外资质量的总体思路

近年来，随着工业化进程加快和经济持续快速增长，中国投资环境和吸引外资的区位条件发生了重大变化。一方面，更加开放的市场经济体制不断完善，日益融入全球分工体系，加之居民收入水平提高和国家扩大内需所激发出的巨大市场潜力，逐步取代优惠政策、低成本劳动力等因素成为吸引 FDI 特别是大跨国公司投资中国的重要区位条件；另一方面，过去 30 余年中，人口增速得到控制以及经济快速增长导致中国人均资本存量大幅提升，但如果从全球视角来看，虽然中国目前最丰富的生产要素仍是劳动力，人均资本的提升并没有从根本上改变中国劳动密集型产业的比较优势，但必须看到，随着中国人均资本存量的积累，资本密集型产业的比较优势将会不断提升。据测算，到 2015 年中国人均资本存量将是 2009 年的 2~2.5 倍，这意味着中国将成为资本较为充裕的国家。在这种情况下，我国是否还要继续扩大利用外资以及利用外资的类型和方式等问题引起了广泛的争议。一方面，随着我国利用外资规模的扩大，外商投资企业在我国经济生活中的地位不断提高，跨国公司对部分产业的控制增强，“我们是否需要这么多外资”“外资并购危及产业安全”等问题再度成为大家讨论的焦点；另一方面，一些实证研究相继得出了“外商投资技术转让效果不明显”的结论。在国家强调自主创新的情况下，继续大量吸引外资是否有悖于鼓励自主创新的政策导向？近年来，中央和地方的外资政策其实已经开始发生变化。两税并轨向外商传递了中国政府着力营造公平竞争市场环境的政策信号，跨国公司享受的种种超国民待遇将逐步缩减。那么，究竟应如何认识现阶段外资的规模和作用？

实际上，自我国对外资开放以来，关于利用外资规模的争论就一直不绝于耳。2004 年以来，“两税并轨”和对“自主创新”回归又引发了关于“中国吸收的外资是否过多了”的新一轮争论。此轮争论不仅涉及利用外资的规模是否过大，而且涉及外资对中国经济增长的正面和负面效应以及未来中国外资政策的调整方向等问题。一些学者认为，目前我国外资占国内资本形成的比重仍低于世界平均水平，我国吸收外资的相对规模并不大，应坚持扩大利用外资规模，而另一些观点则认为外资对中国经济的控制增强，今后经济增长应转向依靠国内积累为主。关于利用外资的这些争论及其周期性反复的特征反映出学术界对于外资进入阶段性变化以及对中国经济影响的理论思索。但这一轮争论还出现了一些新的特点，除了学者的关注之外，媒体也加入到争论之中。特别是对于一些外资并购案例的媒体解读形成了不利于跨国公司的舆论导向，不仅影响跨国公司对中国外资

政策的预期，而且还使地方政府造成了一些决策混乱。如前所述，我国利用外资规模持续扩大既是投资环境优化、区位优势增强的结果，“FDI”偏好的影响也不可忽视。

然而，近年来在外商投资规模保持持续稳定增长的情况下，FDI 占我国固定资产投资的比重呈明显下降趋势。20 世纪 80 年代，FDI 占全社会固定资产投资的比重较低，这一比值在 20 世纪 90 年代中期达到高点之后（1995 年高达 15.65%），进入 21 世纪快速回落。即使在加入 WTO 前后一段时间我国利用外资绝对规模急剧扩大的情况下，外商投资占全社会固定资产的比重却不升反降，原因在于 2002 年以来这一轮中国经济高速增长过程中，国内投资成为拉动经济增长的主力军，外资的作用则相对下降。

国内积累能力增强是导致外资在我国资本形成中地位下降的主要原因，特别是国际金融危机爆发后，国家扩大内需 4 万亿元投资的大手笔使得外商投资在资本形成中的作用进一步弱化。① 再从国际比较来看，尽管领域外商投资绝对规模居世界前列，但我国吸收 FDI 的相对水平并不高，主要表现在 FDI 占我国固定资产形成的比重远低于世界平均水平，不论与发达国家还是与发展中大国相比，均处于较低的水平（江小涓，2008）。目前，我国已经进入了资本双向流动阶段，不仅一直保持着最大的 FDI 发展中流入国，而且我国对外直接投资迅速增长，作为投资母国的地位持续上升。从宏观经济运行形势、市场前景、劳动力成本、产业配套能力以及基础设施条件等因素来看，我国利用外资总体环境不断优化，但受国外竞争和国内存量影响，未来一段时间，我国利用外资增长空间缩小，吸引外资的传统区位优势有所削弱，利用外资也将在经历了加入 WTO 的高速增长之后，进入平稳增长、调整提高的阶段。同时，利用外资与自主创新其实并不矛盾。我们既要认识到外商投资企业技术转让的局限性和有偿性，自主研发核心技术，掌控技术主导权，全面提升我国的产业技术水平，也要看到外商投资的多元化功能。伴随着外商投资而来的不仅是机器和设备，还包括技术、管理、企业家精神、人才等“一揽子”资源和大量“干中学”的机会。从这一角度出发，FDI 与通过国内积累形成的投资有质的差别，其资本形成效率一般要高于国内资本（江小涓，2002）。

因此，现阶段，争论我国外资规模是否过大的现实意义不大，外资规模终究取决于东道国的区位条件和跨国公司的战略决策，且具有自身发展变化的规律。无论从经济增长的现实需要还是从政策的连续性、稳定性出发，我国都应继续积极利用外资。任何“急刹车”的做法不仅不利于经济安全，而且还会有损我国长

① 汇率升值使折算成人民币的外商投资规模缩水，这也是导致 FDI 占固定资产投资比重下降的原因之一。

期努力树立起来的开放形象和国际声誉。今后，关键是要着力提高外资的质量。针对利用外资出现的新特点、新问题，创新利用外资方式，调整外资政策，进一步优化环境，完善立法，为内外资企业营造公平竞争的市场环境，从而刺激外资企业加大技术转让力度，由“以市场换技术”转为“以竞争换技术”，使外资为促进我国嵌入全球价值链、带动产业转型升级发挥更大作用。

随着全球化进程加快以及中国对外开放程度不断提高，外资进入中国的方式日益多元化。一方面，外资政策更加灵活，加大国内资本市场开放力度。其中，“十一五”期间，我国稳步实施合格境外机构投资者（QFII）制度，允许符合条件的境外机构投资者进入境内证券市场，加快境内证券市场开放。截至 2010 年 12 月，共批准 97 家 QFII 机构，投资额度共计 197 亿美元。另一方面，尽管中国资本项目仍未放开，但国际上的各类投资主体对中国经济普遍看好，并利用种种渠道（包括合法的和不合法的），大量向中国市场注资。根据国际金融学会（IIF）2011 年发布的一份报告显示，2010 年新兴经济体吸引了 9900 亿美元的私营资本，远远超出预测，主要在于中国和巴西吸引外来资本的势头十分强劲。其中，中国是最大的国际资本净流入目的地，约占新兴经济体吸引资本总量的 1/4。除了传统意义上的外国直接投资外，未来流入中国的投资还包括投向股票市场的外资以及银行间的资本流动。由于国际金融危机对全球资本市场格局造成了重大冲击，其实，自 2008 年以来，中国一直是国际私人资本最大的目的地，2010~2012 年私营资本净流入都在 2500 亿美元左右，将是巴西的近 2 倍，是印度的近 3 倍。资本大量流向中国新兴经济体一方面反映了这些经济体在全球经济中的地位上升；另一方面，则对我国资本市场扩大开放与加强监管提出了两方面更高的要求。如果宏观调控和监管体系建设跟不上，大量国际资本的流入特别是非实体投资将有可能引致严重的通胀压力和资产泡沫。

同时，随着外商投资结构不断优化，第一、第三产业吸收外资投向现代农业、商贸服务和民生服务领域的外资明显增多。第二产业中，不仅新能源、新材料、生物医药、节能环保等行业的外资日益形成规模，而且在华设立多种形式的研发中心成为跨国公司投资的热点。截至 2010 年，跨国公司在华设立的研发中心已超过 1400 家，比“十五”末增长近 1 倍。在外资研发中心中，从事先导技术研究的近 50%，已超过从事市场调试型研究的比重；60%以上的研发中心将全球市场作为其主要服务目标，这类投资与中国本土的技术、高端人才等要素结合得更为紧密，溢出效应显著，有利于推动本土要素结构的高级化。

另外，我国经济发展方式转变和产业转型升级的制约瓶颈之一在于服务业，现代服务业发展相对滞后，特别是信息、物流、证券、保险、中介等生产性服务业以及文化教育医疗等社会服务业的基础薄弱，而电信、银行、公共服务、社区服务等行业的政府管制较严，外资进入我国服务业仍存在不少障碍。由于这些领域的技术和投资特点与制造业存在差别，因此，制造业利用外资的方式及相关政策并不一定完全适用。要想实现经济结构战略性调整，重要的突破口之一也在于加快现代服务业升级发展。因此，必须全面考察新一轮以全球化为主要驱动力的服务业革命潮流，强化全球视野，把握世界范围内社会服务业发展的新趋势、新特征，将充分利用后发优势实现服务业开放跨越式发展作为转变发展方式的主攻方向。这就要求各级政府和相关部门积极探索符合服务业对外开放新形势的利用外资方式，拓宽利用外资渠道，以开放推动服务业的体制机制改革，提高服务业国际竞争力。总之，我国应根据国际资本流动的新趋势、新特点，结合国内发展条件和要素禀赋的结构性变化，坚持以全球视野创新利用外资方式，总结过去30余年利用外资的经验，牢牢把握利用外资的主动权，基于全球价值链地位不断攀升，着力提高利用外资质量，优化结构，全面利用外资的总体水平，从而在更大范围、更宽领域、更高层次上参与国际合作与竞争。同时，坚持在开放中创新，通过积极参与全球分工，引入国际上的优质资本、先进技术、先进理念以及最新的行业组织方式和商业模式，在全面开放中建设经济强国。

## 二、政策建议

第一，切实按照“科学发展观”要求，实施以全球价值链地位攀升为主的引资战略。新形势下，吸收外资仍是我国参与全球价值链分工与竞争的一条主线，我们有必要充分吸收过去成功经验，坚持积极有效利用外资方针，努力保持吸收外资的稳定健康发展势头。与此同时，必须以提高引资质量效益为中心，把促进全球价值链地位攀升作为重点政策目标，提升与跨国公司的战略合作水平，发展与外商投资的全方位合作关系，提高国内企业的参与程度，实现内外资企业协同发展，推动向价值链高端跃升。

第二，优化外商投资结构，扩大服务业吸收外资。密切配合国内经济结构调整和产业升级的需要，把招商引资的重点转到先进制造业和现代服务业上来，加大高新技术、知识经济、服务经济、新能源、生物医药等新经济领域招商力度。一方面，适应新工业革命趋势，推动我国制造业向高端升级，加快由“中国制造”向“中国创造”的转变；另一方面，更大程度地嵌入全球价值链服务端，强化“中国服务”，加快向服务经济转型步伐。

第三，进一步吸纳全球研发转移，促进开放式创新。我国已经成为很多跨国公司的重要研发基地，目前外商在华设立研发中心超过1800家，有的甚至把中国作为全球和区域研发总部。随着经济全球化和科技产业革命的推进，跨国公司全球价值链高端的可拆分性将进一步提高，研发全球化水平将不断提升，知识、技术、人才等研发资源的跨国转移进一步提速，中国发挥人力资源综合优势特别是规模巨大的高端人才优势，进一步承接全球研发资源转移面临宝贵机遇。我们应进一步优化营商环境，加强知识产权保护，吸引更多的跨国公司来华兴办研发中心和基地；同时，加大中方企业、机构参与及合作力度，加强中外协同，打造聚集全球创新资源和优势要素的平台，形成面向国际市场的开放式创新基地，实现研发功能的不断升级，更好地为打造产业升级2.0版服务。

第四，支持国内有实力企业与跨国公司建立战略联盟，提升全方位合作关系。跨国公司是全球价值链的掌握者，也是世界经济贸易、投资和技术创新的主导者，加强与跨国公司的合作应该是我们的长期方向。而现阶段与跨国公司在“引进来”方面的合作仍有很大潜力可挖：一是鼓励更多国内企业主动参与配套产业合资合作，嵌入全球价值链；二是引入战略投资者，推动国有企业的改革、改造；三是提升民营企业与跨国公司的合作水平，推动经营管理现代化、国际化；四是支持有实力的龙头企业与跨国公司建立战略联盟，提升战略合作水平，借此提升龙头企业的全球资源整合能力，创新商业模式，实施全球化战略，最终发展一批可以与国际一流巨头一比高下的跨国公司和知名品牌；五是支持国内企业与跨国公司在科技、文化、管理、服务等各领域的合作，发展全方位的合作关系。

第五，把各类特殊经济区、开发区办成实现全球价值链地位攀升的先导。我国各类特殊经济区、开发区通过加强产业集聚和区域集聚，实现了土地和资源的相对集约利用，成为外向型经济的先导区域，也是体制机制改革的先导区域，在“引进来”水平和产业升级方面总体走在全国前列，但仍有不少需要改进的地方：同质化低起点竞争仍然存在，在整体产业链价值链上的竞争力亟待提升；在体制政策上存在复归现象，制度优势下降，整体营商环境需要进一步改善；需要在专业化分工和差异化定位的基础上，进一步提升产业集聚和区域集聚水平，提高招商引资质量水平，优化引资结构。应该借力全面深化改革契机，允许经济特区、自贸区、经济技术开发区等先行先试，大胆改革创新，在推动我国全球价值链地位攀升上发挥先导作用，率先实现向全球价值链高端跃升。

第六，改进对外招商引资方式。抓住全球价值链重塑机遇，按照推动我国产业与全球价值链深度融合的需要，实现从点式招商为主导向注重整体产业链、价值链招商引资的转变。要以国家总体发展战略和产业规划为指导，以提升引资质量效益为重点，着力推动产业集聚，加强区域协调，优化区域布局，引导各地走专业化差异化发展之路，避免恶性竞争，最大限度提高全球资源整合水平，实现全面协调可持续发展。

第七，进一步改革引资体制，优化营商环境。继续下放外资审批权限，简化审批程序，扩大外商投资准入，保持外资政策稳定、透明、可预期，推动教育、文化、医疗等社会服务业领域有序开放，放开育幼养老、建筑设计、会计审计、商贸物流、电子商务等服务业领域外资准入限制，进一步放开一般制造业。建设统一公平高效的营商环境，深化流通体制改革，消除区域和行业壁垒，建立商品和要素充分自由流动的现代市场体系，改善政府公共和中介服务，使中国继续成为外商投资首选地，为加强与外商合资合作、提升质量水平、实现地位攀升打下更好的制度和环境基础。

第八，完善金融体系，有序、有条件地开放资本项目。利用外资方式多元化对国内金融体制改革和资本市场开放提出了更高的要求。目前，我国金融领域的市场化程度以及对外开放程度都相对滞后于贸易、投资等领域，银行等金融市场主体的经营机制及其监管体制不完善，国内利率及人民币汇率形成机制仍处于一种半市场化状态，致使利率和汇率的经济杠杆作用受到限制。全球化时代，随着符号经济的急剧扩张，一国的金融自由化与国际化程度已经成为衡量其对外开放水平的重要指标，同时也是体现一国驾驭国际经济关系能力的重要方面，金融领域改革开放滞后的状况已经一定程度上制约了我国服务业的开放发展以及产业转型升级，并为我国更广泛地开展国际经济交流与合作构成了障碍。特别是近年来在持续高涨的人民币升值的国际压力下，我国国内宏观经济调控与对外经济关系一再陷入被动或受到约束，金融领域开放的紧迫性日益凸显。我国金融自由化与国际化的终极目标在于通过有序、有条件开放资本项目，并成为国际金融体系的重要参与者和规则制定者。要实现这一目标，需要满足以下四个条件：一是保持宏观经济稳定；二是有充足的外汇储备；三是塑造市场化的、具有国际竞争力的微观主体；四是金融体系的持续深化。从我国金融领域的发展状况及其外部制度环境来看，我国目前已经基本具备了前两个条件，今后努力的方向将主要集中在创造后两个条件。首先，加快国有金融机构改革，优化其资产结构和经营范围，促进各种类型金融机构之间的有效竞争，提高金融机构特别是国有商业银行自我发展、抵御风险的能力。其次，进一步完善金融监管机制。随着利用外资方式多元化，金融监管的目标对象趋于多样化，监管范围也随之扩大。因此，有必要在资本项目开放之前，建立起高效、稳健的监管体系。资本项目适度开放不仅是创新利用外资方式、拓宽领域外资渠道的重要条件，而且也是直接影响我国宏观经济稳定增长的关键步骤。因此，必须采取积极而审慎的态度，兼顾政策的自主性与开放性，既要考虑到自身的发展目标和承受能力，又要充分了解国际上方方面面对我国的要求与期望。顶住各种不合理压力的同时，在制度建设和方案实施过程中，广泛吸纳有益的建议、帮助和经验，尽量减少金融自由化与国际化带来的震荡与冲击。

**参考文献**

Chadee D. and Qiu F. Foreign Ownership of Equity Join-Ventures in China: A Pooled Cross 2 Section-Time Series Analysis. Journal of Business Research, 2001 (52).

Oman C. Policy Competition for FDI: A Study of Competition Among Governments to Attract FDI. OECDm Paris, 2000.

李岚清:《中国利用外资基础知识》，中国对外经贸出版社 1995 年版。

江小涓:《中国经济的开放与增长 1980~2005》，人民出版社 2007 年版。

江小涓:《中国开放 30 年：增长、结构与体制变迁》，人民出版社 2008 年版。

曲建:《基于全球价值链角度的中国加工贸易转型升级》，中国经济出版社2013 年版。

王洛林:《中国外商投资报告》，经济管理出版社 1997 年版。

王建:《跨世纪发展中的利用外资战略》，中国经济出版社 1996 年版。

科斯、王宁:《变革中国：市场经济的中国之路》，中信出版社 2013 年版。

王子先:《中国对外开放与对外经贸 30 年》，经济管理出版社 2008 年版。

隆国强:《加工贸易——全球化背景下工业化新道路》，《国际贸易》2002年第 12 期。

刘丽娟:《外资研发中心嬗变》，《中国外汇》2013 年第 24 期。

江小涓:《中国的外资经济——对增长、结构升级和竞争力的贡献》，中国人民大学出版社 2002 年版。

杨丹辉:《全球竞争——FDI 与中国产业国际竞争力》，中国社会科学出版社 2004 年版。

桑百川:《外资控股并购国有企业研究》，人民出版社 2005 年版。

[美] 黄亚生:《改革时期的外国直接投资》，新星出版社 2005 年版。

张幼文:《新开放观——对外开放理论与战略再探索》，人民出版社 2007 年版。

裴长洪:《中国吸收 FDI——21 世纪初的状况与问题》，方志出版社 2008 年版。

王霞:《FDI 对中国制度变迁的影响——兼论中国的外资政策选择》，中国经济出版社 2009 年版。

艾华:《外资并购新政：经济全球化与经济民族主义的互动》，《国际贸易论坛》2006 年第 5 期。

李孟刚:《中国外资产业控制报告》，《中国国情国力》2006 年第 6 期。

金碚:《产业竞争力与产业安全》，《财经界》2006 年第 9 期。

胡立法、唐海燕:《政府因素与中国对 FDI 的需求偏好》，《世界经济研究》2007 年第 11 期。

梅松、李稻葵:《中国经济的 FDI 偏好——克服双重道德风险的创新机制》，《国际经济合作》2008 年第 2 期。

陈勇兵:《FDI 偏好、国内储蓄与中国经济增长——基于内生金融控制视角的一个解释》，《改革与战略》2009 年第 6 期。

朱彤、漆鑫、张亮:《金融扭曲导致 FDI 大量流入我国吗？——来自我国省级面板数据的证据》，《南开经济研究》2010 年第 4 期。

吴一平:《治理环境好的地区会吸引更多的外商直接投资吗？》，《南开经济研究》2010 年第4 期。

王海军:《FDI 与中国二元经济结构演化：一个动态实证分析的考量》，《技术经济与管理研究》2010 年第 6 期。

孙振坡:《FDI 的供求机制与竞争性非均衡配置》，《社会科学家》2010 年第 10 期。

邵永恒、张永庆、廉正:《跨国公司在华投资战略调整对中国产业发展的影响研究——以金融危机为背景》，《软科学》2011 年第 1 期。

戴钰：《开放经济条件下我国游资规模的测算研究》，《财经理论与实践》2011 年第 1 期。

汪春、杨晓优：《我国 1995~2008 年利用 FDI 质量的评估——基于因子分析法的研究》，《江西财经大学学报》2011 年第 1 期。

赵玉娟：《服务业 FDI、资本效应与经济增长——基于服务业 FDI、制造业FDI 和国内固定资产投资实证分析》，《财经问题研究》2011 年第 3 期。

杨丹辉：《全球化、国际资本流动与中国创新利用外资方式》，中国社会科学院重点课题研究报告，2011 年。

# 第六章　基于全球价值链的对外投资模式

## 第一节　调整对外投资战略对构建我国全球价值链的重大意义

### 一、国际资本流动的新趋势

1. 制造业跨国投资推动全球生产制造网络的形成

“二战”后，全球范围内制造业出现三次跨国转移大潮，制造业跨国投资、技术许可、合同制造推动了生产全球化，继传统的农业和自然资源跨国分工和贸易之后，工业也开始跨越传统民族国家界限，在全球范围内配置资源，跨国公司全球一体化生产网络逐步形成，为跨国公司价值链全球布局打下了重要基础。20世纪90年代以来，随着更多国家政府管制的放松和开放政策的实行，生产全球化深度和广度有了新的拓展，进入21世纪前后高新技术产业跨国转移和要素重组掀起新的高潮进一步推动了经济全球化。全球一体化生产制造体系的形成，把经济全球化推向新的高度，也为全球价值链的形成打下了重要基础。

2. 服务业跨国投资成为全球价值链拓展新推手

服务全球化和服务业跨国投资加快了全球价值链的拓展与升级。伴随着世界经济向服务经济的升级和知识经济的兴起，20世纪90年代以来服务全球化加速推进，特别是进入21世纪服务全球化成为经济全球化的主要标志，深刻地改变着各国经济技术产业及管理模式，也成为全球价值链拓展与升级的主导。过去，长期内初级产业及制造业一直是跨国投资的主体，到20世纪70年代初，服务业跨国投资仅占全球直接投资的1/4。此后，由于服务经济迅速发展，服务贸易和跨国投资的增速明显快于世界贸易和投资，服务业跨国投资占比超过制造业，目前服务业跨国投资存量占全球直接投资总存量的2/3。从20世纪90年代到2002年，服务业跨国投资存量翻了两番，占全球直接投资存量的比重由47%升至

67%。2002 年，服务业跨国投资流量为 4523 亿美元，约占当年全球直接投资总量的 70%。服务业跨国投资结构发生重大变化，知识密集型服务业和研发设计等高端领域海外投资发展迅速，跨国公司日益向更充分利用全球创新资源的自主扩张型转变，进一步推动了全球价值链向“微笑曲线”高端的升级。

3. 跨国公司作为国际资本流动主角的地位得以巩固

当今国际资本流动，特别是 FDI 的主角是跨国公司。跨国公司在资本、生产规模、技术、经营战略、管理手段以及销售网络等方面均具备较大优势，其触角遍及全球各个主要市场，成为带动世界经济增长的引擎，推动着“无国界经济”的发展。目前，约有 82000 家跨国公司及其 810000 家外国子公司在全球从事商品和服务生产。据联合国贸发会议统计，2009 年跨国公司的 FDI 存量超过 18 万亿美元，销售总额达 29 万亿美元。2009 年，全球外国子公司的附加总产值约占全球国内生产总值的 10%，总出口额约占全世界出口额的 21%。尽管增长速度低于 FDI 存量的增速，但跨国公司外国子公司的雇员数量自 1990 年起已增长近 3 倍，至 2007 年雇员人数达到 7982.5 万人。近十年来，服务业跨国公司（包括基础设施）的地位日益凸显。2008 年，全球 100 强企业中有 23 家是服务业跨国公司，而 1997 年仅为 7 家。尽管目前 FDI 总体上仍由发达国家的企业主导，但随着发展中国家跨国公司的崛起，这一现象正在改变。世界非金融跨国公司 100 强排行榜中，来自发展中国家的企业数量从 2004 年的 5 家增加至 2007 年的 7 家，成为推动国际资本流动的“新生力军”。

4. 跨国并购成为 FDI 的主要方式

近年来，传统绿地投资方式逐步缩减，而跨国并购则成为推动全球 FDI 增长的主要方式。尽管受国际金融危机的冲击，跨国并购出现了较大幅度的波动，但由于危机使得部分优质资产价格下降，也带动了投资者“抄底”的热潮。需要强调的是，FDI 流量增长在一定程度上受益于跨国公司盈利增加，利润增加推动股票价格上升，进而提高跨国并购的交易金额，驱使跨国并购占 FDI 流量比重不断提高。2010 年全球跨国并购交易金额达到 8083 亿美元，较 2009 年上升 72.5%，所占 FDI 比重超过 60%。与 20 世纪 90 年代后期的并购热潮不同，在此轮并购中交易多数由现金和借贷支付，而非通过换股实现。其中，100 亿美元以上的特大型交易频现。同时，由于石油、矿产品等国际大宗商品价格攀升，采矿、能源等行业成为新的并购热点（见表 6-1）。

**表 6-1 近年来全球跨国并购成功案例**

| 年 份 | 收购方 | 被收购方 | 交易金额 | 所属行业 |
|---|---|---|---|---|
| 2005 | 雪佛龙 | 优尼科 | 178 亿美元 | 石油 |
| 2006 | 淡水河谷 | 加拿大英可公司 | 170 亿美元 | 采矿 |

续表

| 年份 | 收购方 | 被收购方 | 交易金额 | 所属行业 |
|---|---|---|---|---|
| 2007 | 苏格兰皇家银行、富通银行和西班牙国际银行 | 荷兰银行 | 980 亿美元 | 银行 |
| 2008 | 力拓 | 加拿大铝业集团 | 381 亿美元 | 采矿 |
| 2009 | 埃克森美孚 | XTO 能源公司 | 410 亿美元 | 天然气 |
| 2010 | 大都会人寿 | Alico | 155 亿美元 | 保险 |
| 2011 | 巴里克黄金公司 | Equinox Minerals | 76 亿美元 | 采矿 |

5. 私募基金和主权财富基金成为国际投资的重要主体

私募基金早在 20 世纪 40 年代就已出现，但近年来私募基金在全球资本市场上日益活跃，特别是私募股权投资规模一直呈现扩大趋势。1969 年私募股权承约额仅为 23 亿美元，而到 2008 年已达 6285 亿美元，其中越来越多的资金被用于跨国并购。据世界投资报告（2010）统计，由私募基金主导的跨国并购金额已从 1996 年的 420 亿美元上升至 2009 年的 1060 亿美元，占全球跨国并购总额的比重也从 1996 年的 16%上升至 2009 年的 19%（见图 6-1）。不断出现的大手笔跨国收购使私募基金的投资活动十分引人瞩目。如 2006 年美国 KKR 基金斥资 30 亿美元收购澳大利亚的 Seven Network 有线电视台；2007 年美国瑟伯勒斯私募基金公司出资 74 亿美元从德国戴姆勒公司手中接手克莱斯勒汽车公司等。由于全球利率水平的普遍下降，私募基金和其他财务资本迫切需要寻找新的增值领域。目前，这些私募基金开始广泛搜寻有增值价值的并购对象，待收购的资产升值后再转手出售，并且大大缩短了其在东道国的经营周期，一般仅为 5~10 年。私募基金已经逐渐成为跨国并购中的重要主体之一。

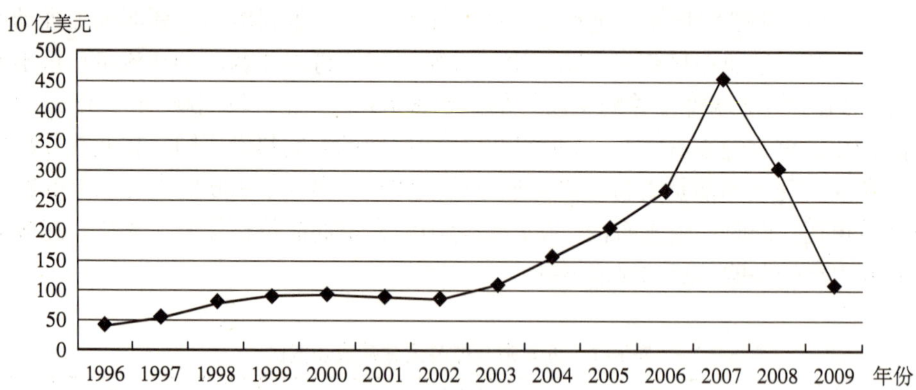


**图 6-1 私募基金主导的跨国并购交易额**

资料来源：根据历年世界投资报告整理。

主权财富基金作为国家的资金运营部门，早在20世纪50年代就已出现，但直到近年来通过参与一些较大规模的跨国并购，才引起越来越多的关注。如2006年阿联酋迪拜投资集团出资4.9亿美元收购希腊Marfin投资集团；2007年新加坡政府投资公司以4.5亿美元收购美国芝加哥国际酒店；阿联酋迪拜国际金融中心出资4.5亿美元收购英国Smart Stream软件公司等。目前，主权财富基金主要集中在西亚、东亚、东南亚和大洋洲等外汇储备较多的国家和地区。依托长年积累的贸易顺差，这些国家建立起资金实力较为雄厚的主权财富基金。截至2009年，全球主权财富基金总管理资产已达3.15万亿美元。主权财富基金的风险承受能力和预期收益往往高于货币当局管理的传统官方储备，具备更高的经营效率。尽管从总量上看，主权财富基金以FDI形式进行的投资规模仍相对较小，2007年主权财富基金的总资产中仅有0.2%与FDI相关，但其增长态势显著。近20年来，主权财富基金共向海外投资390亿美元，而其中有310亿美元集中于2007~2010年。同时，主权财富基金约75%的直接投资投向发达国家，并主要集中于服务业。另外，由于国际金融危机对发达国家金融资产造成严重冲击，“抄底”的机遇也推动主权财富基金近期的收购。尽管在2007~2010年，主权财富基金对银行业的投资普遍受到东道国欢迎，但也引发了一些负面声音。以国家安全为由，要求对主权财富基金投资实施监管限制的呼声日益高涨。目前，国际上仍然缺乏针对主权财富基金投资的指导原则和方针。待各种原则方针落实之后，可预计主权财富基金会在国际资本流动中发挥更大的作用。

6. 各国在继续实行自由化的同时也加强了管制

目前，国家投资制度继续向更有利于外国投资的方向发展。发展中国家通过降低公司所得税等措施努力促进和扩大本国投资，并对特定行业采取进一步的自由化政策，政策范围普及专业服务、电信、银行和能源等行业。各种国际投资协定的数量继续增长，截至2009年年底，总数达到5939项。其中，双边投资条约2750项，双重征税条约2894项，载有投资条款的自由贸易协定和经济合作安排295项。缔约活动的重心已从双边贸易协定转变为自由贸易协定，重新谈判现有双边贸易协定的趋势也在继续。然而，这种投资自由化安排在行业间存在差异。在涉及一些被认为具有战略性重要地位的行业中，不利于FDI的政策数目持续上升（见图6-2）。如在采掘业和能源业，出现了针对外国所有权的限制措施，或者出台了确保国内企业占有更多份额的新措施。另外，美国和俄罗斯等国均实施了更为严格的规定，限制潜在影响国家安全的外商投资项目。如在俄罗斯，外国投资于国防军工和采掘业等国家重要产业均受到限制，在采掘业中只允许外资持有少数股权；玻利维亚政府通过签署新合同迫使跨国公司将石油开采和储备的所有权归还给玻利维亚国家石油公司；委内瑞拉对其能源和电信等战略性产业实施国有化等。此外，金融危机也在一定程度上驱使国家间保护主义抬头。一些为应对危机而采用的政策措施（如国家救助方案、经济激励“一揽子”计划等）会对FDI流动和跨国公司的业务造成直接影响。部分政策措施通过援助国内投资者，或者阻碍投资流出以便将资本留在国内，可能导致投资方面的保护主义。同时，一些国家开始运用国际规则中的漏洞，“变相”歧视外资企业。如美国制定出购买本国产品的政策，在政府采购中青睐“国内”含量高的产品。

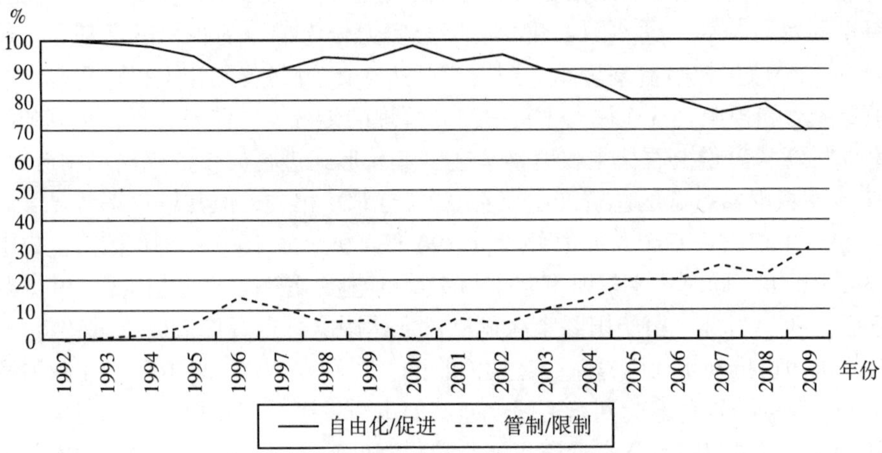


**图 6-2　1992~2009 年世界范围内外资政策的变化情况**

资料来源：《世界投资报告 2010》，第 76 页。

## 二、调整对外投资战略的重要意义

1. 实施“走出去”战略为我国参与全球价值链合作提供了新的重要渠道

自 2000 年我国实施“走出去”战略以来，取得了重要成就，对外直接投资进入快速增长阶段，从 2002 年的 9.8 亿美元（2002 年以前统计为中方协议投资额，无法比较）增至 2013 年的 1078.4 亿美元（见表 6-2）。目前，我国已经成为世界第三大对外直接投资国。各类企业主体国际化经营水平提高，进入全球主要产业领域，我国参与全球价值链程度也由此得到提升，华为、海尔、联想等一批企业正在成为新兴的跨国公司。联合国贸发会议也高度评价中国对外投资令人瞩目的高速增长，中国也被列为最有前途的外国直接投资来源地（联合国贸发会议，2013）。但是，总体来看，对外投资没有改变我国在全球价值链上所处的中低端位置。

2. 我国加快调整对外投资模式势在必行

联合国贸发会议认为，到目前为止，我国企业对全球价值链的参与，更多地仍限于对外国跨国公司价值链的参与与适应，而且仍较多地集中于全球价值链的低端和低附加值环节，没有改变跨国公司主导的全球价值链竞争格局。他们为此

表 6-2　2003~2013 年中国对外直接投资额

单位：亿美元

| 年　份 | 对外直接投资 |
| --- | --- |
| 2003 | 28.5 |
| 2004 | 55.0 |
| 2005 | 122.6 |
| 2006 | 211.6 |
| 2007 | 265.1 |
| 2008 | 559.1 |
| 2009 | 565.3 |
| 2010 | 688.1 |
| 2011 | 746.5 |
| 2012 | 878.0 |
| 2013 | 1078.4 |

注：2003~2005 年数据为中国非金融类对外直接投资数据，2006~2013 年为全行业对外直接投资数据。
资料来源：《2013 年度中国对外直接投资统计公报》。

建言，中国应积极调整原有的“走出去”模式，确定以建立自己的全球价值链为核心的对外投资战略（联合国贸发会议，2013）。这是比较客观中立的估计，说明目前对外投资在我国参与全球价值链布局与治理方面的作用还比较有限，不论是政府/行业还是企业尚未将通过海外投资推动全球价值链优化重组放到重要位置，其重要功能作用未得到充分发挥。具体而言，对外投资质量/结构/布局和治理上仍然存在很多问题和不足，加快调整对外投资模式势在必行。

3. 现阶段我国调整对外投资战略模式意义重大

加快调整对外投资模式对我国提升在全球价值链上的地位具有多重意义：一是有利于我国开辟全球资源深度整合新渠道，打造聚集全球优势要素新平台，从总体上提升我国全球范围内优化配置资源的水平，显著提升对外开放的质量效益；二是通过优化投资结构更多嵌入研发设计/物流供应链/市场营销等全球价值链高端环节，推进我国在全球价值链上的地位攀升；三是更好地服务于我国经济产业转型和对外经济战略，开拓海外市场，优化市场布局，推动海外投资产业和空间集聚，重塑我国的全球价值链体系；四是有利于培育自己的跨国公司/知名品牌和国际化经营主体，逐步改变发达国家跨国公司高度主导全球价值链的被动局面，扩大我国企业的话语权和影响力；五是更多地支持有实力的龙头企业实施全球化战略，与国际一流企业建立战略联盟与全方位合作，与国际通行规则接轨，融入世界主流商业模式，推动从技术到产业和管理的全方位创新，将大幅提升我国企业核心能力；六是适应全球价值链向技术/知识密集端升级的趋势，有利于建立开放式创新体系，打造全球化合作式创新平台，更多吸纳国际技术/知识和人才，创造国际创新优势。

## 第二节 我国参与全球价值链重塑的主要途径与对外投资模式调整

### 一、产业国际化的一般途径：四阶段国际化路径分析

按照产业技术链条上的“基本制造能力、代工设计能力、核心产业技术、产业尖端技术”四个环节，可以将产业国际化的一般路径分为四个阶段，分别是国际学徒、国际工人、国际专家、跨入产业领导者行列，显示出产业技术水平在国际范围内依次实现的学习、掌握、理解和创造四个逐步提升的阶段和过程（见表 6-3）。

**表 6-3 我国优势产业国际化基本路径**

| 阶 段 | 国际化要解决的产业发展的问题 | 形 式 | 案 例 |
|---|---|---|---|
| Ⅰ. 在本土利用国际资源 | 国际学徒：形成基本的制造能力 | OEM 贴牌生产：知识溢出 | 运输设备（汽车） |
| Ⅱ. 在国外获得和利用国际资源 | 国际工人：具备代工设计能力 | ODM 代工设计：“干中学”、技术购买 | 通信电子设备制造 |
| Ⅲ. 集聚全球高端产业要素 | 国际专家：掌握部分核心技术；控制渠道 | OBM 自主品牌：模仿创新研发 | 机械设备制造 |
| Ⅳ. 整合全球资源 | 跨入产业领导者行列：进入技术前沿、拥有尖端技术 | IBM 国际名牌：自主创新研发 | 家电产业 |

1. 阶段Ⅰ：国际学徒——在本土利用国际资源

这一阶段，产业生产能力开始进行国际再配置，即生产能力包括加工组装能力和各类制造能力开始从发达国家向后起国家进行国际转移，发展中国家的低成本生产优势开始显现。在这一过程中，产业国际转移过程的主要动力是相对较低的要素成本，即以低成本的土地、自然资源、劳动力以及低标准的环境保护要求，吸引发达国家将产业链中的低、中端生产环节转移。这一时期产业在价值链活动上涉及最低层次的组装、制造和模仿生产活动，其核心能力仅在于生产的高效率和低成本。因此，产业的生产技术处于较低水平，缺乏核心的产业技术，产业核心能力的不可替代程度很低。行业中存在恶性的价格竞争，产品档次低、附加值也低，整体利润较低。行业中的企业规模普遍较小，资金和人才等要素严重

不足，其技术和市场都由其国外委托企业控制。市场上除了贴牌产品以外，自有产品基本上是仿制国外的过时品种，而且往往具有偷工减料（因陋就简）的缺陷。所以，处于这一发展阶段的产业，即使是质量相对较好的出口产品也只能摆在国外的低档商店。因此，这一转移过程的市场表现是，中国制造的产品品牌形象“质次价低”（金碚，2012）。

2. 阶段Ⅱ：国际工人——在国外获得和利用国际资源

这一阶段，后起国家和地区产业的生产设备和技术能力开始进行国际再配置，即先进的制造设施和高水平的技术工人开始从发达国家向后起国家和地区进行国际转移，从而使后者拥有了较高技术水平的生产优势。上述国际转移过程的动力因素主要有两个：一是企业通过积累资金而实现的设备投资（特别是先进设备国际采购）实力；二是形成并完善工程技术人员和熟练技能工人的教育培训体系。同时，这一阶段产业竞争的特点是激烈的成本—价格竞争和质量—规模竞争，使得产品具有很高的性能—价格比。因此，在这一阶段，我国制造的产品品牌形象从质次价低转变为物美价廉，越来越多的“Made in China”产品成为世界各国一般民众日常生活不可缺少的产品。然而，这一时期虽然产业相关产品的质量获得很大提高，但产品附加值不高、价值增值能力有限；生产工艺水平落后发达国家企业的程度较大，不可替代程度依然很低；模仿国外同行而长期积累的设计与研发能力，具有显著的路径依赖特征，限制了自主研发的能力；产业中的相关企业缺乏自有品牌的运营能力，产品生产企业真正的获益并不高。

3. 阶段Ⅲ：国际专家——集聚全球高端产业要素

这一阶段，后起国家和地区产业的研发创新能力开始进行国际再配置，即研发活动的主体开始从发达国家向后起国家和地区进行国际转移，使后者成为国际研发基地，具有核心技术的创新实力。这一转移过程的动力主要来自于新兴经济体社会环境整体水平的提高，创新体制和创新文化的形成以及产业技术水平接近世界前沿三个方面。对于发达国家特别是跨国公司来说，这是制造业的“根系移植”，而对于我国来说则是攀登优势产业的制高点。这一时期，我国优势产业的生产技术已经十分成熟，部分产业开始掌握核心技术，处于较高水平。产业中国际化的企业主要采用 OBM（Own Brand Manufacturing）——自有品牌制造，即国内企业形成自己所有的独立品牌，参与国内市场和国际市场的竞争。这一时期产业相关产品的档次高，具有较高的附加值，处于价值链上较高层次。产业竞争的特点以培育自主品牌为主。市场表现为我国生产产品的品牌形象成为高新精品，越来越多的“Made in China”产品成为领先和时尚性产品。然而，与此相伴随的是产业面临的巨大经营风险。首先，企业要建立自有的营销渠道并同时提供优质的售后服务，就需要大量的资金来开拓产品市场，从而会面临巨大的资金风险；其次，由于企业的产品升级途径主要来自于代工与模仿，企业自身缺乏明确的品牌定位，容易与跨国公司产品产生恶性竞争，从而面临巨大的市场风险；最后，由于产品创新依赖于国外产品发展路径，同时在自主品牌建设的初始阶段企业也常常采用低价策略，致使消费者将其产品锁定在低端水平上，影响了自有品牌产品的形象定位，同样会面临品牌风险。

4. 阶段Ⅳ：跨入产业领导者行列——整合全球资源

这一阶段，我国产业的品牌优势开始进行国际再配置，即体现了综合优势积淀和技术文化实力的产品品牌开始从发达国家向我国进行国际转移。这一转移过程的动因主要表现为经济、技术、文化等方面综合优势的形成以及对消费者“心理征服”战略取得成功。对于发达国家特别是跨国公司来说是制造业的彻底的“改换门庭”，对于我国来说则是工业强国地位的稳固。这一时期，我国产业的技术特征是获得了部分优势产业的技术控制力，特别是部分优势产业具有了核心技术的创新能力。产业中的国际化企业主要采用 IBM（International Brand Manufacture）模式——国际品牌厂商，即指拥有自主品牌的国内企业扩张国际市场，发展成为拥有很高知名度的国际品牌企业的运营模式。由此可见，一旦进入这一阶段，我国优势产业不仅掌控技术前沿，拥有尖端技术，而且能够创造出更高的产品附加值，具有很高的国际竞争力。这一时期产业相关产品具有很高的品牌声誉和附加值，产业竞争突出表现为差异化竞争和“后制造”竞争。市场表现为我国制造的产品品牌形象成为“优质名品”，成为使用者不可替代的选择。但是，这一阶段也存在许多问题。首先，在国际产品市场上存在显著的文化差异，由于缺乏相关的国际市场运营经验，许多国内企业都交足了学费，付出了昂贵的代价；其次，由于缺乏必要的国际化经营人才、不熟悉国际产品市场特点，导致自身产品质量得不到国际市场的最终认可和肯定；最后，自有品牌受品牌原产地形象的限制程度很大。

纵观产业国际化的途径，各个阶段都具有自身鲜明的特征。总体来说，具有以下四个特点：一是合作研发是产业国际化初始阶段厂商提高产业技术水平的有效手段。产业中的中小企业可以通过与跨国公司、竞争对手或科研院所等公司和组织建立研发同盟来逐步提高自身研发能力。二是通过代工与模仿而长期积累起来的生产和研发能力，容易形成对代工或模仿对象的路径依赖，在全球价值链分工体系中处于被支配的地位。因此，要积极采取各种办法，打破这一路径限制。三是详细了解本国市场资源和环境的具体情况，通过不断提高自主品牌产品质量，来打造产品在国外市场的知名度，从而有效积累品牌市场建设的正反两方面经验，为创建国际品牌建立基础。四是积极开展对外直接投资，创新对外投资模式，通过采取合作或合资方式，有效降低国际市场上的文化和意识形态冲突，最终形成具有很高知名度的国际品牌。

## 二、我国产业国际化的主要模式及进展

在经济全球化蓬勃发展的今天，我国一些已经具备国际竞争优势的产业面对新一轮国际产业转移的历史机遇，如何构建、延展全球价值链，充分利用全球资源参与国际市场竞争，成为我国优势产业国际化发展中面临的关键问题。其中，对国际化模式的选择问题更是重中之重的核心问题（见表 6-4）。

表 6-4　我国优势产业国际化五种模式

| | 全球本土化型 | 科研国际合作型 | 海外并购型 | 战略合作型 | 海外资源拓展型 |
|---|---|---|---|---|---|
| 产业案例 | 家电：海尔集团 | 生物：华大基因 | 机械：三一重工 | 通信：华为公司 | 钢铁：宝钢 |
| 行业位置 | 全球大型家用电器第一品牌 | 全球最大基因工厂 | 亚洲第一，世界第三 | 全球十大最有影响力的公司 | 全球最受尊敬的公司 |
| 开始时间 | 1998 年 | 1999 年 | 1994 年 | 1987 年 | 1985 年 |
| 所处阶段 | 自主品牌建设—国际品牌形成 | 品牌国内创立—品牌国际知名 | 海外建厂—海外并购 | 产品国际化—营销国际化—市场国际化—全球研发和人力资源国际化 | 海外办钢厂 |
| 基本特征 | “全球本土化”战略：①产业生产本土化；②产业产品本土化；③产业研发本土化；④产业管理本土化 | “研发合作国际化”战略：以科研项目国际合作为主导、以科学研究国际化、产业发展国际化和人才培养国际化三位一体的国际化模式 | “海外并购”战略：①技术快速升级；②市场渠道快速扩张 | “国际合作型”战略：依托战略合作伙伴，逐步实现产品国际化、营销国际化、市场国际化以及全球研发和人力资源国际化 | 从“海外买矿—运回国内生产—转销海外”的本土化运作，向“资源地生产—海外销售”的全球化布局转型 |
| 关键问题 | 关键是将企业产品真正地融入海外市场，成为当地人民眼中的本地知名品牌 | 紧跟海外市场产业技术的世界前沿，通过成为产业的世界领导者来实现自身的国际化发展 | 在于并购时机的选择、并购以后的企业资源整合 | 不断提高核心产品竞争力、提升品牌国际形象，在全球范围构建起完善的核心技术研发体系 | 关键是在世界范围内广泛地寻求资源，并在国际化过程中打通产业链 |

1. 全球本土化型国际化（Glocalization）

“全球本土化”最早是由日本经济学家在 20 世纪 80 年代提出的，强调将产品或服务推广到全球其他地方时，需要设法与当地的本土文化结合，这样成功的概率就更大。Roberson 指出“全球本土化”就是普遍化趋势和个性化趋势的同时存在。产业领域的全球本土化型国际化模式是指最大限度地使用海外市场的技术、人才和资源等各方面优势，形成要素资源在全球范围内重新进行优化配置与整合，进而保证所建立的海外基地发挥最大作用。其核心问题是将企业产品真正

地融入海外市场，成为当地人民眼中的本地知名品牌。从内容上看，这一国际化模式的发展战略涉及从产品生产、设计、营销到企业运行管理的各个环节，主要表现在四个方面：生产本地化、产品本地化、研发本地化和管理本土化。①产业生产本土化是这一国际化模式的早期特点，是指在海外建立生产工厂，开始进行本土化生产，并以此形成产品本土化发展的基础。②产业产品本土化是这一国际化模式的基本目标，是指在全球本土化进程中，注重通过设计个性化产品来适应当地需求，满足具有不同区域文化特征的本地需求来占领当地市场。③产业研发本土化是这一国际化模式的核心环节。即产业在不断地国际化扩张过程中，充分利用海外市场当地的高端科技人才以及不同地域具有的不同科技优势，保证对海外当地市场需求的捕捉力，并能够有效转化为个性化产品进行生产。④产业管理本土化是成功实施这一国际化模式的关键。在将生产、研发、营销等经营环节设在海外之后，为了保证产品经营的有效运转，国内企业的管理方式也必须采取“全球本土化”战略。具体来说就是为了从根本上避免因为文化差异所造成的管理方式错位，在保持和发展海尔原有企业文化的同时，采取尽量选择本土职业经理人对当地企业进行经营管理的原则，然后根据当地市场文化特点进行必要调整。

2. 科研国际合作型国际化

科研国际合作型国际化模式是指在科学发现、技术发明和产业发展协调统一过程中，即在坚持科学发现带动技术发明、技术发明推动产业发展以及产业发展支撑科技发现的循环发展过程中，形成以科研项目国际合作为主导、以科学研究国际化、产业发展国际化和人才培养国际化三位一体的国际化模式。最大限度地使用海外市场在科研项目合作、技术发明合作、产业发展合作和人才培训合作等各方面优势，形成自身在全球市场上的领导地位。由此可见，以“合作全球化”战略为导向的研发合作型产业国际化模式，其成功的关键是紧跟海外市场产业技术的世界前沿，通过成为产业的世界领导者来实现自身的国际化发展。具体表现在四个方面：①通过科研项目国际合作，立足产业科技的世界前沿。以新兴产业发展趋势为向导，依据自身技术优势，立足产业科技发展的世界前沿领域，坚持以科研项目国际合作为主导，积极参与国际顶尖研发机构的研发项目或国际化合作研发项目，通过取得开创性的世界级科技成果，促进相关产业发展。②科学研究国际化。开展各种国际研发合作，取得更多产业技术发明。特别是在对外项目合作中，突出以国内为主、以基础创新为主、以促进产业发展为主的原则，尽可能地在国际研发合作中起主导作用。③产业发展国际化。在国家宏观“走出去”战略的支持下，通过积极开拓海外科技服务市场，加速自身产业的国际化发展。④人才培养国际化。通过与国外学术科研中心建立联合培养博士项目计划，积极开展人才培养的国际合作。

3. 海外并购型国际化

海外并购是指一国跨国企业为了某种目的，通过一定的渠道和支付手段，将另一国企业的一定份额的股权直至整个资产收买下来的经济行为。其中，渠道包括并购的跨国企业直接向目标企业投资，或通过目标国所在地的子公司进行并购两种形式；支付手段包括支付现金、从金融机构贷款、以股换股和发行债券等形式。进入 21 世纪以后，我国优势产业国际化过程中，越来越多的领袖企业开始放弃以前主要采用的“绿地投资”的方式，越来越多地采用跨国并购的方式，并且并购规模很大，在世界上产生了重大的影响力。可以说，海外并购是我国优势产业获得战略资源和提升产业国际竞争力的有效途径（Deng，2009；Child，2005）。首先，我国企业通过海外并购可以提升研发能力、技术水平、品牌知名度；其次，通过海外并购可以获得能源和矿产资源；最后，通过海外并购可以提升管理技能和销售渠道。可见，海外并购型国际化模式是我国优势产业中领袖企业国际化发展的重要方式。

4. 战略合作型国际化（跨国“联姻”模式）

战略合作型国际化模式是通过依托战略合作伙伴，借力合作伙伴一系列先进的国际管理模式和方法进行流程再造，主要从产品国际化、营销国际化、市场国际化以及全球研发和人力资源国际化四方面入手，在全球范围构建起完善的核心技术研发体系，不断提高核心产品竞争力、提升品牌国际形象。因此，战略合作型国际化（跨国“联姻”模式）也成为一种主要的产业国际化模式。从内容上看，这一国际化模式的发展战略主要表现在四个方面：①产品国际化阶段。通过代理国外领导企业的优势产品在国内市场的销售，实现企业的初步发展。②营销国际化阶段。通过巧妙的营销推广策略和国际绿色经营来宣明它的品牌潜力和提升国际品牌口碑，并依托动态市场联盟和标准联盟扩大其在电信行业的影响力，逐步树立起行业主导者的形象，在竞争激烈的市场中确立自身的地位。③市场国际化阶段。通过与当地著名的代理商合作、与全球领导企业成立合资公司，使用代理商、战略合作伙伴在海外本地市场的知名度以及销售渠道，实现产品市场的国际化。④全球研发和人力资源国际化阶段。与全球领导企业以及顶级运营商合作成立联合研发中心。以技术大投入为基础，依托技术联盟合作，全面实施研发全球化战略。

5. 海外资源拓展型国际化

海外资源拓展型国际化模式是指国内优势资源型产业利用海外资源和国内生产能力开拓资源所在国市场。从发展的趋势上看，这一类型的国际化模式未来应从单纯的海外资源型投资转向全球化布局。即应从“海外买矿—运回国内生产—转销海外”的本土化运作，向“资源地生产—海外销售”的全球化布局转型。

## 三、我国企业嵌入全球价值链的途径选择

当前，我国企业通过对外投资更多嵌入跨国公司全球价值链乃至进入某些高端环节有多种多样的选择，具体有以下途径：

途径一：将现有某些重要生产制造环节、工序和流程向国外转移和拓展，延伸全球价值链布局，扩大全球资源整合范围。“中国制造”告别低成本时代，面临资源、环境、劳动力、成本和汇率等全方位压力，随之出现沿海劳动密集型产业向内地和周边国家的转移。可以想象，随着中国人均收入水平的进一步提高，像其他先行国家一样制造业向全球转移与扩散成为长期必然趋势。本书认为，从长期看，“中国制造”的“一家独大、自我平衡”是不可能的，“中国主导、全球制造”是必然之选。在产能过剩问题突出情况下，这显得更加迫切。我们认为，同样也不需要“全产业链”走出去，重复“大而全”“小而全”之路，而是应该根据全球价值链分工原则通过调整对外投资模式把现有的一些重要工序、流程和环节向海外拓展，发展新式增值贸易和出料加工贸易，延伸全球价值链布局，以一些关键节点先行带动全球资源整合范围的稳步扩大，取得最大的投资增值和收益，同时防止本土产业空心化，保持“中国制造”的主导地位。

途径二：通过跨国并购、股权合资、战略联盟等多元化途径嵌入跨国公司全球价值链网络。跨国公司的全球价值链并非铁板一块，印度众多的民营企业就是通过跨国并购、战略联盟等方式与欧美跨国公司进行了高层次的合资合作，甚至嵌入全球价值链的高端环节，实现了经营管理的现代化以及与国际规则的接轨，其全球化经营取得巨大成功。我国对外投资仍然处于高速增长的机遇期，应该鼓励和支持各类有实力的企业大胆“走出去”，像华为等先导企业一样，与狼共舞。一方面，通过跨国并购、股权投资引入战略投资者，大大提升技术管理创新水平及核心能力；另一方面，一些龙头企业可以与跨国公司建立互利共赢的战略联盟、管理咨询和全方位的合作关系，建立“信息互通、利益共享”的全球价值链网络，借“链”出海，提升我国企业在链上的地位。

途径三：引导中小企业多领域抱团“走出去”，优化我国的全球产业链布局。日本综合商社就有把广大中小企业组团“走出去”的功能，由于综合商社具备强大的市场信息网络，可以在对国际市场进行充分调查研究论证基础上提出发展规划方案，并进行必要的基础设施投资和内部协调，大大降低了中小企业“走出去”的成本和风险。本书认为，我国在引导鼓励“外贸综合服务企业”的同时，也应积极发展促进双向投资的综合服务企业，允许各地先行先试，大胆探索，帮助中小和民营企业抱团出海，扬帆远航，使得中小企业成为我国拓展和重塑全球价值链的生力军，并借此加快中小企业升级的步伐。

途径四：用好境外经贸合作区，打造海外市场产业集聚和资源整合的有效平

台。建设境外经济合作区是我国对外投资合作领域的一项重要政策，目的就是整合资源、抱团出海，防止散乱，借用国内经济技术开发区和工业园区的开发经验与优势。到 2013 年上半年为止，我国已经在 13 个国家建设了 16 个境外经贸合作区。要充分用好这些合作区，将其打造为海外市场产业集聚和资源整合的高效平台，探索海外园区建设新经验，为我国参与重塑全球价值链提供重要渠道。

途径五：优化全球采购和供应链体系，建立海外销售网络，提升全球价值链治理能力。跨国公司一般都有强大的全球供应链和采购网络，为跨国公司的营运提供基本的保障，同时高水平的供应链管理还为跨国公司全球价值链的布局与治理提供重要手段。因此，应该鼓励有条件的企业建设好自己的全球采购和供应链网络，提升供应链管理水平，实现商流、物流、信息流、资金流“四流合一”，大大降低成本，提升效率。同时，企业要努力建立自己的海外销售网络，与国外客户及商家建立直接联系，改变对海外中间商的过度依赖。通过建立高效的供应链管理体系，提高企业的全球价值链治理能力，提升国际定价权、话语权。

途径六：更充分利用国外科技、知识和人才资源，促进开放式创新。支持龙头企业到海外科技发达国家开展研发和人力资源开发型投资，直接跻身全球价值链的高端环节，尤其是以提升核心能力和技术为目标的点对点式投资与并购，更充分利用海外科技、知识、人才等创新资源；支持企业与海外合作伙伴发展战略联盟及多元化技术管理合作关系，拓展全球价值链的技术深度，促进开放式创新，实现高起点跨越。

途径七：支持企业开展服务环节投资合作，促进管理和商业模式创新。华为的成功，除了技术研发领域之外，就是与国际一流企业合作，引入战略管理者和海外先进的经营管理咨询服务，推进管理现代化，实现与国际接轨，促进企业管理和服务体系的全面创新，非常值得国内企业学习和借鉴。我们应该鼓励国内企业开展服务及管理领域的海外投资合作，发展双向服务外包，引入现代管理方法和战略投资者，促进企业服务体系和商业模式创新，推动企业经营管理与国际接轨。

## 第三节 基于全球价值链的对外投资模式调整对策措施

鉴于对外投资模式调整对于我国重塑自己的全球价值链体系的重要意义，我们应该高度重视，抓紧研究实施基于全球价值链的对外投资战略，充分发挥对外投资作为我国今后一个时期重塑全球价值链的主引擎作用。

一要鼓励新经济领域对外投资，促进对外投资结构升级。我国应逐步推动对外投资结构由全球价值链低端向中高端投资的升级，更加重视知识密集型领域和服务业的对外投资。我国海外投资目前仍然以资源开发和低端制造为主导，与印度民营企业率先在知识经济、服务经济等新经济领域起步存在很大差距。印度企业通过跨国并购和战略合作，在电信、信息软件、生物科技、风电等领域，在国内市场起步的同时，立足全球视野、整合全球资源、重塑核心能力和商业模式，高起点发展了一批可以与欧美跨国公司一比高低的一流企业，如米塔尔、塔塔咨询、Infosys、Biocom 等。我国应该改进对外投资政策导向，把鼓励在知识经济、服务经济、新能源等新经济领域的投资放在重要优先位置，发展一批直接面向两个市场的天生型和利基型跨国企业，与欧美跨国公司高起点合作，与狼共舞，更多嵌入"微笑曲线"的中高端环节。

二要扩大"中间品"国际投资，获得价值链的中间端价值。我国两头在外的加工贸易对国外投资中间品的依赖程度较高，导致贸易增值不高、贸易顺差转移，有很大改进余地，其中对策之一就是积极发展海外中间品国际投资，扩大市场份额，延伸全球产业链，获得价值链的中间端价值。

三要更新投资理念，促进由点式投资向境外一体化"链式"投资升级。目前，我国企业国际化经营仍然以分散化的点式投资为主导，上中下游产业各自为战，缺乏必要的协调与整合，难以形成"链"上的产业集聚优势。有必要转变观念，将上中下游产业作为一个协同整体实施全价值链的国际化发展模式，抱团出海，一体化协同发展。例如，在一些资源开发投资领域，可以实行一体化横向国际投资模式，在境外"一揽子"完成勘探、开采、加工、冶炼、销售服务的全过程。

四要调整海外市场布局，优化全球价值链格局。根据我国相对竞争优势和各国经济产业特点，合理引导对外投资，优化市场布局，提升全球产业集聚和市场空间集聚水平，优化我国的全球价值链体系。应该加强政府部门、中介组织特别是综合服务型对外投资平台企业的引导作用，应大力培育类似中国香港贸发局和供应链公司那样促进对外投资的综合服务类公益及商业平台，作为优化海外投资布局的助推器。

五要完善支持政策，加大知识性研发性国际投资力度。当今在科技革命和全球化推动下，科技创新和研发全球化不断取得新的突破，在服务主导的全球化价值链中，全球价值链的可拆分性日益强化，研发设计等高端活动呈现日益分散化、外部化趋势，服务外包日益向高端化战略转型，开放式创新成为全球性趋势和跨国公司普遍选择。根据权威专家的研究，在未来新型开放型创新模式中，80%的创新活动将由企业外部完成，只有 20%由企业内部完成。我们应该完善相关支持政策，鼓励国内有实力的企业，抓住机遇，扩大海外研发性投资力度，建立海外研发中心，加强高端人力资源综合开发，合理扩大在基础科学和前沿理论领域的投资，进入科研创新新领域，利用外部优势，提升内部核心能力与技术，获得国际产品研发网络中的关系和地位，抢占“微笑曲线”的高端环节。

六要深化对外投资体制改革，释放各类主体的海外投资活力。印度在外贸逆差和外汇十分紧缺情况下大胆放松对外投资限制，率先实行了对外投资的基本自由化，使民营企业全球化经营取得巨大成功。我国要抓住全球价值链优化重组的机遇，也必须抛弃各种顾虑，全面推进对外投资自由化便利化，放宽行政审批和金融外汇限制，释放各类投资主体的活力，特别是发挥民营企业国外政治障碍相对较少、运作效率高的优势，培育我国参与全球价值链重组的生力军。

七要树立全球视野和战略思维，改进对外投资战略规划。我国实施基于全球价值链的对外投资战略，关键是顺应经济科技全球化趋势，确立适合的本国企业全球化战略思维与理念；印度在短短 20 年时间里就在企业全球化经营中实现了一系列成功跨越的经验值得汲取，必须充分利用两个市场，整合全球资源，聚集全球优势要素，通过整合利用全球资源知识、人才和先进管理，实现内、外集成的高起点跨越式发展。我们应基于这种全球视野和战略思维，完善对外投资战略规划，加强产业引导，改善综合协调服务，优化市场区域布局，显著提升海外投资产业和市场空间集聚水平，强化海外投资整体协调能力，提高话语权和整体收益率。

八要培育国际一流的跨国公司和自主品牌，直接提升在全球价值链中的地位。跨国公司是全球经济价值链的主体，而国际知名品牌则是一国产业国际竞争力的重要标志。我国要加快从经贸大国向经贸强国、由“中国制造”向“中国创造”和“中国服务”的转变，全面提升在全球价值链分工中的地位，必须加快培育自己的跨国公司和国际知名品牌，不断提高中国经营企业的实力，培育核心竞争优势和能力，重组业务管理流程，创新商业模式，实现国际接轨，抢占国际竞争制高点和“微笑曲线”的两个高端环节，成为全球价值链的主导者和治理者。

九要充分发挥中国香港作为内地中小企业“走出去”的重要平台和桥梁作用。凭借作为国际贸易、金融中心和营运中心的优势，高水平国际化的服务业优势以及良好的营商环境，中国香港已成为众多跨国公司的区域营运中心，目前有几千家外资公司在港设立区域总部或办事处，将中国香港作为内地中小企业开展国际化经营的重要桥梁和平台是比较理想的选择，尤其是中小微企业可以充分利用香港专业化、国际化的服务和高效中介平台来弥补自身不足，借船出海；已经有不少内地企业以中国香港为平台实现了国际化经营的良好起步，未来发展空间很大。

十要加强顶层设计，以海外直接投资带动技术、要素、商品、服务、文化全方位输出，全面提升整合全球资源的能力。依托“海外民生工程”建设，加强专业驻外政府服务机构建设，积极鼓励为企业境外业务提供法律、会计、信息咨询等服务的社会中介机构和金融机构的发展，为中国企业“走出去”打造安全、便捷、专业化的服务网。

**参考文献**

渠慎宁：《国际资本流通的趋势与特点》，中国社会科学院重点课题研究报告，2011 年。

渠慎宁、杨丹辉：《私募基金参与跨国并购：核心动机、特定优势及其影响》，《中国工业经济》2009 年第 3 期。

贺俊：《我国优势产业国际化途径与支持政策》，科技部重大软科学课题研究报告，2013 年。

商务部：《中国对外投资报告》相关年份。

# 第七章　基于全球价值链的服务贸易发展战略

伴随经济全球化从全球制造向全球服务的延伸，世界经济进入全球价值链时代，全球价值链在世界经济中的主导作用日益增强，不仅体现在传统制造业和货物贸易领域，更越来越体现在服务业和服务贸易领域。除了国际贸易的一般引擎作用，全球价值链下服务贸易的技术溢出、人力资本积累、制度创新以及产业组织驱动器四重功能更加突出，日益成为现代经济的综合性引擎，大力发展服务贸易成为很多经济体的战略选择。中国有必要确定基于全球价值链的服务贸易发展战略，以全方位嵌入与价值链攀升并重为导向，选择“大服务贸易”一体化融入式发展路径，推动以服务业为重点的新一轮积极主动开放，走出一条服务业以开放促改革、促发展、促创新的新路，创造国际竞争新优势，为打造经济升级版服务。

## 第一节　服务经济与贸易在全球价值链中的地位

20 世纪 80 年代以来，随着主要发达国家相继进入后工业化社会，服务业占其 GDP 的比重显著上升，带动服务贸易异军突起，成为国际贸易增速较快的领域和增长的重要动力。据 WTO 统计，1990~2012 年，全球服务贸易出口年平均增长 7.42%，超过同期货物贸易增速 1.55 个百分点。2012 年，全球服务贸易进出口额占国际贸易总额的比重为 19.04%。联合国贸发会议发布的全球价值链最新研究结果显示，服务部门贡献了全球出口增值部分的近一半。早期全球价值链布局重点是制造业跨国贸易与投资，随着服务全球化及世界经济向服务经济转型，全球价值链逐步由生产制造主导向服务主导型升级，跨国服务贸易与投资在全球价值链中的地位日益上升，主导作用逐步加强。

### 一、全球价值链转型：从生产制造主导向服务主导型升级

20 世纪 90 年代由于服务全球化及世界经济加快向服务经济转型，全球生产服务网络逐步取代了全球生产制造网络（江小涓，2008）。同时，以服务为主导

的全球价值链由此逐步形成。商品在交易服务环节所占用的时间和创造的价值占80%以上，在加工制造环节不到20%，“微笑曲线”成为服务主导型价值链的典型特征。传统的产业链价值链理论通常都基于生产制造主导逻辑，并长期成为经济学和国际贸易理论的主导范式，商品生产往往处于绝对中心位置。而现代的全球价值链理论则是基于以服务为主导的逻辑，人们的观察研究中心从生产过程转向服务过程。在服务主导逻辑下，服务是一切经济交换的根本性基础，是经济活动的基本成分，服务为中心的过程也是经济活动目标；服务取代商品生产处于中心位置，所有参与者都是资源整合者，共同组成服务生态系统，企业和顾客共同创造价值（雷昊等，2012）。IBM 和苹果公司是实现向服务主导逻辑转变的先行者，创造出一种将硬件、软件和服务整合在一起的新型商业模式，引领世界潮流。

21 世纪前后，继农业革命、工业革命之后，人类出现新的服务业革命，在信息化现代化基础上，服务业分工由民族国家内部向外部拓展，大量生产性服务业从传统制造业中分离出来，成为新的专业化、精细化、国际化产业序列，推动跨国公司全球价值链由制造主导向服务主导、由国内主导向全球布局延伸，世界经济由此进入全球价值链时代（联合国贸发会议，2013）。由于服务全球化进一步推动了国际分工与交换的全面深化，跨国服务贸易和投资更加活跃，跨国公司国际化经营进入全球资源整合时代，形成全球一体化生产服务体系，来自世界各地的企业被纳入一个一体化生产服务网络中，推动了全球价值链理论的形成和实践的发展（杨丹辉，2010）。美国学者 Gereffi 率先提出了“全球商品链”概念，后来学术界逐步用“全球价值链”取代“全球商品链”，早期的“全球商品链”概念反映了国际分工主体是生产制造的现实，尽管也包含了从采购到市场营销等部分服务环节。全球价值链则开始更多融入服务经济成分乃至最终以服务经济为主导，如斯特恩从三个维度来界定全球价值链：从组织规模上，全球价值链包括参与某种产品或服务的生产性活动的全部主体；从地理分布上，全球价值链必须具有全球性；从参与主体上包括一体化企业、零售商、领导厂商、交钥匙供应商和零部件供应商。并强调价值链主要描述某种商品或服务从生产到交货、消费和服务的一系列过程（雷昊等，2012）。很显然，服务及服务贸易投资活动在全球价值链中地位日益受到重视，并伴随服务全球化最终成为全球价值链的主导。

## 二、服务部门成为拉动世界经济增长的综合性引擎

联合国贸发会议研究显示，全球价值链涉及大量服务贸易，尽管服务贸易占全球出口比重仅为20%左右，但服务部门贡献了全球出口增值部分的46%，因为大多数货物出口在生产过程中均大量使用服务，在全球增值贸易中的作用十分突出（联合国贸发会议，2013）。随着服务部门对全球贸易增加值贡献度提升，服

务贸易日益成为拉动世界经济的综合性引擎。

1. 国际贸易促进经济发展的一般引擎效应同样适用于服务贸易

贸易引擎作用主要是：①贸易的资源配置效应；②贸易的技术效应；③贸易的收入分配效应；④贸易的市场规模效应；⑤贸易的资本和结构效应；⑥贸易的竞争示范效应；⑦贸易的制度效应。其中，出口贸易主要表现在：市场规模效应、资源配置效应、竞争效应、出口支撑进口效应；进口贸易主要表现在：技术外溢效应、消费效应、进口竞争效应、诱发新产业效应等。对于发展中经济体而言，在经济起飞阶段进口的结构转换效应可以发挥巨大的后发优势，往往对经济发展质量水平提升和结构改善有更大的促进作用，是提升全要素生产率的主要源泉（王子先，2012）。

2. 服务贸易在技术、知识、管理和制度方面的外溢效应更加突出

由于服务经济与新知识、新技术、新管理以及体制机制因素有着更密切联系，服务贸易对经济发展的引擎作用除上述共性的渠道效应外，也存在一些差异：一是从供给角度看，主要有技术溢出效应、人力资本积累效应和制度创新效应三大效应，由此促进要素积累和全要素生产率的提高，达到促进经济发展的目标；二是从总需求角度看，服务贸易可以通过促进消费、投资以及相关商品和服务出口等路径，扩大三大需求动力，促进经济发展；三是相对于货物贸易而言，服务贸易在技术、知识、管理和制度方面的外溢效应更加显著，构成促进经济发展更加持久、动态的动力效应。服务贸易三大渠道效应不同于商品贸易，将成为有效促进经济持续发展的主要渠道，对一国长期可持续发展发挥十分关键的作用（王子先，2012）。

3. 一些新兴经济体服务贸易已经成为经济主力引擎

作为国际贸易中心，中国香港 2011 年服务贸易达 1800 亿美元，占 GDP 比重超过 70%；印度商业性服务出口比重从 1990 年的 25%升至 2003 年的 39%，目前估计已接近 50%，其中软件服务出口对 GDP 的拉动作用已超过货物贸易（王子先，2012）。从一些新兴经济体的案例看服务贸易在一定阶段可以成为经济发展的主引擎，同样我国一些中心城市如上海、北京、深圳、广州等未来服务贸易也可以成为经济发展的主力引擎。

4. 未来服务贸易在全球价值链中地位仍有巨大上升空间

服务贸易在规模上最终可能超过货物贸易，成为未来世界贸易的主导。由于服务业已成为世界经济的主导，约占世界经济总量的 70%，而制造业只占不到 30%，因此服务贸易的产业基础远大于货物贸易。随着经济全球化进入到服务全球化新阶段，服务可贸易性不断增强，服务外包更呈爆炸式增长，服务贸易在规模上最终可能超过货物贸易。如果考虑到未纳入现行统计的商业存在等贸易方式，服务业的贸易依存度也将追赶制造业。世界服务出口规模从 1 万亿美元增加

到 2 万亿美元大约用了 10 年时间，从 2 万亿美元到 3 万亿美元只用了 4 年时间（见表 7-1）。如果将比重占总量约 50%的商业存在方式包括在内，2010 年全球服务出口接近 75000 亿美元，占全球货物贸易 49.2%，世界服务进出口占世界 GDP 近 23%，接近全球货物进出口占世界 GDP 48.7%的一半（王子先，2012）。所以，未来服务贸易对世界经济的拉动作用及在全球价值链中的地位不可限量。

**表 7-1　历年世界服务贸易情况**

单位：10 亿美元，%

| 年　份 | 服务出口额 | | 服务进口额 |
|---|---|---|---|
| | 金　额 | 增长率 | |
| 2000 | 1522.0 | 6.0 | 1519.4 |
| 2004 | 2302.4 | 21.4 | 2228.7 |
| 2005 | 2573.2 | 11.8 | 2472.4 |
| 2006 | 2908.7 | 13.0 | 2758.0 |
| 2007 | 3490.2 | 20.0 | 3281.4 |
| 2008 | 3916.2 | 12.2 | 3754.5 |
| 2009 | 3555.6 | -9.2 | 3423.0 |
| 2010 | 3896.3 | 9.6 | 3739.3 |
| 2011 | 4372.9 | 12.2 | 4180.6 |
| 2012 | 4473.8 | 2.3 | 4292.7 |
| 2013 | 4720.2 | 5.5 | 4499.2 |

资料来源：WTO 统计数据库（Staristics Database）。

## 第二节　我国服务贸易发展现状及问题

随着产业结构转型升级，我国服务贸易已经进入快速增长期，21 世纪以来服务贸易总体增长速度明显快于货物贸易，国际金融危机以来也表现出更强的抗冲击能力，复苏力度和稳定性好于货物贸易（21 世纪以来我国服务贸易发展情况详见表 7-2）。服务贸易已经成为推动中国和世界经济复苏的一大亮点。目前我国服务贸易在世界排名升至第三位，占比明显提高，地位上升，未来发展潜力巨大。2013 年，中国服务进出口总额达 5396.4 亿美元，比 2012 年增长 14.7%。其中，全年服务进出口总额占对外贸易总额的比重为 11.5%，同比提升 0.7 个百分点。中国服务出口明显提速，出口总额达 2105.9 亿美元，比 2012 年增长 10.6%，实现了 2011 年以来的首次两位数增长，增速比 2012 年提升 6 个百分点。

同期，中国实现服务进口总额3290.5亿美元，同比增长17.5%，增幅与2012年基本持平。2013年，中国服务贸易逆差由2012年的897亿美元扩大至1184.6亿美元，同比增长32.1%。逆差主要集中于旅游、运输服务、专有权利使用费和特许费、保险服务领域，其他商业服务、咨询、计算机和信息服务、建筑服务则实现较大数额顺差。

然而，与发达国家相比，我国服务贸易发展明显滞后于货物贸易，特别是与全面嵌入全球价值链的要求仍有较大差距。应该看到，相比货物贸易，服务贸易是中国对外贸易发展的短板和弱项，也是我国由贸易大国走向贸易强国的主要瓶颈。1982年，我国服务贸易的全球占比仅为0.6%，2012年这一比值已达到5.6%，居世界第三位，但仍大幅低于我国货物出口全球占比11.4%的水平。目前，我国服务贸易占国际贸易总额的比重为20%左右，主要发达国家高于这一比重，而我国服务贸易额占比仅为10%左右。其中，中国与美国在服务贸易方面的差距尤为突出。中美双方各自的统计数据显示，2013年，美国服务贸易额为11323.1亿美元，其中出口额6819.7亿美元，进口额4503.4亿美元，服务贸易顺差高达2316.3亿美元，与我国货物贸易顺差大致相当，而我国服务出口额2105.9亿美元，进口额3290.5亿美元，逆差1184.6亿美元。2013年中国服务贸易总额与美国相差5926.7亿美元，尚不足美方的一半。因此，如果核算包括服务贸易在内的贸易总规模，目前美国仍是世界上第一大贸易国。

我国服务贸易的短板不仅表现在进出口规模上，还反映在服务贸易内部结构上。2012年，WTO统计的由金融、保险、计算机与信息服务、专利与许可费等现代服务构成的“其他服务”下，美国该项服务出口占全球出口总额的16.0%，中国占比仅为4.3%。其中，美国“专利和许可费”服务出口占全球该项服务出口的比重高达42.6%，而中国该项服务出口未进入世界前10名（见表7-2）。另据商务部统计，我国服务贸易中比重比较大的还是传统服务，如旅游、运输，2013年这两项传统服务占到服务进出口的比重仍高达56%。中国服务贸易发展相对滞后是经济发展阶段、工业化和城镇化水平、产业结构、开放进程等因素共同作用的结果。相比货物贸易，服务贸易发展和结构优化对要素质量的要求更高。目前，我国金融、保险、科技服务等现代服务业开放进程落后于制造业，服务贸易国际竞争力不强，高端人才凝聚力有待提升，体制机制仍有诸多不完善，成为服务贸易大国直至强国的任务尤为艰巨。

表 7-2 2012 年中美两国服务贸易发展比较

单位：10 亿美元，%

| 规模与增速 | 中国 | 美国 | 服务贸易结构 | 中国 | | 美国 | |
|---|---|---|---|---|---|---|---|
| | | | | 占本国服务出口比重 | 占全球该类服务出口比重 | 占本国服务出口比重 | 占全球该类服务出口比重 |
| 服务贸易总额 | 470.00 | 1032.00 | 交通 | 20.50 | 4.40 | 13.30 | 9.3 |
| 服务出口 | 190.00 | 621.00 | 旅游 | 26.30 | 4.50 | 26.20 | 14.7 |
| 服务进口 | 280.00 | 411.00 | 其他 | 53.20 | 4.30 | 60.50 | 16.0 |
| 服务贸易逆差 | -90.00 | 210.00 | 通信 | 0.09 | 1.63 | 2.30 | 12.7 |
| 2005~2012 年均增速 | | | 建筑 | 6.45 | 10.60 | 0.06 | 2.8 |
| 服务出口 | 14.00 | 6.00 | 保险 | 1.75 | 3.33 | 2.67 | 16.6 |
| 服务进口 | 19.00 | 8.00 | 金融 | — | — | 11.60 | 23.7 |
| 占国际服务贸易总额的比重 | 5.53 | 12.14 | 计算机与信息服务 | 7.58 | 5.50 | 2.66 | 6.2 |
| 占本国进出口总额的比重 | 10.84 | 21.00 | 专利与许可费 | — | — | 20.00 | 42.9 |
| | | | 其他商业服务 | 35.10 | 5.90 | 20.50 | 11.3 |

注：美国“建筑”服务和“计算机与信息服务”为 2011 年的数据；2012 年中国“金融服务”和“专利与许可费”两项服务出口未进入世界前 10 位。

资料来源：WTO，International Trade Statistics，2013，World Bank，World Development Indicator.

## 第三节 大力发展服务贸易对我国参与重塑全球价值链的战略意义

过去我国外贸曾经是整体改革开放的先锋与动力，在新时期服务贸易同样也可能成为新一轮改革开放的先锋与动力，为我国经济发展与升级打造新的综合性引擎，充分利用后发优势和全球化“红利”，助推服务业和整体产业的跨越式转型。合理调整开放模式，大力发展服务贸易，有利于我国在全方位参与全球价值链分工基础上实现攀升，逐步改变在全球价值链的低端位置，创造新的国际竞争优势，提升国际话语权、定价权和综合影响力，具有重大的战略意义。

第一，促进深度参与全球价值链分工，获取新的开放红利，维持和提升潜在经济增长率。随着综合成本不断攀升，我国过度依赖于投资和廉价劳动力的粗放型发展模式已经难以为继，潜在增长率日益受到资源生态环境和其他经济社会因素的约束，经济发展内生能力和后劲不足，迫切需要打造新的引擎，避免陷入中等收入陷阱。通过开放服务业市场，大力发展服务贸易，将大大提升我国参与全球价值链分工的深度与广度，提升全球资源整合能力，大大改善资源优化配置，特别是聚集全球优势要素、知识、人才和创新资源，收获新一轮对外开放红利，为经济社会全面可持续发展提供重要动力，提升和维持经济潜在增长率，打造以开放促发展新引擎，帮助缓解目前经济下行及转型期的各种矛盾与压力。

第二，推动全球价值链地位攀升，助推整体产业跨越式升级。服务贸易关联着全球价值链的一些高端环节特别是“微笑曲线”的两个端点，是推动我国在全球价值链地位由中低端向上攀升的重要推手。由于在全球价值链下各国产业的关联性、互动性日益增强，使各国经济技术产业乃至管理模式出现全方位变革，一国产业结构实际上成为一个开放系统（杨丹辉，2010）。作为后发国家我国有可能充分利用后发优势，通过大力发展服务贸易全面参与全球价值链分工和全球要素重组，获取更大的外部利益和外溢效应，更好发挥其综合性引擎和产业组织带动作用，助推整体产业的跨越式升级，打造产业升级 2.0 版。

第三，促进中国制造向中国创造转变。服务贸易发展与开放将大大加快“中国制造”向“中国创造”的转型。面临资源、环境、劳动力和其他要素瓶颈约束，中国制造业逐步告别低成本时代，面临巨大的转型升级挑战。服务贸易大发展将成为推动“中国制造”向“中国创造”转型的重要推手（王子先，2012）：一是扩大技术知识密集型服务进口，提升制造业配套服务质量与效率，缓解成本压力；二是通过大力发展离岸和在岸服务外包业，促进中国 4000 万个中小企业的转型升级，实现向“小而专精深”转变；三是通过双向外包帮助制造业龙头企业重构业务管理流程，重塑核心竞争力，培育自己的跨国公司和知名品牌；四是通过服务贸易投资的竞争和示范带动效应，培育本土专业化现代化第三方服务供应商，帮助制造业企业加快从技术到管理和商业模式的全方位创新，提升自主创新能力；五是通过双向服务贸易、投资与外包，聚集全球优势要素，推动中国体产业链的优化重组，从根本上改变中国制造在全球产业链价值链的低端位置；六是促进服务业产业集聚和中心城市空间集聚，延伸中国香港“前店后厂”模式，加快制造业梯度转移，优化区域产业布局与分工。

第四，打造“中国服务”品牌，加快向服务经济转型。中国发展“大服务贸易”首先将助推服务业跨越式升级。我国制造业结构升级是在抓住国际产业转移机遇，主动扩大开放、引进外资和参与国际经济合作中完成的。我国要抓住服务业全球化和后危机时代世界产业大调整的双重机遇，分享全球化红利，实现服务业跨越式升级，也必须充分利用后发优势，积极参与服务业全球化进程，大力发展服务贸易。按照构建开放型经济新体制的要求，以大力发展双向跨国服务贸易、投资与外包作为主要抓手，打造“中国服务”新品牌。

第五，充分利用服务贸易的创新溢出效应，加快创新型国家建设。服务贸易比货物贸易的技术与创新溢出渠道更为多样化（江小涓，2008）。一是直接通过技术贸易进口途径，提高服务进口国的技术水平；二是通过知识密集型服务贸易如计算机和信息服务、专利和商标许可等，产生技术溢出效应；三是通过聘请国外服务技术专家参与本国研究与攻关，提高本国技术开发能力；四是通过服务业跨国投资产生技术溢出效应，包括通过跨国公司跨国投资中的前后向联系对当地服务供应商或销售商产生关联影响，通过外资企业的竞争与示范效应产生技术溢出，通过内外资企业之间的人员流动产生技术溢出效应；五是通过服务出口，参与国际竞争，带来技术进步与创新的动力与示范效应；六是通过广泛的国际服务贸易交流与合作，引进先进的经营理念、管理方法和商业模式，形成学习、模仿、再创新效应，推动本国软技术和思维理念的全面创新，提高企业自主创新能力。

第六，创造国际竞争新的优势，提升国际话语权。我国处于全球价值链中低端的症结在于，一些高端生产性服务环节严重滞后，各类企业“大而全”“小而全”自我服务现象比较普遍，致使生产性服务低质化与制成品结构同构化形成不良循环，导致核心竞争力低下，产业升级受阻，过度依赖中间商，缺少自主知识产权和品牌，国际市场话语权定价权低下。大力发展服务贸易及外包，有利于我国扩大全球资源配置深度广度，并深度嵌入全球价值链一些高端环节，推动全球价值链重塑，逐步实现我国在全球价值链“链”和“点”上地位的攀升，形成和强化基于服务端的国际竞争新优势，推动中国制造与中国服务的良性互动，在全球制造—服务革命中抢占新的制高点；同时也通过对全球价值链、供应链的优化布局，形成与多国互利共赢的新型国际合作模式，共同推动全球价值链治理与国际经贸规则的改善，逐步提升中国企业的国际话语权、定价权和影响力，促进中国与世界的共同发展。

## 第四节　基于全球价值链的中国服务贸易发展战略选择

为适应世界经济进入全球价值链时代的新趋势，我国有必要合理调整对外开放模式，实施全面嵌入与地位攀升并重的服务贸易战略导向，既抓住机遇全方位参与全球价值链分工以充分利用后发优势，又及时实现国内及全球价值链重塑以避免被低端锁定。核心内容是积极主动扩大服务业开放，选择服务贸易与投资、外包、合作一体化融合式路径，实行服务贸易进与出、引进来与走出去、接包与发包相结合，全面提升全球资源深度整合能力，打造经济产业升级新引擎。

一要确定中国基于全球价值链的服务贸易发展战略。继“十一五”规划提出“大力发展服务贸易，有序承接国际现代服务业转移”之后，“十二五”规划明确提出实施更加积极主动的开放战略，扩大服务业开放和大力发展服务贸易成为国家的战略选择。在服务全球化和服务业革命不断推进大潮下，中国未来特别是“十三五”时期需要研究实施基于全球价值链的服务贸易战略，将其作为中国全方位参与全球价值链与实现地位攀升的一条主线，充分发挥服务贸易的综合性引擎和产业组织驱动器作用，肩负起推进国家新一轮改革开放先锋和动力的历史使命，为打造中国产业升级版作出重要贡献。

二要选择服务贸易与服务外包及投资合作的融合式发展路径，整体提升在全球价值链“链”上的地位。全球服务业革命正推动全球价值链在服务端跨国贸易投资合作的一体化融合化发展，我国只有全面嵌入才能赢得先机。因此，我国也应选择服务贸易与双向投资及双向外包融合互动式发展路径，以统筹发展“大服务贸易”提升我国参与服务全球化水平，推动国内国际产业与区域空间积聚，实现“链”上的总体升级构建整合全球资源的服务贸易平台，实现服务贸易跨越式发展，整体推动中国全方位参与全球价值链分工并实现地位攀升，再创服务业以开放促发展、促改革、促创新的新辉煌（王子先，2011）。

三要扩大开放，引入竞争，使服务贸易成为我国优化产业组织和重塑全球价值链的利器。高度重视发挥服务贸易在技术溢出、人力资本积累和制度创新方面的三大效应，扩大市场准入，推动要素自由流动，打破垄断壁垒，引入公平竞争，充分发挥市场在服务领域资源配置的决定性作用，使服务贸易成为优化资源配置、提升全要素生产力、推进全方位创新的重要动力，成为我国重塑全球价值链的利器。

四要提升各类服务贸易主体参与全球价值链的水平，实施全球化经营战略。形成全社会重视服务贸易、坚持开放式发展的战略思维，渐进、有序提高各类服务主体参与全球价值链分工合作的深度与广度，抓住服务业国际转移的黄金机遇，提升全球资源整合能力，探索新形势下产业与企业创新升级之路。在扩大优势服务产品出口的同时，像当年重视引进先进技术一样重视扩大服务进口，更好发挥其在技术进步、结构升级、效率改进、管理及制度创新等方面的溢出效应；在继续提高“引进来”水平的同时，鼓励以龙头企业为先导实施全球化经营战略，积极开展跨国投资、并购与战略合作，参与全球服务业大重组，更充分利用外部优势要素、知识、人才、管理及商业模式，优化重组全球价值链，全面提升核心竞争力；鼓励企业将双向服务外包作为优化重组企业价值链的关键抓手，特别是在承接离岸外包的同时也要高度重视本土企业积极发展在岸外包和对外发包，通过实现管理及业务流程的重组创造新的国际竞争优势，避免简单跟随式发展模式的陷阱；推动参与全球价值链分工与本国价值链优化的良性互动，为加快发展本土服务供应商和第三方专业化服务业、强化内生发展与创新能力注入最大动力。

五要建设国家服务贸易先导示范城市，充分发挥自由贸易区在全球价值链重塑中的先导作用。选择上海、深圳等有实力、有条件的中心城市作为服务业对外开放的综合试验区和发展服务贸易的先导示范城市，允许其在相关改革开放方面先行先试，先行探索服务贸易跨越式发展的新路径，加大相关财税金融政策支持力度。同时，充分发挥各地各类特殊功能区的开放先导作用，鼓励建立承接国际服务业转移示范基地，加快服务业开放，在选定的区域内大胆推进制度创新（王子先，2011）。下大力气办好上海自由贸易试验区，选择若干具备条件的地方发展自由贸易园区，努力建设成为以服务业开放为先导的综合型自由贸易区，注重通过制度创新创造与国际接轨的小环境，扩大服务业开放，全面提高我国服务业参与全球资源配置的能力，努力使其在全球价值链重塑中发挥先导作用。

六要加强与港澳台在服务贸易领域的合作，两岸四地聚力共同提升在全球价值链中地位。中国香港已经是内地发展服务贸易投资与外包的重要渠道。中国台湾和中国澳门也有自己的优势。中国香港既有一大批为服务业跨国公司服务的二级、三级代理商，也有一些高端的一级代理商和本地供应商，是连接内地与国际服务市场的重要桥梁，未来在促进内地服务贸易方面也将发挥更加重要的示范带动作用。CEPA 和 EFCA 的签署和实施，内地服务业首先向港澳台开放，为通过其承接服务业转移和加强服务业合作提供了特殊的渠道。可以借鉴制造业“前店后厂”的模式，进一步加强在服务业各领域全方位的合作。不断完善有关合作机制和配套政策，消除各种障碍，完善公共服务和中介服务，为提升服务业合作水平创造更好的条件（王子先，2012）。通过不断努力，再次让港澳台成为我服务贸易跨越式升级和实现全球价值链地位攀升的重要桥梁和纽带，并助推两岸四地产业升级与经济繁荣。

总之，以往我国外贸开放与发展选择以点带面、以增量带动存量的路径，对外贸易成为整体改革开放的先锋与动力，取得巨大成功；在全球价值链时代，服务贸易开放与发展应该积极探索“以点带面，点面结合，增量与存量更好互动”的新路径，既充分利用外部资源要素和全球化红利，又避免被低端锁定，为打造经济产业 2.0 版提供新的综合性引擎，成为我国新一轮对外开放的重要先锋与动力，走出一条服务业以开放促改革、促发展、促转型、促创新的新路。

**参考文献**

江小涓：《服务全球化与服务外包：现状、趋势及理论分析》，人民出版社 2008 年版。

王晓红：《中国服务外包产业发展报告 2013~2014》，社会科学文献出版社2014 年版。

［美］弗里德曼：《世界是平的》，湖南科技出版社 2006 年版。

雷昊等：《全球价值链治理》，中国人民大学出版社 2012 年版。

杨丹辉：《全球化：服务外包与中国的政策选择》，经济管理出版社 2010 年版。

杨丹辉、王子先：《服务外包与社会服务业开放发展战略》，经济管理出版社 2014 年版。

［美］克里斯·安德森：《创客：新工业革命》，中信出版社 2012 年版。

郑艳玲：《供应链增值》，中国人民大学出版社 2013 年版。

［美］彼得·马什：《新工业革命》，中信出版社 2013 年版。

周国辉等：《小世界：全球整合重塑中国商业模式》，中央编译出版社 2010 年版。

裴长洪、彭磊：《中国服务业与服务贸易》，社会科学文献出版社 2008 年版。

裴长洪、荆林波：《中国服务业开放与发展：特点与区域分析》，经济管理出版社 2009 年版。

王子先：《全球化条件下中国服务业跨越式升级的路径与开放战略》，《宏观经济研究》2011 年第 7 期。

王子先：《服务业跨国转移的趋势、影响及对策》，《国际贸易》2007 年第1 期。

王子先：《研发全球化趋势下自主创新与对外开放关系的思考》，《国际贸易》2013 年第 9 期。

王子先：《服务贸易新角色：经济增长、技术进步和产业升级的新引擎》，《国际贸易》2012 年第 6 期。

杨丹辉：《从工业贸易大国走向贸易强国》，《中国工业发展报告 2014》（第十章），经济管理出版社 2014 年版。

# 第八章　基于全球价值链的服务外包发展战略

根据专家研究，2007 年至今服务外包进入发展的第六阶段，即向高端化多元化的战略转型阶段，以研发设计外包和跨国公司研发中心全球化布局为重点内容，以 KPO 为重要载体，以获取关键技术、重塑核心能力为目的，服务外包展现重大新趋势。美国学者罗伯特·E.肯尼迪等提出全球离岸服务外包发展演变经历六个阶段，其中第六阶段的主要特点是离岸外包向多元化高端化转型，进入高端人才竞争新阶段。此阶段，跨国公司服务外包已不满足于降低成本、提高效率，而是在全球范围内寻找一种独一无二的技术，通过离岸转移资源来开发新产品，通过流程重组来分解和外包高端知识流程，开发新的专业能力和专业性服务供应商。这显示跨国公司服务外包开始进一步实现向高端化的战略转型。基于对全球价值链现状和未来趋势的认识，我们必须把服务外包置于中国产业开放式升级战略的核心位置，适应新一轮服务业革命潮流，实施积极主动的开放战略，继续把利用后发优势实现服务业开放式升级作为优化重组价值链、推动经济结构战略性调整、创造国际竞争新优势的主攻方向，实现参与全球价值链分工与培育服务业内生发展创新能力的良性互动，以开放促改革、促创新、促转型，打造中国产业升级版。

## 第一节　服务外包战略转型与全球价值链重构

### 一、服务外包商业模式演化与战略转型

传统观点认为，服务的提供多是依靠即时的、面对面的交流，服务的生产和消费是同步进行、不可分割的。然而，过去 20 年间，信息技术的发展重构了服务业的生产方式，传统的服务模式正在逐渐被远距离的协作系统和跨国界片段化的供给模式所代替（Kenney 和 Dossani，2006）。在规模经济和效率提升的需求驱使下，以信息技术服务外包（ICT）为代表的国际服务外包得以在全球迅猛发展，

越来越多的发包方出于劳动力资源丰富、价格低廉、技术合意、语言便利、地理和文化接近主要市场等比较优势的考虑，将发展中国家作为其服务外包的主要目的地。近年来，伴随着全球服务外包规模不断扩大，服务业的商业模式逐步演化。在服务外包的分析框架下，其商业模式演化为图 8-1 所示的四个象限围成的决策，其中箭头 1 表示企业在岸服务外包；箭头 2 表示企业离岸服务；箭头 3 表示离岸服务外包；箭头 4 表示圈养外包（Captive Offshoring）；箭头 5 表示由国外附属企业外包服务到由国外的服务提供商。服务企业不同的商业模式，决定了其不同的地理位置和控制程度，而商业模式的决策需要考虑多种因素，包括所从事服务行业的性质、需要的投资规模、企业家精神、企业的本地化知识和经验（The Boston Consulting Group，2007）。

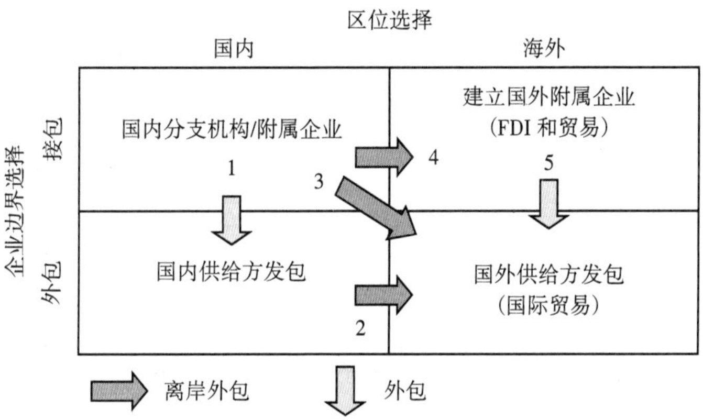


**图 8-1　服务外包产业的 5 种商业模式**

资料来源：Sako（2005）。

目前，服务外包进入战略转型阶段。其中一个突出特点是跨国公司实施研发设计外包，将研发中心向全球布局。继 2000 年 9 月 GE 在印度建立投资 1.2 亿美元的科技中心，微软在中国设立相似研发机构，越来越多跨国公司开始跟进。同时，很多跨国公司开始转包知识密集型高端流程，带动知识流程外包（KPO）高速发展，2010 年达 170 亿美元，比 2003 年增长 13 倍。麦肯锡、高盛、AC 尼尔森等已在印度建立高增值服务供应及外包平台，专事高端知识流程外包业务。2008 年国际金融危机以来，服务外包向多元化高端化战略转型取得新的重大进展（罗伯特·肯尼迪，2012）。

## 二、服务外包推动全球价值链重构

建立服务外包的全球价值链是一个比较复杂的工作，不仅因为其飞速的发展变化，而且因为服务业广阔的覆盖范围和极大的行业差异。为了构建服务外包的特殊全球价值链，首先应视服务的不同属性将服务看成是横向和纵向两种不同性质的服务行为。横向服务指的是能为许多行业提供的一般性服务，强调的是服务在功能和流程方面的共性；纵向服务指的是为某种产业提供的特定服务，强调的是为嵌入不同产业、具有特定行业知识的服务特性。据此，Gereffi 和 Fernandez-Stark（2010）指出，离岸服务外包产业的全球价值链分为两个维度——横向服务全球价值链和纵向服务全球价值链。

分析离岸服务外包产业的横向全球价值链可以看到，所有与之相关的服务活动都在提供一种商业功能支持，比如网络管理、应用程序、工薪管理、呼叫中心、会计及人力资源管理服务等（见图 8-2）。如图所示，在横向价值链中，信息服务外包（ITO）所包含的服务活动既有处于价值链低端的基础设施服务（如网络管理等），也有处于价值链中段的软件服务（ERP 等），更有处于价值链高端软件开发、信息技术咨询等服务。而业务流程外包服务（BPO）（包括如企业资

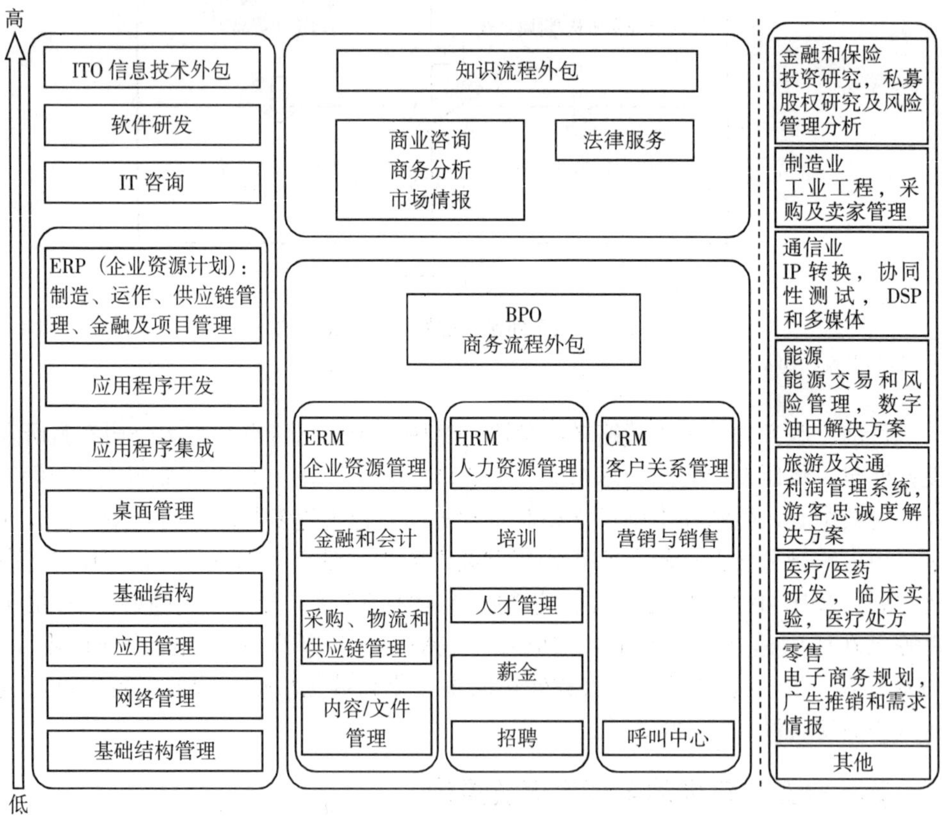


**图 8-2　离岸服务外包的横向和纵向全球价值链**

资料来源：Gereffi 和 Fernandez-Stark（2010）。

源管理 ERM、人力资源管理 HRM 和客户关系管理 CRM 等）多处于价值链的低端和中端，知识流程外包的服务包括市场调查、业务分析和法律服务等，基本上都位于价值链的高端。

分析图 8-2 可见，某一服务类别在离岸服务外包的横向全球价值链的位置，与该行业的人力资源水平（从业人员的教育水平）密切相关。也就是说，位于价值链低端的服务对从业人员的教育水平要求较低，比如呼叫中心和常规 BPO 服务，通常只需要高中以上学历的人员就能胜任；市场研究和商业调查服务则需要本科以上的人员担任；而更高级的研究和分析服务则需要具有专业技能的硕士或博士才能完成。

与此相对照的是，离岸服务的纵向全球价值链并不与一定的服务功能相关，而是包含了具体产业中的各种服务外包活动，比如医药产业服务外包价值链上的临床试验和新药研发服务等。同横向服务全球价值链相似，外包服务在价值链上的位置同样与人力资本息息相关。位于价值链低端的服务如金融服务价值链中的程序核查，通常只需要服务业者受过软件应用的基本培训（Mongillo 和 Tasner，2009）；在医药产业价值链中，临床试验和监察则需要训练有素的护士和医生（Rigotti 等，2009）；而在价值链最高端的分子鉴定服务则需要由医学专业具有数年工作经验的科学家或博士来完成（见图 8-3）。

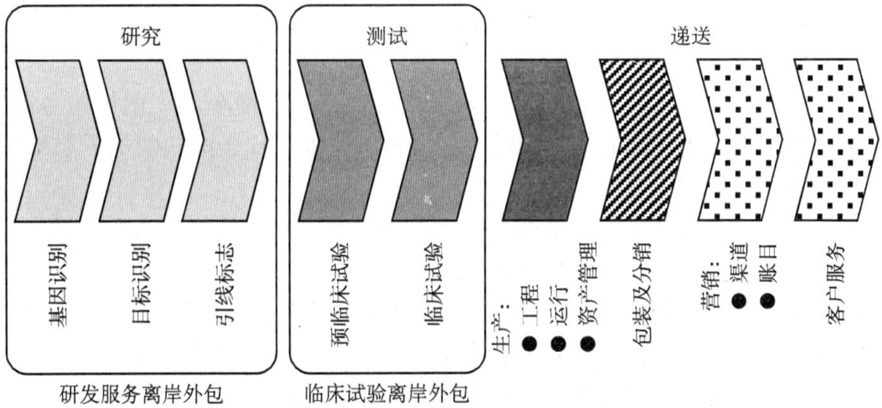


**图 8-3　医药服务外包的纵向价值链**

资料来源：Gereffi 和 Fernandez-Stark（2010）。

通常而言，服务企业将同时提供横向服务和纵向服务。比如塔塔咨询服务公司（Tata Consultancy Services，TCS）除了为几乎所有行业提供 ITO 服务之外，还会为金融企业提供程序检查服务；而 Evaluserve 公司除了为投资银行提供股票研究和其他分析服务外，还为所有行业提供知识产权应用服务等（Srivastava 和 Ortiz，2009）。

此外，服务外包产业的一个新的发展趋势是，从信息技术外包逐渐扩展深化为研发等知识密集型服务活动的国际外包。研发服务外包最早时发端于企业降低成本和研发活动风险的需求，然而近年来越来越多的企业将研发服务外包视为一种提升附加值并且利用全球技术能力的活动，而发展中国家的比较优势也正在从传统的成本优势逐渐地转变为科技和创新能力优势（Jaruzelski 和 Dehoff，2008）。

## 三、全球价值链下服务外包升级

在全球价值链的分析框架下，服务外包价值链上的升级同样有四种不同的方式，但每种方式却有着不同的方式及含义（Gereffi 和 Fernandez-Stark，2010）。

1. 服务外包的功能升级

服务外包的功能升级指的是获得新功能以创造附加价值更高的服务的升级。服务外包功能升级常见的有以下三种方式：

（1）制造业的服务化转变，典型的案例如 IBM、TCS 和 WIPRO 从大的计算机生产商向服务企业的转变，以及 ADP 从计算机制造商向人力资源服务外包领军提供商的转型。

（2）从 ITO 到 BPO 再到 KPO，比如 WNS 作为拥有 21000 名员工和年销售额 4.6 亿元年销售额的领军 BPO 提供商，从 2003 年开展 KPO 业务以来，目前已经发展为拥有 1500 名分析师从事风险分析、客户分析、市场研究与商业调查服务的 KPO 服务提供商。

（3）离岸服务公司的专业化，比如服务企业从提供简单的一般性服务起步，逐渐演变为专门为某些行业提供高端专业服务的企业，比较成功的例子如 TCS。

2. 服务外包的过程升级

服务外包的过程升级指的是通过引入先进技术或重新构建现有服务系统而实现服务效率提升目的的升级。具体的方式包括：

（1）服务模式创新。典型的例子如 Citibank 创新了一种被称为“服务方程式”的新型客户服务模式，这种模式将服务过程、组织主动性、运作和技术战略通过技术进步有效整合，以提升客户服务的品质（Mathe 和 Dagi，1996）。

（2）服务递送方式创新。比如 Infosys 下属咨询公司 Infosys Consulting 于 2004 年成立之时，应用了一种全新的服务递送模型，该模型精练了 ITO 服务中的每一个模块，从而使其提供服务时大大降低了成本。

（3）服务标准升级。如 2007 年软件开发企业质量认证标准从 CMM 认证向 CMMI 的转变，使得软件服务外包企业效率提升且质量提高，从而促进了外包企业的过程升级。

3. 服务外包的产品升级

服务外包的产品升级，指的是增加服务产品的复杂性，即通过进入更加复杂的服务领域来实现价值链升级。典型的例子如Capgemini公司鼓励新客户使用标准化的BPO服务替代之前的服务产品，从而使得客户享受到企业规模效益带来的好处。

4. 服务外包链的升级

服务外包链的升级，指的是从某一特殊功能中获得知识和竞争力从而进入其他服务领域的升级。主要的升级方式包括：

（1）从外包的横向价值链向纵向价值链的升级，比如TCS作为塔塔集团的子公司，建立研发中心专门为汽车和航空产业服务；Wipro继2002年获得爱立信的研发部门后，成立了专门为电信行业服务的创新研发中心等。

（2）服务外包跨纵向价值链升级。比如Computer Science Corporation从仅为航空产业提供软件服务，20世纪90年代服务对象扩展到金融和制造领域，而目前已囊括通信、媒体娱乐、零售、交通、制造和政府外包服务等诸多领域（CSC，2009）。

## 第二节　产业组织革命的驱动器：基于全球价值链的服务外包

### 一、服务外包引领产业组织革命

基于全球价值链视角的服务外包已不简单是传统上的国际产业转移和要素流动，实际上构成了服务业革命的核心组成部分，成为新兴产业组织革命的黏合剂和驱动器。全球价值链将企业分工从行业间、产品间深入到产品内部不同工序、区段、环节和流程，可能带来的国际分工的革命性扩展，构成当代经济全球化的重要微观基础，而服务外包则构成价值链分工的重要依托和保障手段。跨国公司既是双向服务外包的主导者，也是全球生产和交换的组织者、全球价值链的重要掌控者，实现了三种身份的集成。这种模式已大不同于“福特模式”，形成了全球生产组织方式的一次革命性变化（江小涓，2008）。服务外包在产业组织方面的作用是服务经济黏合剂功能的延伸，同时又有全方位价值，主要表现在以下方面：

一是服务外包本身就是世界经济结构转型的产物，也将成为推动新一轮世界产业结构转型的重要引擎；二是服务外包作为全球价值链的核心环节，将进一步拓展全球范围内资源优化配置的深度和广度，推动服务和经济全球化；三是进一步保障和支持全球价值链的深度分解，推动全球产业的大调整、大变革、大重组，加快服务—制造革命进程；四是进一步拓展全球范围内知识、技术和人才的流动与开发，推动其与产业的融合，带来更强大的后发效应和学习效应；五是服务外包网络与供应链网络相互渗透，成为全球资源整合的高端平台，产生广泛的产业辐射传导示范带动作用，正成为优化产业组织的利器；六是服务外包日益成为跨国公司的核心战略，是跨国公司重组全球价值链、提升核心竞争力、占领全球竞争制高点的核心节点；七是作为一种新型商业模式，服务外包将推动企业业务及管理流程的优化重组，带来企业微观管理的变革。

总之，服务外包作为全球价值链的关键节点，很好地契合了世界范围内产业技术革命的方向，不仅有利于改善企业微观运行效率，而且将引领全球产业转型升级的方向，成为全球产业大重组的新型驱动器。

## 二、全球价值链下世界产业结构融合化趋势

随着知识经济的来临和不断发展，全球价值链正向产业的上游和下游扩展。为适应这一发展趋势，越来越多的制造业企业特别是高技术企业更多地参与了各种“技术支持”和“信息服务”，使其业务发展呈现出服务化的趋势。在高技术领域，由于产业边界模糊，产业之间的重叠性强，一些产业本身就跨越制造业和服务业两大部门，使这些领域高技术企业的经营范围必然涉及制造和服务两大类业务。在软件、网络、新能源等高技术产业中，制造和服务业务已经融为一体，其相互关联的程度很高。

制造服务化、服务知识化推动了世界产业结构的融合化趋势。由于技术趋同、信息趋同加剧，因此使得产业趋同的技术和市场重叠程度增强、产业边界日趋模糊。高新技术及其广泛应用是推动产业融合化的主因，而服务外包则在这一趋势中发挥着催化剂和载体的作用。产业技术的融合化趋势使原有的以单一知识及技术作为产业的划分标准和发展方式受到巨大挑战，为了应对这一变化，企业必须更加专注于核心业务，并通过外包提高战略资源的掌控能力。建立在全球价值链深度分解基础上的离岸服务外包及配套供应链体系，促使世界产业结构升级突破了线性模式，出现新的路径选择（杨丹辉，2010）。后发国家可以凭借后发优势实现产业结构的跨越式升级，即通过服务业开放与承接服务外包参与全球价值链分工，吸纳全球优势要素，提升全球资源整合能力，加快向服务经济转型，提高本国产业在全球价值链链上的竞争力。

## 三、服务外包、知识扩散与模仿的效果

服务外包的发展提高了全球经济的一体化程度，而对于接包方来说，这将使

其接触人类知识基础和创新成果资源的机会增多。众所周知，商品和服务的国际交换总是伴随着知识传播和技术转移，而在贸易过程中产生的学习和模仿则是知识扩散的重要方式，后起国家和地区通过模仿能够改善自身的交换条件。从印度等服务外包承接国的发展经验来看，随着服务外包规模不断扩大，外包项目中蕴含的隐性知识不断显现，通过学习和模仿，服务外包企业的技术能力不断提高，承接外包业务的类型更加高端化，开始为发包方提供高质量的系统解决方案，服务外包自身完成了升级发展，从而获得了服务外包的“微笑曲线”（见图 8-4）。这也验证了服务外包的另一个重要影响，尽管通常情况下，发包一方具有显著的技术优势和控制能力，但接包方在学习过程中实现的动态成长将在不同国家之间引入创新竞争。

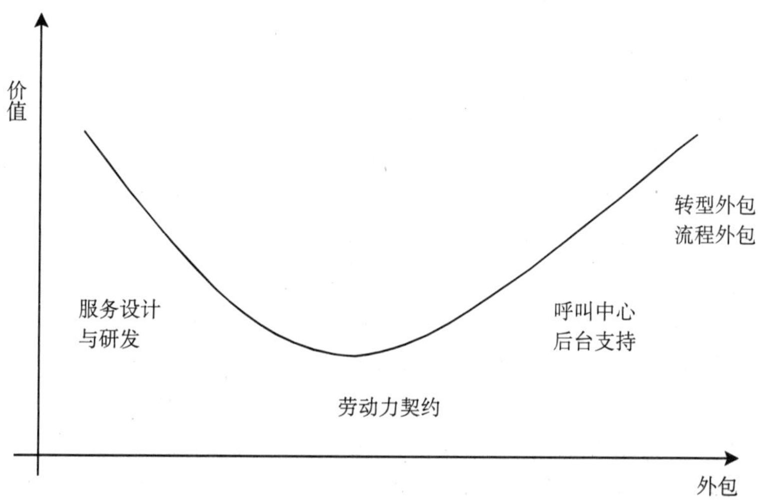


**图 8-4 服务外包的“微笑曲线”**

资料来源：秦仪:《关于服务外包的价值链研究》,《国际商务——对外经济贸易大学学报》2007 年第 4 期。

在肯定服务外包为后起国家提供学习和模仿机会、促进知识跨国传播方面的积极作用的同时，也应该看到，以服务外包为依托的产业升级模式的可持续性还有待时间的检验。目前，多数发展中国家的外包企业还处在被动接包的地位，从事单一的外包业务将导致发展中国家的技术成长路线被锁定，对发达国家的业务分解和项目管理产生一定的依赖。如果后起国家不能建立有效的学习机制和自主创新体系，长期承接低水平的服务外包有可能使其在服务业领域再度落入“跟随式”的发展陷阱。

# 第三节 全球价值链下我国服务外包战略新选择

## 一、我国服务外包的发展情况

我国是较早重视服务外包发展的国家之一。2004 年就提出发展服务外包的“千百十工程”，积极培育服务外包基地城市，国家相继出台了一系列支持服务外包业务的政策措施，有力推动了服务外包业务的大发展，目前已经成为世界离岸外包的第二大承接国。自 2008 年国际金融危机以来，我国仍然保持良好发展势头，并且进一步加快向高端业务升级，带来越来越大的经济社会效益，其作用得到国家和各地越来越多的重视。

近年来，中国服务外包产业继续保持快速增长（见表 8-1）。据商务部统计，2012 年全年承接服务外包合同执行金额 465.7 亿美元，同比增长 43.8%，其中承接离岸服务外包合同执行金额 336.6 亿美元，同比增长 41.1%，占全球离岸服务外包市场总额的 27.7%（见图 8-5），中国已成为全球第二大服务外包接包国。经过多年的探索和发展，中国服务外包产业结构更加优化，高附加值服务持续增加，企业积极把握大数据、云计算、移动互联、物联网等技术变革带来的新机遇，重塑“与客户成为战略伙伴”的商业模式，提升自主创新能力，通过在全球范围内整合资源，提高国际竞争力，提升“中国服务”品牌的国际影响力。2013 年我国共签订承接服务外包合同 167424 份，合同金额 954.9 亿美元，同比增长 55.8%；执行金额 638.5 亿美元，同比增长 37.1%。其中，承接国际服务外包合同金额 623.4 亿美元，同比增长 42.2%；执行金额 454.1 亿美元，同比增长 35.0%。知识流程外包业务增长迅速。2013 年，信息技术外包、业务流程外包和知识流程外包承接国际服务外包合同金额分别为 311.7 亿美元、97.2 亿美元和 214.5 亿美元，同比分别增长 36.8%、25.8%和 60.8%。美国、欧盟、中国香港和日本是购买国际服务的主要发包市场。2013 年我国承接美国、欧盟、中国香港和日本的国际服务外包执行金额分别为 117.5 亿美元、71.4 亿美元、54.0 亿美元和 51.8 亿美元，占执行总额的 25.9%、15.7%、11.9%和 11.4%。服务外包产业就业规模稳步扩大。2013 年，我国服务外包产业新增从业人员 106.5 万人。截至 2013 年年底，我国共有服务外包企业 24818 家，从业人员 536.1 万人，其中大学（含大专）以上学历 355.9 万人，占从业人员总数的 66.4%。

**表 8-1 2008~2014 年 5 月我国服务外包合同签订及执行情况**

单位：亿美元，%

| 年份 | 服务外包 | | | | 承接国际服务外包 | | | |
|---|---|---|---|---|---|---|---|---|
| | 合同金额 | 同比 | 执行金额 | 同比 | 合同金额 | 同比 | 执行金额 | 同比 |
| 2008 | — | — | — | — | — | — | 46.9 | — |
| 2009 | 200.1 | 185.6 | 138.4 | — | 100.9 | — | — | — |
| 2010 | 274.0 | 37.0 | 198.0 | 43.1 | 198.3 | 34.3 | 144.5 | 43.1 |
| 2011 | — | — | 323.9 | 63.6 | — | — | 238.3 | 65.0 |
| 2012 | 612.8 | 37.0 | 465.7 | 43.8 | 438.5 | 34.4 | 336.6 | 41.1 |
| 2013 | 954.9 | 55.8 | 638.5 | 37.1 | 623.4 | 42.2 | 454.1 | 35.0 |
| 2014 年 1~5 月 | 400.0 | 43.5 | 272.7 | 37.1 | 270.6 | 37.1 | 185.4 | 33.7 |

资料来源：商务部。

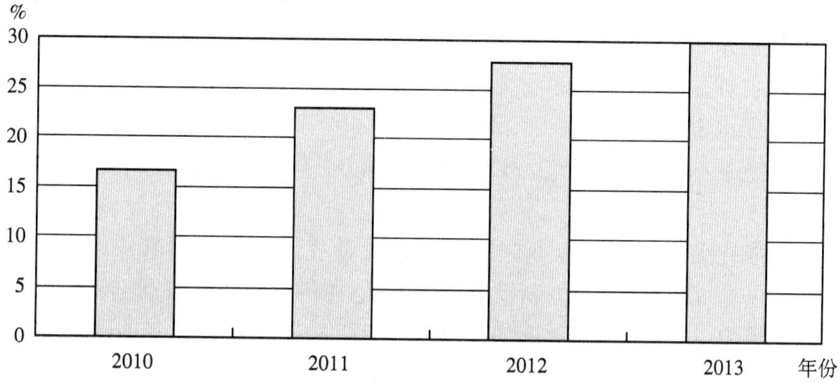


**图 8-5 2010~2013 年我国承接离岸外包占全球服务外包市场规模的比重**

资料来源：商务部。

## 二、基于全球价值链的我国服务外包战略选择

第一，抓住服务全球化黄金机遇，全方位嵌入全球价值链服务环节。我国要抓住服务业全球化和后危机时代世界产业大调整的双重机遇，实现服务业跨越式升级。同时，必须坚持扩大开放、引进外资，全方位嵌入全球价值链分工，开创服务业以开放促改革、促创新、促发展之路。

第二，实现服务业开放与改革的良性互动，发挥服务外包产业组织驱动器作用，推动打造我国经济升级版。我国服务业相对落后表现为从技术到战略、到理念、到管理方式、到商业模式的全面滞后，但深层次症结仍然是体制机制僵化，行业垄断与开放不足伴生着市场竞争的严重不足与服务供应质量效率低下。因此，贯彻中共十七届五中全会“实施更加积极主动的开放战略”的精神，关键是服务业的主动开放，而服务业开放又特别需要相关的配套改革。我国要抓住新一轮服务全球化与服务转移外包的机遇，必须全面推进从宏观到微观的服务业体制机制改革和制度创新。由于一些服务业领域更多涉及国家安全和意识形态，我们更需要选择以渐进式开放促改革的路径，实现由点到面、点面结合的制度创新；重点是选择一些有条件的经济特区、国家开放先导区和其他特殊功能区，推进从法律制度到政府职能、中介服务和微观制度的先行改革，率先打破行业垄断和壁垒，创造新的市场化规范化营商环境。同时，辅之以面上的配套改革。通过改革与开放的良性互动，打造中国式“班加罗尔”，作为服务业开放式升级的先导示范区域，辐射带动我国整体服务业乃至经济产业整体转型升级，再创我国产业跨越式升级的新辉煌，打造我国产业升级版。

第三，制定并实施基于全球价值链的服务外包战略，实现中国全球价值链地位攀升。我国必须将参与服务业全球化作为新一轮对外开放的核心内容，并置于经济增长方式转变和经济增长模式转型的战略高度认真对待，切实转变发展观念、创新发展路径。联合国贸发会议也建议，中国应该建立属于自己的全球价值链网络和全球生产服务体系，形成中国在全球价值链中的竞争优势，推动国内产业升级。因此，基于我国经济结构调整和产业转型的需要，中国应制定基于全球价值链的服务外包战略，以实现全方位参与全球价值链与推动地位攀升的双重目标。

第四，强化溢出效应，以双向服务外包推动我国创新型国家建设。服务业已成为现代经济中最为重要的创新源泉，同时还在创新中发挥重要组织领导作用。我国企业创新能力不足不仅体现在核心技术装备上，而是更多地体现在战略思维、经营理念、管理流程和商业模式等环节，制约了企业整合利用全球科技知识、研发成果、商业设计、经营诀窍和高端人才的能力。与印度一大批民营企业通过全球化经营战略，参与全球价值链分工，重塑核心能力、实现全方位创新相比，形成了巨大的反差。通过“引进来”与“走出去”相结合，鼓励双向服务外包，嵌入全球价值链高端环节，将把我国向服务经济转型进程与发展知识经济、信息经济和提升自主创新能力有机结合，开创我国建设创新型国家的新局面。

第五，实施“大外包”战略，全面参与全球价值链重塑。一方面，不断完善鼓励承接服务外包的政策措施，提高承接和吸纳能力，拓展外包市场和接包方式，逐步提升接包业务水平，加强接包企业能力建设，强化辐射带动效应。另一方面，更加注重发挥服务外包的产业组织驱动器作用，推动产业集聚和空间集聚，大力支持本土企业主动发展服务外包，积极有序参加全球价值链的深度分解与优化重组，不断提升企业全球资源整合能力；把发展双向服务外包作为实现价值链地位攀升的利器，推动服务外包与本土专业化服务供应商成长的有机结合，特别是大力推动各行业龙头企业分离非核心业务，注重对外发包，逐步实现从自我服务向第三方服务、向专业服务运营商序列的升级；大力培育本土中小和民营服务运营商，支持有实力的外包商向服务运营商升级。通过两者的有机结合，最大程度上强化承接服务外包的外溢效应，更多分享服务全球化红利，创新服务业技术成长升级的路径。倡导现有服务外包示范城市逐步转向“两条腿”走路，将承接离岸外包与发展本地外包结合起来，实现发展模式转型。

第六，努力办好全国服务外包示范基地城市，推动中心城市服务经济实现开放式跨越。选择上海、北京、深圳等中心城市作为扩大服务业开放、率先向服务经济转型的先导示范区，大胆创新服务外包基地城市建设，允许其在相关改革开放方面先行先试，先行探索服务业开放性跨越的新路径。同时，充分发挥各地各类特殊功能区的开放先导作用，鼓励搞好双向服务外包示范基地建设，加快服务业开放。

**参考文献**


CSC. Our History, 50 Years Strong, http: //www.csc.com/fifty/flex/23506-the_story of csc, 2009.

Gereffi G. and Kanrina Fernandez-Stark. The Offshore Service Global Value Chain, Working Paper of the Chilean Agency for Economic Development, 2010.

Gereffi G. and Sturgeon Timothy. Globalization, Employment, and Economic Development: A Briefing Paper," Working Paper for Slogan Workshop Series in Industrial Studies, Rockport, Massachusetts, 1994, 6.

Gereffi G. International Trade and Industrial Upgrading in the Apparel Commodity Chain, Journal of International Economics, 1999, 48 (1).

Gereffi G. and Olga Memedovic. The Global Apparel Value Chain: What Prospects for Upgrading by Developing Countries, http: //www.unido.org/index.php? id=o12770, 2003.

Humphrey J. and Hubert Schmitz. How Does Insertion in Global Value Chains Affect Upgrading in Industrial Clusters?, Regional Studies, 2002, 36.

Humphrey J. and Hubert Schmitz. Governance and Upgrading: Linking Industrial Cluster and Global Value Chain Research, IDS Working Paper No.120, Brighton: Institute of Development Studies, University of Sussex, 2000.

Kaplinsky R.. Spreading the Gains from Globalization: What Can be Learned from Value chain Analysis?, Journal of Development Studies, 2000, 37 (2).

Kaplinsky R. and Morris M. A Handbook for Value Chain Research, http: //www.ids. ac.uk/global, 2001.

Kenney, Martin and Rafiq Dossani. Digitizing Services: What Stays Where and Why, in S. Bagchi-sen & H. L. Smith (Eds.), Economic Geography: Past, Present and Future London, New York, Routledge, 2006.

Mathe, Hervé and Teo Forcht Dagi. Harnessing Technology in Global Service Businesses, Long Range Planning, 1996, 29 (4).

Mongillo, Leonardo and Gustavo Tasner. Chile Interview Series: Capgemini S.A. Personal Communication with K. Fernandez-Stark & P. Bamber, October 6, 2009.

NASSCOM. Indian IT-BPO Industry Factsheet, http://www.nasscom.in/upload/5216/ IT_Industry_Factsheet-Mar_2009.pdf, 2009.

OECD. Europe Regional Investment Strategy Key Findings of the Sector Specific Study, Sarajevo: OECD Private Sector Development Division, July 3, 2008.

Rigotti, Attilio, Alejandro Soza, Ramón Corbalán, and Sebastian Irarrázaval. Chile Interview Series: Universidad Católica, 2009.

UNIDO. Inserting Local Industrial into Global Value Chains and Global Production Networks: Opportunities and Challenges for Upgrading, Working Paper, 2004.

张辉：《价值链动力机制与产业发展策略》，《中国工业经济》2006年第1期。

聂鸣等：《地方产业集群嵌入全球价值链的方式及升级前景研究述评》，《研究与发展管理》2006年第12期。

刘志彪等：《全球代工体系下发展中国家俘获型网络的形成、突破与对策》，《中国工业经济》2007年第5期。

张小蒂等：《论全球价值链中我国企业创新与市场势力构建的良性互动》，《中国工业经济》2007年第5期。

杨东进：《嵌入全球价值链模式与自主全球价值链模式的绩效比较分析》，《经济经纬》2008年第3期。

崔鑫：《嵌入全球价值链：生产性服务业发展路径选择分析与对策研究》，《前沿》2009年第5期。

秦仪：《关于服务外包的价值链研究》，《国际商务》2007年第4期。

杨丹辉、王子先：《服务外包与我国社会服务业开放发展战略》，经济管理出版社2014年版。

# 第九章　基于全球价值链的外贸转型战略

## 第一节　我国外贸参与全球价值链分工的历程及成效

对外贸易是我国参与全球价值链分工的一条重要主线，为我国经济发展作出了重要贡献，其中的增值贸易就是重要衡量标准。根据联合国贸发会议的专题研究，增值贸易对发展中国家 GDP 的平均贡献率约为 28%，对发达国家 GDP 的贡献率为 18%，估计中国增值贸易对 GDP 的贡献率还要高于发展中国家平均水平。中国和一些发展中国家还成功地提高了高附加值产品和服务的出口，这种出口升级模式使中国得以嵌入全球价值链中技术含量较高的经济活动，中国成为在全球价值链中不断升级，进而创造更多国内增值的成功范例。例如，中国已成功地扩展到越来越多的以高科技出口为导向的经济活动中，基于知识的高端服务出口在 2000~2010 年增加了 8 倍（联合国贸发会议，2013）。

然而，应该看到，中国主要依靠规模扩张和劳动力低成本优势的外贸发展模式没有发生根本改变，在全球价值链总体处于中低端位置，代工和贴牌方式仍占据主导地位，自主品牌和知识产权产品比重还比较低，在国际市场中定价权、话语权较低。特别是国际金融危机以来，内外部压力相互叠加，在外部需求总体不景气的同时，内部劳动力成本、要素成本不断上升，资源环境生态压力不断加大，人民币汇率不断升值，“中国制造”告别低成本时代，传统的外贸发展模式难以为继，实施基于全球价值链的外贸转型战略，推动“中国制造”向“中国创造”和“中国服务”转型，已经势在必行。

### 一、对外贸易：我国参与全球价值链分工的先导

伴随着高度集中的计划经济体制的建立，我国逐步形成了国家集管理和经营于一体的高度集中的外贸体制，其核心是国家对外贸实行指令性计划管理和统负

盈亏，对外贸易由少数几家国营外贸公司垄断经营，其他方面对外经济交流也实行国家统制。其时，对外贸易的功能就是调剂余缺，与国际市场基本处于隔绝状态，更谈不上参与全球产业链分工与合作。1978 年，党的十一届三中全会决定实行对外开放方针，随后率先在沿海地区对外经济活动领域实行一些特殊政策和灵活安排，推动对外贸易和经济合作领域先行改革，下放管理权限，因此外贸成为市场化改革的先锋，也成为我国积极主动加入到国际分工和交换体系的先导（江小涓，2008）。对外贸易率先突破计划经济坚冰，融入国际分工体系以及后来所说的全球价值链中，概括起来可以分为两个阶段：

第一阶段，加入 WTO 以前。通过渐进的区域开放，由点到线到面，逐步加入国际分工与贸易，开始嵌入全球价值链之旅。首先在广东、福建两省对外经济领域实行特殊政策和灵活安排，下放外贸管理和经营权限，允许先行对外开放；陆续扩大各部门、各地方的外贸经营管理权限，调动各方面发展对外贸易的积极性；早在 1977 年就出台积极发展“三来一补”政策，创造了我国特殊的自由贸易小环境，推动了对外加工装配贸易的起步和发展，启动了我国率先主动参与全球生产制造网络的旅程；80 年代后期我国出台沿海地区经济发展战略，实行鼓励“大进大出，两头在外”的进料加工政策，促进了沿海地区外向型经济的跨越式大发展，也为大量吸收欧美投资、承接国际产业转移创造了条件，提升了我国参与全球价值链的水平；借鉴国外自由贸易区和出口加工区的经验，创办经济特区，最早由广东省提出，实行有别于其他地区的特殊政策，也叫“出口特区”，实行以外商投资为主、以出口为主的功能定位，成为我国最早的外向型经济实验区，全力参与国际分工和交换，是我国参与全球价值链的先导区域；其他各类特殊经济功能区，包括除经济特区之外的经济技术开发区、高新技术开发区、保税区、出口加工区等，均是我国对外开放的先导区域，在对外贸易领域先行下放权力，创造相对宽松的环境，推动了对外开放由点到线、到面的不断扩展，逐步扩大了我国参与国际分工与交换的区域范围，形成了全方位开放格局，扩展了我国参与全球价值链的广度（王子先，2008）。

第二阶段，加入 WTO 给我国参与全球价值链分工与贸易写下了浓墨重彩的一笔。我国实现了外贸从政策性开放向制度性开放的转变，大大提高了贸易自由化、便利化水平。加入 WTO 首先改变了整个对外开放的大格局，标志着我国对外开放进入一个新阶段。中国由有限范围、领域、地域的开放转变为全方位、多层次、宽领域的开放；由单方面为主的自我开放市场转变为与 WTO 成员之间的双向开放市场。这些重大变化既为中国经济发展提供了新的空间，也为参与经济全球化和全球价值链分工开辟了新的重要途径。加入 WTO 推动了中国经济与世界经济的融合，实现了贸易自由化。中国的平均关税水平从加入 WTO 前的 15.3%下降到 2002 年的 12.7%和 2007 年的 9.8%，工业品关税从加入 WTO 前的

14.8%下降到2007年的8.9%，农产品平均关税从加入WTO前的23.2%下降到2007年的15.2%，目前我国工业品关税接近发达国家的平均水平，并成为全世界农产品关税最低的国家之一。中国的关税约束率达到100%，实际关税和约束关税一致。除了根据有关国际公约必须维持进口许可证管理的少数产品，中国的进口非关税措施已全部取消，加入WTO的承诺履行完毕。按照承诺取消了外贸经营权审批制，改为实行登记备案制，彻底放开了外贸经营权（王子先，2008）。另外，在WTO分类的160多个服务贸易部门中，中国已经开放了100多个，占62.5%，接近发达成员的平均水平。最后，全面清理与贸易有关的法律法规，实现法律制度的接轨。加入WTO后，仅中央层面就制定、修订、废止了2300余件法律、行政规定和部门规章。从以上几个方面确保了中国贸易体制与WTO的全方位对接，推动了我国参与全球价值链广度与深度的提高。

总之，前期以渐进性主动性区域开放为主线，我国外贸参与全球价值链得以由点到线、到面逐步推进，其中加工贸易成为我国参与国际水平分工和全球价值链的主导形式，一般贸易是重要组成部分，带有鲜明的中国特点；后期，在积极主动开放的基础上，加入多边贸易体系，实现了贸易自由化，开始从制度上融入世界经济贸易，我国参与全球价值链分工与贸易进入新阶段。

## 二、参与全球价值链分工及贸易模式推动中国外贸跨越式发展

通过参与全球价值链分工与贸易，中国充分发挥了自身的比较优势，不断推进了出口产业升级和出口商品结构的优化，释放出巨大出口动能，促进了对外贸易的大发展，加工贸易和外商投资企业逐步成为出口主力军，民营企业生力军作用逐步显现，外贸保持了显著高于世界贸易和我国经济的增长速度。改革开放以来我国在世界贸易中的排名从第32位上升至第1位，迅速成为世界贸易大国，在全球贸易中的比重显著提升，贸易开放度不断提高，创造了世界贸易发展史上新的奇迹（见表9-1、表9-2、表9-3和表9-4）。

**表9-1 历年进出口贸易情况**

单位：亿美元，%

| 年份 | 金额 | | | | 增长率 | | |
|---|---|---|---|---|---|---|---|
| | 进出口 | 出口 | 进口 | 顺差/逆差 | 进出口 | 出口 | 进口 |
| 1978 | 206.4 | 97.5 | 108.9 | -11.4 | 39.4 | 28.4 | 51.0 |
| 1985 | 696.0 | 273.5 | 422.5 | -149.0 | 30.0 | 4.6 | 54.1 |
| 1990 | 1154.4 | 620.9 | 533.5 | 87.5 | 3.4 | 18.2 | -9.8 |
| 1995 | 2808.6 | 1487.8 | 1320.8 | 167.0 | 18.7 | 23.0 | 14.2 |
| 2007 | 21737.3 | 12177.8 | 9559.5 | 2618.3 | 23.5 | 25.7 | 20.8 |
| 2008 | 25616.3 | 14285.5 | 11330.9 | 2954.6 | 17.8 | 17.2 | 18.5 |

续表

| 年份 | 金额 | | | | 增长率 | | |
|---|---|---|---|---|---|---|---|
| | 进出口 | 出口 | 进口 | 顺差/逆差 | 进出口 | 出口 | 进口 |
| 2009 | 22072.2 | 12016.6 | 10055.6 | 1961.0 | -13.9 | -16 | -11.2 |
| 2010 | 29727.6 | 15779.3 | 13948.3 | 1831.0 | 34.7 | 31.3 | 38.7 |
| 2011 | 36420.6 | 18986.0 | 17434.6 | 1551.4 | 22.5 | 20.3 | 24.9 |
| 2012 | 38667.6 | 20489.3 | 18178.3 | 2311.1 | 6.2 | 7.9 | 4.3 |
| 2013 | 41603.1 | 22100.2 | 19502.9 | 2597.3 | 7.6 | 7.9 | 7.3 |

资料来源：海关统计。

**表 9-2 历年分贸易方式出口情况**

单位：亿美元，%

| 年份 | 金额 | | 比重 | |
|---|---|---|---|---|
| | 一般贸易 | 加工贸易 | 一般贸易 | 加工贸易 |
| 1981 | 208.0 | 11.3 | 94.5 | 5.1 |
| 1985 | 237.3 | 33.2 | 86.8 | 12.1 |
| 1990 | 354.6 | 254.2 | 57.1 | 40.9 |
| 1995 | 713.7 | 737.0 | 48.0 | 49.5 |
| 2001 | 1118.8 | 1474.3 | 42.0 | 55.4 |
| 2007 | 5384.6 | 6175.6 | 44.2 | 50.7 |
| 2008 | 6625.8 | 6751.8 | 46.4 | 47.3 |
| 2009 | 5298.0 | 5870.0 | 44.1 | 48.8 |
| 2010 | 7207.3 | 7403.3 | 45.7 | 46.9 |
| 2011 | 9171.2 | 8354.2 | 48.3 | 44.0 |
| 2012 | 9880.2 | 8627.8 | 48.2 | 42.1 |
| 2013 | 10875.3 | 8608.2 | 49.2 | 38.9 |

资料来源：海关统计。

**表 9-3 历年出口主体结构情况**

单位：亿美元，%

| 年份 | 金额 | | | 比重 | | |
|---|---|---|---|---|---|---|
| | 国有企业 | 外资企业 | 其他企业 | 国有企业 | 外资企业 | 其他企业 |
| 1985 | 270.4 | 3.0 | 0.1 | 98.9 | 1.1 | 0.0 |
| 1990 | 541.4 | 78.1 | 1.4 | 87.2 | 12.6 | 0.2 |
| 1995 | 992.6 | 468.8 | 26.4 | 66.7 | 31.5 | 1.8 |
| 2001 | 1132.3 | 1332.4 | 196.3 | 42.5 | 50.1 | 7.4 |
| 2006 | 1913.4 | 5638.3 | 2139.0 | 19.7 | 58.2 | 22.1 |
| 2007 | 2248.1 | 6955.2 | 2976.8 | 18.4 | 57.1 | 24.5 |
| 2008 | 2572.3 | 7906.2 | 3807.0 | 18.0 | 55.3 | 26.7 |

续表

| 年份 | 金额 | | | 比重 | | |
|---|---|---|---|---|---|---|
| | 国有企业 | 外资企业 | 其他企业 | 国有企业 | 外资企业 | 其他企业 |
| 2009 | 1910.0 | 6722.0 | 3384.0 | 15.9 | 55.9 | 28.2 |
| 2010 | 2343.6 | 8623.1 | 4812.7 | 14.9 | 54.6 | 30.5 |
| 2011 | 2672.2 | 9953.3 | 6360.5 | 14.1 | 52.4 | 33.5 |
| 2012 | 2562.8 | 10227.6 | 7699.0 | 12.5 | 49.9 | 37.6 |
| 2013 | 2489.9 | 10442.6 | 9167.7 | 11.3 | 47.2 | 41.5 |

资料来源：海关统计。

**表 9-4 1990~2013 年我国货物贸易依存度**

单位：%

| 年份 | 货物贸易依存度 | 货物出口依存度 | 货物进口依存度 | 工业品出口占工业增加值比重 |
|---|---|---|---|---|
| 1990 | 29.6 | 15.9 | 13.7 | 32.2 |
| 1995 | 38.6 | 20.4 | 18.1 | 43.0 |
| 2000 | 39.6 | 20.8 | 18.8 | 47.4 |
| 2005 | 63.6 | 34.1 | 29.5 | 80.9 |
| 2007 | 66.2 | 37.1 | 29.1 | 72.5 |
| 2008 | 58.2 | 32.5 | 25.7 | 72.8 |
| 2009 | 44.9 | 24.5 | 20.5 | 57.8 |
| 2010 | 50.8 | 26.9 | 23.8 | 63.3 |
| 2011 | 49.6 | 26.0 | 23.9 | 61.2 |
| 2012 | 47.0 | 24.9 | 22.1 | 61.5 |
| 2013 | 45.4 | 24.1 | 21.3 | 63.0 |

注：货物贸易依存度、出口依存度、进口依存度分别为货物进出口额、出口额、进口额与国内生产总值的比重。

资料来源：根据国家统计局、海关统计有关数据计算。

## 三、在参与全球价值链分工中实现出口结构的大跨越

通过参与国际部门内产品内分工与贸易，我国承接了三次大的国际产业转移，实现了出口商品结构的四次大跨越，见证了我国外贸在全球产业链、价值链中变化的轨迹。改革开放以来，我国抓住三次国际产业转移的重大机遇，实现了对外贸易的跨越式发展：一是 20 世纪 80 年代我国抓住了以轻纺产品为代表的国际劳动密集型产业向发展中国家转移的历史机遇，完成了轻重工业结构的合理调整；二是 20 世纪 90 年代我国承接了大量制造业的国际转移，推动了我国机电产业的迅速发展；三是 21 世纪以来，我国发挥巨大市场空间以及更加开放的优势，积极承接以 IT 为主导的国际产业转移，促进了我国高新技术产业的迅速发展。

同时，我国出口产品结构完成了四次重大跨越：一是由改革开放前的农产品为主，向改革开放初期的工业品为主转变，1977 年工矿产品出口仅占出口总额的 38.5%，到 1980 年就超过一半达 51.8%；二是到 20 世纪 80 年代中期又实现了从初级产品为主向工业制成品为主的转变，到 1986 年工业制成品出口比重升至 63.6%，开始超过初级产品，此后又不断攀升，到 1990 年我国初级产品出口比重比 1980 年下降一半，工业制成品上升到 74.4%；三是 20 世纪 90 年代中后期进一步实现由轻纺产品为主向机电产品为主转变，1997 年我国机电产品已超过纺织和轻工产品成为第一大类出口商品，目前所占比重已超过 50%，改变了我国与发达国家产业间分工的状况，并与发达国家形成产业内贸易的格局，提升了我国在国际分工中的地位；四是 21 世纪以来进一步向技术含量和附加值双高以及高新技术产品为主方向转变，2005 年我国出口结构中初级产品比重进一步下降到 6.4%，机电产品和高新技术产品进出口快速增长，占进出口总额的比重分别达到 54.6%和 29.2%，比 2000 年分别提高 10.7 个和 10.3 个百分点（张晓静，2007）。以后，机电产品和高新技术产品出口比重进一步提高。

伴随着规模扩张，中国对外贸易结构不断优化。从出口商品结构来看，经过 30 多年与全球价值链的深入互动发展，我国机电产品和高技术产品出口增长迅速，机电产品占据了出口的半壁江山，有约三成出口是高新技术产品（见表 9–5）。再从进出口市场分布来看，欧盟、美国传统市场继续扩大的同时，东盟、俄罗斯、印度等新兴市场的重要性日益提高（见表 9–6）。

**表 9–5　1980~2013 年中国出口商品结构的变化**

单位：%

| | 1980 年 | 1990 年 | 2000 年 | 2005 年 | 2010 年 | 2012 年 | 2013 年 |
|---|---|---|---|---|---|---|---|
| 初级商品 | 50.3 | 25.6 | 10.2 | 6.4 | 5.2 | 4.9 | — |
| 工业制成品 | 49.7 | 74.4 | 89.8 | 93.6 | 94.8 | 95.1 | — |
| 化学及有关制品 | 6.2 | 6.0 | 4.9 | 4.7 | 5.6 | 5.5 | — |
| 按原料分类制成品 | 22.1 | 20.3 | 17.1 | 13.3 | 15.8 | 16.3 | — |
| 机械及运输设备 | 4.7 | 9.0 | 33.1 | 46.2 | 49.5 | 47.1 | — |
| 杂项制品 | 15.7 | 20.4 | 34.6 | 25.5 | 23.9 | 26.1 | — |
| 未分类的其他制品 | 1.2 | 18.7 | 0.1 | 0.2 | 0.1 | 0.1 | — |
| 机电产品 | 7.7 | 17.9 | 42.3 | 56.0 | 59.2 | 57.2 | 57.3 |
| 高新技术产品 | — | — | 14.9 | 28.6 | 31.2 | 28.9 | 29.9 |

注：机电产品和高技术产品中部分商品重叠。

资料来源：海关统计相关年份。

表 9-6　2013 年对主要国家和地区货物进出口额及其增长速度

单位：亿美元，%

| 国家/地区 | 出口额 | 同比增长 | 进口额 | 同比增长 |
|---|---|---|---|---|
| 欧盟 | 3390 | 1.1 | 2200 | 3.7 |
| 美国 | 3684 | 4.7 | 1525 | 14.8 |
| 东盟 | 2441 | 19.5 | 1996 | 1.9 |
| 中国香港 | 3848 | 19.0 | 162 | -9.3 |
| 日本 | 1503 | -0.9 | 1623 | -8.7 |
| 韩国 | 912 | 4.0 | 1831 | 8.5 |
| 中国台湾 | 406 | 10.5 | 1566 | 18.5 |
| 俄罗斯 | 496 | 12.6 | 396 | -10.2 |
| 印度 | 484 | 1.6 | 170 | -9.6 |

资料来源：《2013 年国民经济和社会发展统计公报》。

## 四、我国外贸发展模式总体取得成功

我国现有外贸发展模式对内是基于比较优势，对外则以参与经济全球化和全球价值链分工为主导。由于国际分工已经进入全球价值链分工为主导的新阶段，国际分工深度和广度都大大超过以往阶段，也促进了国际贸易的多元化、高端化、规模化，因此参与全球价值链分工与贸易为我国嵌入全球生产体系创造了条件，带来巨大开放红利，有力推动了我国经济增长、产业升级、技术进步、效率提升、就业和税收增加。根据联合国贸发会议的研究，增值贸易对发展中国家GDP 的平均贡献率约为 25%，中国增值贸易对 GDP 的贡献率还略高于发展中国家平均水平；同时，中国还逐步推动了出口产业升级，提高了高附加值产品和服务出口比重，成为在全球价值链中不断升级，进而创造更多国内增值的范例。所以，贸易的综合性引擎作用在中国当之无愧。

外贸为将富余劳动力转化成“人口红利”以及缓解就业压力作出了极大的贡献。价值链分工中，被跨国公司转移到中国的劳动密集型生产工序、环节，使中国成为“世界加工厂”，创造了巨大的就业利益。商务部一项课题研究表明，在1987~2007 年，随着我国外贸规模的不断扩大，外贸所带动的就业人数也不断增加。1987 年我国外贸所带动的就业人数为 5008 万人，在 2005 年与 2007 年，随着我国进出口规模的急剧增加，外贸所带动的就业规模突破 1 亿人。外贸还发挥了技术溢出效应。改革开放初期，跨国公司主要将中国作为一个低成本的加工组装基地，零部件、中间产品主要靠进口，国内产业链条短，配套产业发展滞后。20 世纪 90 年代以后，随着我国技术水平、原材料质量以及人员素质的不断提高，国内产业配套能力显著提升。2003 年以来，加工贸易的国内配套能力逐年增强。2008 年，加工贸易增值率为 78.42%，国内配套率为 47.32%。外贸还推动了我国的制度创新。改革开放以来，为积极吸引外资，更广泛地嵌入跨国公司的价值链分工体系中和获取更多分工利益，我国不断推动市场化改革。外资的进入，还打破了原有的市场沉寂状态，给中国带来了竞争机制，颠覆了国内生产企业原有的生产经营理念。国内企业通过合资、合作等经营模式，加强了与外资企业的交流与合作，学习先进的管理模式和营销手段，推动了国内企业逐步转换经营机制，走国际化道路（李善同，2007）。

## 第二节　实现向全球第一制造和贸易大国的跨越

### 一、全球第一制造和“世界工厂”

过去 30 多年来，工业是中国增长最快、改革力度最大、对外开放程度最高的部门。加速工业化对中国经济持续增长作出了重大贡献，促使中国工业的国际地位不断提升。目前，有 220 多种工业品产量居世界第一位，是名副其实的“世界工厂”。另据美国经济研究和咨询公司发表的报告，2010 年中国制造业产值达到 1.955 万亿美元，占全球的 19.8%，超过美国的 1.952 万亿美元，跃居全球第一制造大国。日本是全球制造业第三大国，2010 年制造业产值 1.027 万亿美元，德国排第四，为 6180 亿美元。但是中国制造业效率仍远低于美国，中国制造业人均产值为美国的 1/8，显示中国制造业主要集中在低附加值行业，而美国则主要集中在高附加值行业（中国经济网，2011 年 3 月 16 日）。另据原工业和信息化部部长李毅中发表的数据，中国 2012 年规模以上工业增加值超过 20 万亿元，连续 3 年超过美国成为全球制造第一大国；2010 年中国工业增加值为 23742 亿美元（约 14.7 万亿元人民币），超过美国 22063 亿美元，第一次超过美国；2011 年，中国工业增加值 29196 亿美元，是美国的 1.23 倍。在世界 500 多种主要工业品中，中国有 220 种产品产量居世界第一位，2012 年进入世界 500 强企业达 73 家（含中国香港），位居世界第二。

### 二、中国成为世界第一货物贸易大国

2013 年，我国货物进出口总额达到 4.16 万亿美元，其中出口 2.21 万亿美元，进口 1.95 万亿美元。根据世界贸易组织秘书处初步统计，2013 年中国已超过美国跃升为世界第一货物贸易大国，这是我国对外贸易发展的历史性标志和新的里程碑，也是 30 多年来我国坚持改革开放、不断融入全球分工体系的重大成果。同时，作为迄今唯一的发展中第一贸易大国，对外贸易跨越式发展，不仅有

力地拉动了中国经济增长，而且也为世界经济做出了重要贡献，对国际贸易格局生产了不可忽视的影响。

过去30多年来，中国对外贸易发展取得的成就有目共睹，世界第一货物贸易大国的地位是中国进出口增长实绩和结构优化最有力的佐证。随着对外开放进程加快，中国制造业逐步融入全球分工体系，促进了工业制成品生产和出口的快速增长，成为名副其实的“世界工厂”和“全球制造中心”。同时，中国经济持续增长、工业化城镇化加速推进、国内消费升级不仅带动了大量国外资本、技术等高端要素流入，而且还拉动了资源、能源以及消费品和服务进口。总体来看，我国货物贸易保持着较高的增长速度。1981~2013年，中国货物出口年平均增长率达到17.4%，远远超过1981~2012年世界货物出口5.6%的年平均增长水平（见图9-1）。30多年来，我国对外贸易几乎每4年实现翻一番，直接和间接带动了国内1.8亿人就业，成为推动经济社会发展的最活跃力量之一。

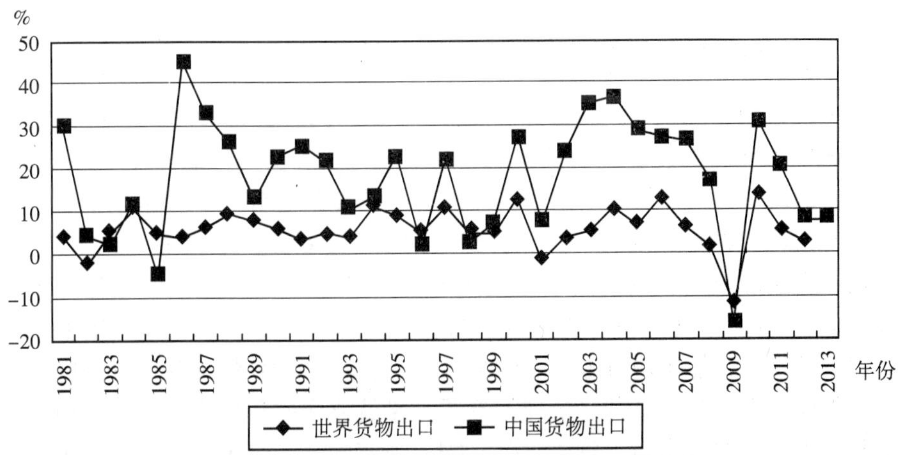


**图9-1 1981~2013年中国与世界货物出口增长率**

资料来源：中国数据来自《中国统计年鉴》相关年份及国家统计局网站；世界数据来自WTO。

中国成为全球第一贸易大国，是100多年来发展中国家首次成为世界货物贸易第一大国，创造了世界史上新的纪录；我国对外贸易从1000亿美元迈上1万亿美元台阶，只用了16年，而美国用了20年，德国用了25年，英国用了30年。从1万亿美元跃上2万亿美元台阶，中国仅用了3年，美国、德国分别用了8年、10年。1978~2013年，中国外贸总额年均增长16.4%，是世界贸易平均增速的2~3倍。目前，中国已成为世界上120多个国家和地区的最大贸易伙伴。中国对外贸易占全球的比重不断攀升，创造了世界贸易史上新的奇迹（见表9-7）。但中国还不是世界贸易强国，长期以来中国产品参与国际竞争主要依靠规模、成本和价格优势，产品核心竞争力不强，附加值偏低。

表 9-7 中国贸易总额占全球比重

单位：亿美元，%

| 年份 | 全球 | 中国 | 占全球比重 | 同比增长 |
|---|---|---|---|---|
| 2005 | 21378 | 1421.9 | 6.7 | 23.2 |
| 2006 | 24593 | 1760.4 | 7.2 | 23.8 |
| 2007 | 28352 | 2176.6 | 7.7 | 23.6 |
| 2008 | 32731 | 2563.3 | 7.8 | 17.8 |
| 2009 | 25332 | 2207.5 | 8.7 | -13.9 |
| 2010 | 30786 | 2974.0 | 9.7 | 34.7 |
| 2011 | 36818 | 3641.9 | 9.9 | 22.5 |
| 2012 | 37015 | 3867.1 | 10.4 | 6.2 |
| 2013 | 37706 | 4159.0 | 11.0 | 7.5 |

资料来源：WTO 贸易数据。

## 三、中国成为世界第一货物贸易大国的影响

在中国之前，历史上只有英国和美国等发达国家曾是世界第一货物贸易大国。中国作为唯一的发展中贸易大国，对国际分工和贸易格局产生了重要影响。首先，中国对外开放很好地契合了要素配置全球化的趋势。尽管中国不少产业仍处在全球价值链的低附加值环节，但随着贸易总量扩张和制造业体系不断完善，中国正在由全球化的接受者向全球化的推动者转化，“中国制造”成为要素全球配置的重要一环。根据商务部发布的数据，目前中国已经是 120 多个国家和地区最大的贸易伙伴，每年进口近 2 万亿美元商品，并从世界各国购买各种服务。在这一过程中，中国为全球贸易伙伴创造了大量就业岗位和投资机会，进而对国际贸易和世界经济增长作出了巨大贡献。需要强调的是，由于对外开放历史相对较短，因此中国对国际贸易和世界经济发展的贡献主要表现为增量的贡献，形成了较强的“撬动力”。

并且，中国对外贸易增长是在开放条件下实现的。特别是加入 WTO 后，中国在许多领域的对外开放程度都达到了相当高的水平。可以说，中国是迄今开放速度最快、开放领域最广、开放政策最彻底的发展中大国。这种史无前例的开放条件为商品、资本以及其他生产要素在中国与世界各国和地区之间的流动开启了便利、快捷的通道，加快了中国融入世界经济体系的步伐，使中国分享了更多“全球化红利”，在一定程度上改变了全球要素的流向和布局。以中国为首的新兴经济体凭借着更具活力的表现，在国际市场上的出口份额不断扩大。其中，中国的出口市场份额由 1948 年的 0.9%大幅上升至 2012 年的 11.4%，2012 年中国、巴西、印度等新兴经济体出口占世界出口总额的比重为 14.4%，比 2003 年提高

了 6.7 个百分点，仅中国就贡献了 5.5 个百分点，而同期美国、德国、法国、意大利、英国、日本等主要发达国家在世界出口总额中所占比重恰恰也下降了 6.7 个百分点，市场份额的此消彼长推动了世界经济格局的演变（见表 9-8）。

**表 9-8 中国及世界主要国家货物出口份额的变化**

单位：%

| 国家/地区 | 1948 年 | 1953 年 | 1963 年 | 1973 年 | 1983 年 | 1993 年 | 2003 年 | 2012 年 |
|---|---|---|---|---|---|---|---|---|
| 世界 | 100.0 | 100.0 | 100.0 | 100.0 | 100.0 | 100.0 | 100.0 | 100.0 |
| 北美 | 28.1 | 24.8 | 19.9 | 17.3 | 16.8 | 18.0 | 15.8 | 13.2 |
| 美国 | 21.7 | 18.8 | 14.9 | 12.3 | 11.2 | 12.6 | 9.8 | 8.6 |
| 中南美洲 | 11.3 | 9.7 | 6.4 | 4.3 | 4.4 | 3.0 | 3.0 | 4.2 |
| 巴西 | 2.0 | 1.8 | 0.9 | 1.1 | 1.2 | 1.0 | 1.0 | 1.4 |
| 欧洲 | 35.1 | 39.4 | 47.8 | 50.9 | 43.5 | 45.3 | 45.9 | 35.6 |
| 德国 | 1.4 | 5.3 | 9.3 | 11.7 | 9.2 | 10.3 | 10.2 | 7.8 |
| 法国 | 3.4 | 4.8 | 5.2 | 6.3 | 5.2 | 6.0 | 5.3 | 3.2 |
| 意大利 | 1.8 | 1.8 | 3.2 | 3.8 | 4.0 | 4.6 | 4.1 | 2.8 |
| 英国 | 11.3 | 9.0 | 7.8 | 5.1 | 5.0 | 4.9 | 4.1 | 2.6 |
| 非洲 | 7.3 | 6.5 | 5.7 | 4.8 | 4.5 | 2.5 | 2.4 | 3.5 |
| 南非 | 2.0 | 1.6 | 1.5 | 1.0 | 1.0 | 0.7 | 0.5 | 0.5 |
| 中东 | 2.0 | 2.7 | 3.2 | 4.1 | 6.8 | 3.5 | 4.1 | 7.5 |
| 亚洲 | 14.0 | 13.4 | 12.5 | 14.9 | 19.1 | 26.1 | 26.1 | 31.5 |
| 中国 | 0.9 | 1.2 | 1.3 | 1.0 | 1.2 | 2.5 | 5.9 | 11.4 |
| 日本 | 0.4 | 1.5 | 3.5 | 6.4 | 8.0 | 9.9 | 6.4 | 4.5 |
| 印度 | 2.2 | 1.3 | 1.0 | 0.5 | 0.5 | 0.6 | 0.8 | 1.6 |
| 澳大利亚和新西兰 | 3.7 | 3.2 | 2.4 | 2.1 | 1.4 | 1.4 | 1.2 | 1.6 |
| 亚洲新兴工业化国家和地区 | 3.4 | 3.0 | 2.5 | 3.6 | 5.8 | 9.7 | 9.6 | 9.7 |
| GATT/WTO 成员 | 63.4 | 69.6 | 75.0 | 84.1 | 78.4 | 89.3 | 94.3 | 96.6 |

资料来源：WTO，International Trade Statistics，2013。

中国对外贸易增长成就和优异的经济表现无疑令西方世界刮目相看，而中国对外开放和经济发展的独特模式也赢得了国际社会的广泛关注和普遍认可，但应该看到，中国贸易大国的地位仍主要是由贸易规模以及劳动力等传统比较优势支撑，面临着全球价值链分工升级、培育可持续国际竞争优势的压力。同时，中国成为世界第一货物贸易大国的历史条件与英国、美国不可同日而语。1882 年英国成为“世界第一”时其进出口占当时世界贸易总额的比重为 27.3%，而美国 1947 年成为第一贸易大国的进出口份额更是高达 32.5%。一方面，这表明中国走向贸易强国仍有一定的规模扩张空间；另一方面，随着全球化进程加快，越来越多国家和地区融入国际分工体系，特别劳动密集型产品和中低技术制成品出口的市场主体日益增多，货物贸易各个领域的国际竞争越发激烈。面对多元化的竞争格局，中国不太可能复制英美当年在国际贸易中高度垄断的地位和突出的支配力。

## 第三节　我国外贸参与全球价值链分工的现状、问题与症结

### 一、国际分工与贸易模式的演进

传统的国际分工与贸易模式，一般基于不同民族国家间的要素禀赋和比较优势差异。迈克尔·波特的国家竞争战略论把基于比较优势的竞争优势放在战略位置上，克鲁格曼的战略贸易理论强调了规模范围经济的重要性，与波特的理论有异曲同工之妙，实际上喻示着贸易模式向竞争优势导向的演进。20 世纪 90 年代以来，由于经济全球化和科技产业革命迅速推进，进一步推动了国际分工和要素全球配置的深化，催生了模块化生产、合同制造、服务外包等新兴生产方式，国际分工进入全球价值链分工为主导的新阶段，全球价值链的深度分解使国际分工从不同产业和产品间深入同一产品内部不同工序、区段、流程和环节，也使得贸易模式向基于全球价值链的竞争模式转变，整合全球资源、增强核心能力、实现价值增值成为主要的追求目标（杨丹辉，2010）。

1. 全球价值链深度分解推动新型国际分工体系的形成

经济全球化和科技革命特别是信息网络革命推动了全球生产服务体系的形成，使得跨国公司价值链不断向全球拓展延伸，价值链各环节的可分解性、中间产品的可贸易性、要素配置的分散化程度日趋提高，越来越多的企业和机构加入使得全球价值链变粗变长，趋于分散化、片段化的全球价值链其增值环节也日益增多。国际分工进入以全球价值链为主导新阶段，传统的国际分工被打破，基于全球价值链的国际分工日益深入产品内部，实际上成为一种要素分工，总体来看对参与国面上的产业、技术和资本禀赋条件的要求越来越低，只要某一环节符合跨国公司要求就可以加入。国际分工的节点由产品扩展为工序、流程、环节或生产要素，由此带来国际分工革命性的拓展。新型国际分工体系为后发国家提供更多的机会和选择（金碚，2013）。

2. 推动新型国际贸易方式的形成

产品内分工发展的结果是，产品内贸易取代产业间产品间贸易成为世界贸易的主导方式，使世界贸易进入一种“你中有我，我中有你”的大融合格局，一个产品由单个国家、单个企业完成生产与交易的局面成为过去；中间品和零部件贸

易占据的比重和地位日益上升，广义的加工贸易成为国际贸易主导方式。国际竞争不再是单个企业之间的竞争，而是日益成为全球供应链与价值链之间的竞争，基于全球价值链的竞争优势导向取代传统的静态比较优势原理成为国际贸易的主导模式。在国际贸易范围和广度日趋扩大的同时，也出现某些特定环节区域固化的趋势，如很多终端产品的加工装配环节集中在中国，服务集中在印度，如苹果的“三角贸易”模式就是典型的例子（杨丹辉，2013）。苹果公司 iPod 等每一代新产品都由设在中国的富士康公司加工组装，并输送到全球市场，这种研发设计主要在发达国家，加工装配主要在中国等发展中国家，产品销售面向全世界的所谓“三角贸易模式”，成为当今高技术产品贸易方式的典型代表（见图 9-2）。在产品内贸易大扩张的同时，跨国公司的公司内贸易日益成为主导，占据了世界贸易 88%的份额（王新奎，2013），由跨国公司控制的全球价值链主导的世界贸易占比达到 80%（联合国贸发会议，2013）。贸易模式的变化还导致世界贸易地理结构的变化，发达国家在世界贸易中所占的比重下降，发展中国家地位上升，北北贸易比重下降，南南贸易比重上升，特别是亚洲成为全球货物贸易增长最快的地区（世界贸易组织，2013）。

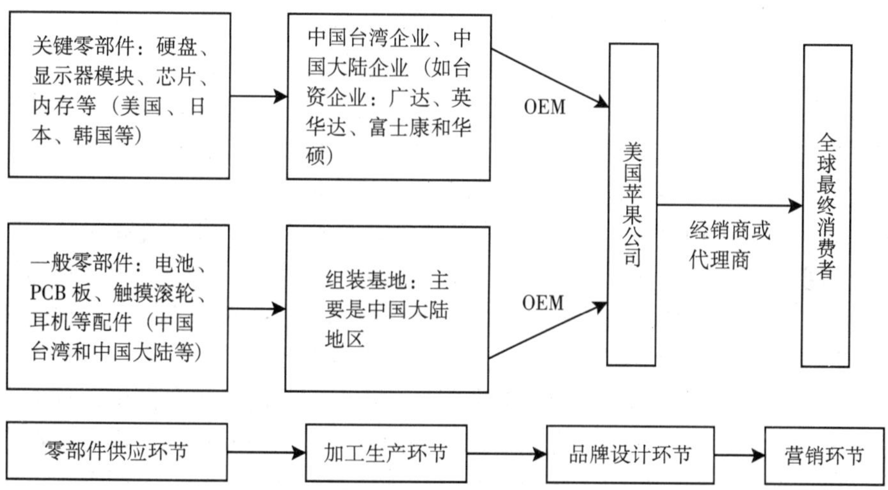


**图 9-2 苹果公司 iPod 产品全球价值链**

资料来源：赵明亮、杨蕙馨：《经济全球化条件下的国际生产网络与发展中国家价值链的重构》，《产业经济评论》2012 年第 1 期。

3. 全球化新红利与贸易升级新路径

在全球价值链分工时代，各国产业结构的关联性和依存度大大提高，在互联互动中形成了一个开放的世界产业大系统，大家都成为这个系统的组成部分，一国产业结构必须在与其他国家产业结构的互联互动中运行，在互利共赢中实现动态调整和升级，谁也离不开谁。知识经济的兴起和全球价值链的深度分解，带来了更大的全球化红利，产业技术趋同性的增强产生更大的外溢效应和学习机会。全球资源深度整合和要素配置模式的调整，使世界产业结构升级突破了线性路径，呈现多元化趋势，后发国家面临更大的“后发优势”和更多的学习追赶机会，有可能突破以往的工业化国家产业升级模式，实现跨越式升级（杨丹辉，2010）。新型产业升级的最大特点是开放，贸易和投资合作是获取全球红利的必然之选。同时也对贸易升级提出新要求。新型贸易模式的目标不再仅仅是发挥比较优势，获取比较利益，而是培育动态竞争优势，增强基于全球价值链的国家竞争力，实现价值增值，核心是从全球生产网络中聚集更多的优势要素，获得更多知识外溢和积累，更充分利用共用的知识资本库推动技术和制度创新，为产业升级服务。

## 二、国际贸易新模式的特点

一些学者分析了新型贸易模式的特点（张桂梅，2012）：一是以全球价值链内的贸易为主导。传统的分工贸易以不同的民族国家间不同产业不同产品为主要对象，而全球价值链下的贸易更多深入到同一产品的不同价值链环节，被重新整合到不同国家进行，从而形成国际上以不同价值链环节为对象的贸易体系。二是贸易结构高端化。全球价值链可分解性日益提高使得更多的高附加值环节进入国际贸易范围，特别是知识端、服务端环节的可贸易性不断增强，高技术产品贸易和服务贸易发展加速，比重不断提高。三是贸易主体变粗变长。在跨国公司主导地位增强的同时，更多的企业和机构加入到全球价值链分工队伍中来，而时下流行的创客、众包、众筹更是把个体投资者、消费者纳入全球价值链和供应链体系，贸易主体进一步多元化。四是贸易方式更趋多元化。跨国公司内部贸易继续成为主导，在股权投资继续流行的同时，非股权国际合作日益重要。根据联合国贸发会议 2011 年度《世界投资报告》，2010 年全球范围内非股权安排（NEM）产生了 2 万亿美元的销售额，而 NEM 的商业模式也不断创新和多样化，对于全球价值链上的任一环节或片段上究竟采取何种国际分工与贸易模式，都可以在直接投资、合同制造、服务外包、合同农业、特许经营、许可贸易、合同管理以及其他合同关系之间进行广泛的选择（联合国贸发会议，2011）。日益成熟的供应链管理体系为多样化的贸易方式提供了支撑，使更广泛的贸易合作成为可能，OEM、ODM、OBM 都可以找到自己的位置，加工贸易和一般贸易可以并行不悖。五是核心环节的能力取代资源禀赋成为国际贸易的基础。由于分工的细化，传统的基于要素禀赋结构的比较优势原理已远远不够，全球价值链主导的国际分工进一步细化到同一产品的具体环节、流程和工序，只要专注特定环节、培育核心能力就能在全球价值链中占据一席之地。企业不一定要做大做强，更不需要搞什么全产业链，小而专精深是最好的选择，核心环节的能力成为全球价值链分工与贸易的坚实基础。

## 三、我国外贸参与全球价值链分工的总体评估

芭芭拉·思多林斯认为，发展中国家在国际分工和贸易中主要有以下五种形式：初级商品出口、出口加工装配、零部件供应转包、原始设备生产、原始商标制造。目前，东亚新型工业化国家和地区主要集中在后三种出口形式，东南亚、拉美大多数国家主要集中在前三种方式，而南亚和非洲则主要采用前两种方式。出口加工装配、零部件供应转包、原始设备生产是发展中国家参与全球价值链分工与贸易的基本形式，而原始设计制造（ODM）和原始商标制造是发展中国家在全球价值链分工中积极争取的目标，是发展中国家提升分工地位和贸易利益的表现（张桂梅，2012）。中国通过对外开放很快跨越了初级商品出口阶段，进入以出口加工装配和零部件供应转包两种出口方式为主的阶段，并开始向原始设备生产和原始商标制造两种方式转型努力。据此判断，中国在参与全球价值链的层级上可能低于日、韩、新加坡，也低于中国台湾、中国香港地区，但总体上高于东南亚和拉丁美洲国家。

概括而言，我国在全球生产体系中的位置仍处于以代工和贴牌为主阶段，实现从 OEM 向 ODM 和 OBM 转型升级仍是长期艰巨的任务。我国通过承接外商投资、合同制造、外包代工、外包组装、贴牌生产、供应链合作、跨国采购等方式加入全球生产网络，是嵌入全球价值链的主要贸易方式。这里面，加工贸易占据主导；同时一般贸易也不同程度嵌入，如雅戈尔等国内知名服装企业，既做自主品牌，同时也做贴牌。

原始设备生产（OEM），常被称为贴牌生产，跨国公司作为委托方拥有自己的品牌、技术或市场，我国制造企业作为被委托方拥有规模生产和低成本优势，在 OEM 中由制造商负责原料的输入和生产，由委托方负责产品的分配和销售。一方面，与出口组装加工、零部件供应转包两种形式相比，OEM 的出口利润空间相对较大，有利于提高本国消费品的国际竞争力，可以拉动国内相关价值链配套环节产业的发展。另一方面，由于越来越多的新兴经济体加入竞争，作为接包方越来越难以在买方驱动的全球价值链中拓展价值增值和利润空间，开始转向提升自己的研发设计能力，培育自己的品牌，或通过并购借船出海，探索实现向 ODM 和 OBM 的转型。ODM 和 OBM 合起来又称原始设计制造，是一种比 OEM 更高级的代工方式，发包与代工之间的契约关系向研发设计等价值链上游延伸，体现了代工企业的一种产业升级。而 OBM 方式中，本土制造商开始拥有自己的品牌参与跨国公司的全球价值链，进入其全球采购或供应链网络，是发展中国家参与国际分工与贸易的高级阶段。如果说从 OEM 向 ODM 转变没有改变接包方在

全球价值链中作为代工者的被动地位，那么一旦升级到 OBM，原代工者就可能独立出来，转为发包方，构建一个新的价值链网络。我国服装、家电、IT、汽车、民用飞机等产业不少企业已经开始这种转型之旅，雅戈尔通过并购借他人品牌出海小试牛刀，华为、联想、海尔培育自主品牌、向全球价值链高端跃升之路走在同行前头，格兰仕转型之路结出硕果。1996 年，格兰仕利用 OEM 方式，迅速获得规模化的生产制造能力，构建起了规模最大、配套齐全的全球微波炉制造中心，1998 年开始走向自主开发和自主品牌阶段，从主要依靠贴牌生产走向自主品牌和贴牌并重阶段（张桂梅，2012）。

同时，随着全球价值链分工的深化，非股权安排的合同制造模式业日益发展，与 OEM 相比，合同供应商拥有规模经济、技术和产品创新能力等方面的优势，可以为多家不同客户提供服务。因此也可以在全球价值链中占有一席之地。而且，随着自身能力的提高，有些大型专业化供应商还能够进一步提高自己在价值链上的谈判地位，进而与行业领导企业建立长期合同、战略联盟等新型的战略关系，参与全球价值链治理（杨丹辉，2013）。因此，联合国贸发会议在 2011 年度《世界投资报告》中就以“非股权的国际生产方式”为主题，分析了 NEM 在全球价值链分工中的地位与影响力。这说明，在全球价值链下产业和贸易升级路径可以是多元化的，尽管代工贴牌模式有很大局限性，但关键在于内容和能力，而不在于形式。具备较大规模优势和核心能力的制造商、供应商同样可以在全球价值链中实现商业模式的创新，提高定价权、话语权，实现向价值链高端跃升，有没有自己的品牌并不是最关键的选项，只是顺势而为而已。

## 四、我国对外贸易发展模式的问题与症结

### 1. 贸易增值率有待提高

随着我国产业和贸易结构的升级，产业集聚水平不断提高，带动配套产业的发展，贸易的附加值率随之提高。我国制造业附加值比重 1994 年为 29.09%，2000 年为 30.93%，2007 年升至 33.53%，这表明我国在全球价值链分工中获取的贸易利益趋于增加，在国内采购的零部件和配套产品比率上升，对国内产业的拉动作用在增强（张桂梅，2012）。但总体来看，我国贸易增值率仍有待提高，跟美、欧、日等发达国家比差距很大。以进口中间品占进口总额比重为例，2005 年我国高达 70.85%，比美国、日本、韩国分别高出 20.68 个、20.83 个和 7.69 个百分点，主要是关键设备和核心零部件进口较多（徐建伟，2014）。所以，与发达国家比我国产业链仍较短，增值率有待进一步提高。

### 2. 国际分工与贸易地位低层级性

中国在全球价值链中总体处于低端和低附加值环节，即处于“微笑曲线”的底部和中部；以代工贴牌模式为主，以劳动密集型环节居多，技术和资本密集型

环节虽有所增加但份额有待提高，在“微笑曲线”的研发设计和市场营销两个高端是最严重的短板，严重制约着中国制造业附加值和效率的提升；虽然我国已成为世界制造业第一大国，高新技术产品出口比重超过发达国家平均水平，但也主要集中在相对劳动密集环节，拥有核心技术和能力的企业不多。

3. 对跨国公司价值链依赖度偏高

从早期的来料加工装配到后来的进料加工，中国就对全球价值链形成了较高依赖，当然原因是自身参与全球资源配置、拓展外部市场能力的严重不足。由于国内有实力企业参与率偏低，加工贸易落地生根难以实现，对跨国公司价值链的依赖格局长期没有改变。一般贸易情况虽有所改善，但无论是外贸流通企业还是制造企业，很少能建立自己的国际营销网络和高水平的全球供应链体系，过分依赖中间商甚至是二三手中间商，对传统交易模式依赖有增无减，在互联网高度发达的今天我国传统的广交会和各地综合型商品交易会仍大行其道就是例证。

4. 各地出口结构雷同化，产业集中度偏低

长期以来，我国各地区出口产业结构雷同，不仅是传统轻纺产业而且一些高新技术产也存在类似的情况；整体产业集中度偏低，很多产业都存在过度无序竞争，拼成本、拼价格，导致利润率偏低，没有足够的资本积累去进行技术改造、流程重组和创新升级，就连一些有实力的企业也转而去投资房地产和股市，影响了实体经济的转型升级。各类出口生产企业“大而全”、“小而全”现象较为普遍，产品互相重叠，“同构化现象严重”，也严重制约出口企业的转型升级（张晓静，2007）。

5. 各类贸易流通主体服务能力偏低

我国传统的外贸公司由于依托垄断优势改革转型动力不足，实现外贸服务功能升级成效不大；组建中国式综合商社、创办中外合资外贸公司的努力都没有收到成效；少数外贸公司在推行实业化、集团化、国际化方面取得成功，实现了向制造和其他行业实体型企业的转型，但贸易功能本质没什么变化；很多企业在“三化”方面遇到挫折，不了了之。同样，各行业的实体企业没有像欧美跨国公司一样建立生产驱动型价值链及供应链体系，缺乏高效的国际市场营销网络，全球整合资源和拓展市场能力严重不足。总之，无论是欧美的跨国公司模式，还是日、韩的综合商社模式，都没有在中国落地生根、开花结果，外贸企业总体上还停留于高度依赖中间商的传统贸易模式，贸易功能和服务没能随着国内市场化进程而得到显著优化升级。正是在这种背景下，深圳等一些地方以供应链和跨境电商为平台的外贸综合服务企业应运而生，成为服务业新业态，将推动外贸从传统代理功能向提供“一揽子”高效综合服务功能的全面升级，大有推广价值。

6. 缺乏核心能力和商业模式创新，参与全球价值链治理能力低

我国各类贸易主体缺的不仅是技术，而且有全球化视野、思维、管理和商业

模式的缺位。当今的竞争已不是单个企业之间的竞争，而是整个供应链之间的竞争，还是全球价值链之间的竞争，全球资源深度整合能力是国际竞争的制高点。我国很多企业不注重主业，更不能专注于关键的工序、流程和环节，对服务外包的认知和使用率偏低，很多都缺乏核心能力，更无法适应全球价值链竞争，需要推进管理现代化和商业模式的创新。除了少数龙头企业之外，我国企业参与全球价值链治理能力偏低，很少能主动参与国际规则标准的制定，在国际市场上的定价权、话语权低下，影响了中国在全球价值链中的利益分配。

7. 生产性服务业落后是我国在全球价值链中地位低下的症结之一

如今的全球价值链已进入服务主导的时代，制造与服务的高度融合使服务业的地位进一步提升，“微笑曲线”的两个高端都在生产性服务环节，在“6+1”的全球价值链中，6 个环节都是生产性服务业。“中国制造”大而不强，不仅限于技术装备水平，中国能成为“世界工厂”就是例证。关键在于整体生产性服务业的落后，是“中国服务”制约了“中国制造”，决定了中国整体产业链价值链的地位。一方面，导致企业核心能力不强，过度依赖低成本和低价格优势，对跨国公司全球价值链的长期依赖局面无法改变，自主接单和市场掌握能力低下，不得不处于被动地位，增值和利润空间受限。另一方面，缺乏高水平的供应链管理体系和流通综合服务体系，全球资源深度整合能力低，无法通过与跨国公司和其他国外企业建立战略联盟和全方位合作体系嵌入价值链高端，无法充分利用外部的知识、人才和其他智力资源，推动开放式创新。

## 第四节　基于全球价值链的我国外贸转型总体选择

2008 年国际金融危机以来，全球价值链进入新的大调整大重塑周期。同时，世界还在酝酿新的产业技术革命，发达国家推进“再工业化”和制造业回流，将推动全球价值链的进一步调整与升级，加快产业升级和外贸转型势在必行。我国必须适应全球价值链大调整和新的产业技术革命的新形势，继续发挥对外贸易的先导作用，实行全面参与全球价值链分工贸易与地位攀升并重，着力提升外贸质量效益，优化外贸综合服务，创造国际竞争新优势，收获对外贸易新红利，在参与全球价值链的国际竞争中赢得优势与主动。

### 一、我国外贸转型升级的战略选择

伴随经济全球化和国际分工的不断深化，贸易模式经历了从传统的比较优势向竞争优势导向战略的转变；随着世界进入全球价值链时代，进一步使贸易模式向基于全球价值链的竞争战略升级，拓展全球产业布局、整合全球资源、增强核心能力、实现价值增值成为新的目标。我国贸易模式和战略加快转型势在必行。

一是提升我国出口主体在全球价值链中的地位。自 2009 年起，我国已经成为世界货物贸易第一出口大国和第二进口大国，对外贸易的迅猛发展在给我国带来巨大收益的同时，也面临综合成本上升和资源环境约束等的限制，并且整体仍处于全球价值链的中低端。继续发展低端贸易和简单地创造贸易总额已经不能满足我国实现外贸由大到强的需要，必须创造外贸新优势、促进外贸转型升级，增加贸易利益。特别是要抓住世界产业大重组的机遇，采取政策措施积极推动出口企业向价值链的左右两端延伸，提升外贸企业在研发设计和市场营销等高端环节的位置，显著改善中国出口商品的定价权和影响力，培育向价值链两端延伸的国际竞争新优势。

二是外贸转型战略目标是更好地为打造产业升级 2.0 版服务。引导重要产业优化全球价值链布局，促进由“中国制造”向“中国创造”和“中国服务”的转型升级。“中国制造”面临生态环境、资源和成本、汇率等方面因素约束日益突出，劳动力供求关系也面临拐点，靠低成本、低价格竞争已难以为继，简单的贴牌代工模式挑战越来越大，加快转型升级势在必行。应该加强行业全球价值链升级的研究和战略规划制定工作，将产业转型问题置于全球价值链视角予以严格审视，注重优化行业产业链价值链全球布局，积极参与全球资源深度整合，提升行业核心竞争力，更多嵌入高端环节，顺应全球制造—服务革命趋势，在利用好“中国制造”现有优势基础上，打造“中国创造”和“中国服务”的品牌，最终实现中国产业向全球价值链高端的跃升，为中国产业 2.0 版做出更大贡献。

三是外贸转型关键是推动我国在全球价值链服务端的跃升，打造“中国服务”新品牌。当前，服务业主导的全球价值链特征越来越明显，制造服务化、服务知识化进一步推动世界产业结构的大融合，使世界产业结构升级日益突破线性模式，跨越式升级日益成为可能的路径。我国应该将服务业作为新一轮开放的战略重点，扩大服务业市场准入，推动服务贸易自由化、便利化，加快实现服务业生产要素的自由流动，以便更大程度上嵌入以服务为主导的全球价值链特别是中国自优势和潜力的“微笑曲线”高端环节，为服务业和整体产业升级提供最大动力和国际化支撑。

## 二、东亚地区提升全球价值链地位的成功经验与启示

在国际上，日本和亚洲“四小龙”都经历了承接劳动密集型产业，发展出口导向行业，发挥廉价劳动力优势进行赶超的经济快速增长时期；也都曾面临劳动力成本上升带来的贸易调整和产业转移巨大压力，但它们通过调整贸易和国内配套政策，积极提升在全球价值链中的地位，实现了本国贸易的跨越式升级，其经

验对我国外贸提升价值链地位有借鉴意义。

1. 日本：采用“雁行模式”，发挥后发优势，提升了在全球价值链中的地位

“二战”后，日本实行“贸易立国”战略，通过大力发展对外贸易、引进先进技术，迅速实现经济恢复，并创造了高速增长的奇迹。同时，通过优化进出口结构推动了产业不断升级，产业结构由单一化、低级化，向多样化、高级化演进。通过动态的学习过程，发挥后发优势，从最初接受转移，到向外转移和出口，日本经济实现了“进口—进口替代—出口”的赶超发展，完成了从低附加值产品到高附加值产品的演进。日本完成了出口商品结构从纺织品向长大黑粗重工业品再向电子电器等短小轻型高附加值产品和高新技术产品的升级，实现了向服务经济的转型。进入21世纪，日本致力于构建国际协调型产业结构，由外需主导型转为内需主导型，将过去以汽车、电子产业为主轴的“一级集中型”向新兴产业和潜在增长产业共同发展的“多极型”产业结构转移，缩小贸易顺差；加强第三产业发展，以服务业和制造业作为日本经济的双重引擎，培育知识集约型和服务集约型的比较优势产业。当前，日本以“世界创造中心”自居，希望成为世界新产业的技术领导者。

2. 新加坡：成为国际服务贸易中枢

新加坡已成为全球第一大货运码头，第三大外汇市场，著名的国际贸易、航运、金融中心，还是世界跨国公司的营运中心。通过大力吸引外资，实施出口导向战略，实现了贸易结构和产业结构从劳动密集型向技术密集型和高附加值的知识密集型产品的升级。伴随着向服务经济的转型，新加坡集聚了全球服务业资源、要素、技术和人才，事实上成为国际服务贸易中心，形成了服务业与高科技制造业的双轮驱动模式。新加坡通过良好的吸引外资政策和配套服务，加强基础设施建设，保证了大型跨国公司在本土生产和发展的稳定；并推出了商业总部计划，奖励并协助在新加坡注册的公司或企业，将其技术扩展至本地区，提供商业、技术和专业服务，走商业区域化、国际化的道路；加强本土企业与跨国公司的广泛研发合作，逐渐实现产业链的升级；大力培育本国企业的全球观，鼓励本地企业向国外发展。20世纪90年代后，新加坡逐渐利用电子信息、IT产业配套生产能力强的特点，与发达国家进行水平分工，促使加工贸易向高附加值和高技术层次的水平发展，高新技术产品出口占总出口的比例超过70%。东南亚金融危机后，新加坡开始了全面的产业转型，启动创新驱动型经济战略，发展以生物制药、新能源等高科技产业为核心的主导产业，加速发展知识密集型产业，实现了由制造业基地向研发中心、区域总部的转变。为应对亚洲金融危机，新加坡提出向“知识型产业枢纽”转变的口号，提升制造业的价值链，把制造业从下游产品生产环节提升至研发、设计环节，成为新产品的开发者。数据显示，最近10年新加坡逐步加大了研发投入，其研发经费支出水平已经达到了一般发达国家标准。

3. 韩国：不断推进产业振兴，打造参与全球价值链竞争的企业集团

韩国也是出口导向战略的成功实践者，从 20 世纪 60 年代初就开始从进口替代转向出口导向，推动了出口及产业结构从劳动密集型向高新技术产业为主的升级。在推动产业升级和高科技产业发展方面走在了新兴经济体的前面，甚至在某些领域与日本比大有后来居上之势。20 世纪 80 年代后，发达国家部分产业和生产技术向其他东南亚国家转移，韩国标准化、低附加值产品遭到中国与东盟国家更为低廉产品的竞争，同时韩国也面临工资上升、成本增加、产品竞争力下降问题，韩国适时进行了产业升级和贸易转型，新兴高科技产业得到迅速发展，贸易结构向全球价值链中高端跃升。大型企业集团迅速成长，是韩国经济发展区别其他新兴工业化国家的显著特征。自 20 世纪 70 年代起，韩国政府采取各种财政、信贷、贸易等优惠措施，扶持了一批大型企业集团，促成以三星集团、SK 集团、大韩航空、大宇集团为代表的一批跨国公司巨头。大型企业集团迅速成长，减少了资本的分散性和不节约性，提高了资本集中度，使韩国产品增强了国际竞争力，大垄断企业的对内垄断和对外向国际水平发展成为韩国经济增长的重要源泉。1997 年金融危机后，韩国利用收购的方式对造船业进行整合，现代重工成为造船业又一大财团。企业集团并购体现了产业链的整合和优化。90 年代后期，韩国确立了产业结构高技术化的发展方向，以大型集团企业为中心进行产业结构组织升级。大型跨国财团的运营有利于技术创新和扩大技术外溢效应，广泛的跨国技术、研发合作，保证了韩国企业的技术进步和技术优势，更有助于提高参与全球分工的能力，自主创新能力得到提高。三星集团等公司抓住国际产业转移和国内产业升级的双重机遇，快速成长壮大为具有国际影响力的跨国公司（张琳，2014）。

4. 几点启示

日本、新加坡和韩国在贸易转型和产业升级上的政策作为，为我国外贸转型提供了有益的借鉴，对我国推进从贸易大国向贸易强国转变，具有启示意义。第一，培育和打造中国参与全球价值链分工的跨国公司及本土企业，完成从低端参与型到自主主导型贸易的转变；第二，对于劳动密集型的传统出口产业，一方面推动其向产品链研发、设计和销售等高利润环节发展，另一方面要鼓励其海外转移，由“中国制造”向“世界制造”转变；第三，外贸企业转型升级的重要方向是，增强核心竞争力，培育自有品牌，重视产品差异化和产品创新，社会和政府应当为这些先进企业创造品牌经营的市场基础和需求条件；第四，重视产业结构升级与外贸转型的互动互促，产业升级是根本，外贸转型是推手。

## 三、加快外贸转型的对策思路

一是促进加工贸易转型升级，提高国内增值率。要进一步调整加工贸易的方

式结构，加快搭建和延长国内价值链。首先，尽快提高加工贸易料件的本地化率，加快提升零部件、原材料在加工贸易中从上游生产企业向下游企业的传递速度和水平，提高加工贸易与国内原有产业的结合度。其次，参与加工贸易的企业应加强自身优势的培育，使跨国公司将更多的设计、生产、流通和服务环节放在中国，优化母子公司之间的分工关系，促使加工贸易由单纯生产向综合服务和全球运营方向转型。再次，鼓励国有企业、民营企业嵌入全球价值链体系，积极与跨国公司开展深层次合作，增强接受技术外溢的学习能力。最后，延长国内价值链，不仅要停留在制造环节，还要向上下游延伸和拓展，包括研发、物流、会计、法律、保险、银行等为制造业配套的生产性服务业。

二是重视培育本土跨国公司，增强对全球价值链参与度和控制力。经济全球化的本质是跨国公司的全球化，要提升对全球资源和经济的控制力，获取更大的贸易利益，就必须培育一批在全球范围内有一定竞争力的本土跨国公司。目前，我国还没有真正意义上的跨国公司，很多国内大型企业的主要业务仍集中在国内市场。因此，应出台相应的扶持企业国际化战略实施的配套政策，以及“走出去”发展战略，最大限度地吸收和利用全球高级生产要素，发展和延长国内价值链，并鼓励国内企业向低产业梯度国家转移。除了财税、金融、贸易便利化政策支持之外，应在全球主要出口市场设立相应的贸易促进机构，为企业搭建国际贸易网络提供综合性服务平台和境外贸易合作区建设。

三是推进外贸企业管理现代化和商业模式创新，走差异化竞争之路。通过政策引导，推动外向型制造业转变战略思维，鼓励国有企业、民营企业嵌入全球价值链体系，积极与跨国公司开展深层次合作，增强接受技术外溢的学习能力。推动企业形成以品牌为重点的发展中心。通过优质的产品提升品牌形象，树立用户的品牌忠诚度。推动企业建立国际化的高素质人才队伍。企业的国际化，必然伴随着人才的国际化。通过多种渠道，不断引进海外高端人才，通过“内培外引”，培育一支精干的科研和管理队伍。

四是大力发展供应链等外贸综合服务类企业，推动中国产业及企业全方位升级。伴随着世界经济向服务经济革命和知识经济的转型，全球第三方供应链革命应运而生，供应链管理由自我服务向专业化、精细化的第三方服务供应商转型。第三方供应链及相关的服务外包网络及流通综合服务企业日益成为实现全球资源整合的平台，帮助上下游供应商优化业务管理流程、分离非核心业务，提升核心竞争力，成为推动企业和产业升级的利器。通过建立以供应链公司为主导的购买来驱动价值链，有利于整合国内市场，强化对国内销售渠道的主导权；可以通过渠道交换等手段进入国外销售市场，为生产制造企业开辟通往国外中高端市场的大通道，改变过度依赖国外多层次中间商的局面。我国应抓紧打造自己的第三方供应链及相关专业化平台，显著提升我国企业全球资源整合能力，推动各类企业产业加快转型升级。

五是大力发展生产性服务业，推动中国制造走向中国服务。将加快发展服务业视为重要战略。突出抓好生产性服务业，为外贸转型升级做好配套服务支撑。加快推进服务业的自主创新和人才开发，积极参与国际服务业的竞争。大力发展现代服务业，培育主导产业和优势行业，建设一批服务业大产业、大项目、大集团。坚持改革创新，解决好制约服务业发展的体制性障碍。促进生产性服务业向专业化发展。通过政策引导，鼓励生产性服务业与制造业分离，促进生产性服务业专业化、集聚化。改善产业配套条件，建设公共服务平台，促进兼并重组，引导生产性服务业的集群化发展，增强生产性服务业竞争力。

六是大力发展服务贸易和外包，促进全球价值链重塑。服务全球化作为全球价值链的最高阶段，对全球价值链的升级发挥着关键作用。目前，服务全球化正引领全球价值链从制造主导向服务主导型转变。服务贸易和服务外包正成为推动全球价值链不断分解、协作、外包和重组的关键节点和主线。因此，我们要抓住服务业革命的机遇，加快研究制定基于全球价值链的服务贸易战略，将其上升为国家战略予以高度重视，充分发挥其作为综合性引擎和产业组织驱动器的作用，像货物贸易曾经是整体改革开放的先锋和动力一样，让服务贸易发展与开放在国家新一轮改革开放中继续发挥引领作用，为打造中国经济转型和产业升级版做出重要贡献；把服务外包置于中国产业开放式升级战略的核心位置，突出“离岸与在岸”、“接包与外包”并重的“大外包”战略，将“双向服务外包”作为我国参与全球价值链分解与重塑的重要渠道，加快服务外包业“走出去”步伐，实现服务外包与培育本土专业化服务运营商的有机结合。

七是大力引导传统外贸企业强化服务功能，加快转型升级。我国传统外贸企业曾经发挥了比较优势，创造了很多行业领域的全球制造业基地。但是，不少企业还停留在单纯依靠中间商和传统的贸易代理与采销阶段，不能通过建设高水平供应链价值链管理体系，提供“四流合一”的综合服务，无法做到差异化经营和以服务取胜，外贸粗放经营、以量取胜的问题难以避免，随着外贸综合成本上升，要素禀赋优势逐渐丧失，传统外贸企业必须转变过去“以价取胜”、过于依赖中间商的营销战略，树立价值链意识，强化服务功能，提高产品附加值，向全球价值链的两端延伸，打造“中国服务”品牌。

八是注重建设国际营销网络，提高外贸企业定价权、话语权。加入 WTO 后，我国取消了外贸审批制，大量中小企业只要能拿到订单，就可以进入国际市场。这一方面释放了大量开放红利，鼓励了企业出口，推动我国成为世界上生产能力最强的制造业大国。另一方面，由于大量的制造业中小企业长期通过加工贸易出口，只需按照国外采购商要求交货，而无须自己拓展海外市场，因此造成大量制造业企业高度依赖跨国企业的销售网络和供应链体系，处于全球价值链低端，没有实力影响国际定价，中国外贸也呈现大而不强的格局。近年来，深圳等地出现了供应链管理平台企业，它们不仅提供贸易中介服务，还提供包装、运输、售后服务、品牌推广等一系列增值服务，有利于提高外贸企业整体竞争力。要大力鼓励供应链管理平台等现代流通形式的发展，将千千万万个没有国际定价权的中小外贸企业“抱团出海”，增强在全球价值链的主动权和控制力，不断构建与制造业大国相匹配的全球营销网络，提升我国外贸企业的国际定价权和话语权。

九是支持外贸龙头企业培育建设自己的全球供应链、价值链网络，参与全球价值链治理。支持有实力的龙头企业抓住机遇优化重组价值链布局，提升全球资源整合能力，更充分利用外部的科技、知识、人才等高端创新资源，实现地位攀升；积极培育本国的企业和知名品牌，进入价值链高端环节，提高参与全球价值链治理水平，为国家总体优化重组全球价值链作出重要贡献。

## 第五节　基于全球价值链的加工贸易转型升级选择

“二战”后，随着多边贸易体系的建立和贸易自由化的推进，以跨国公司为主导的国际产业分工深度和广度日益拓展，全球化生产网络体系开始形成，传统上各国相对独立的部门间分工贸易日益被跨国跨地区企业集群式分工、贸易方式替代。特别是随着“二战”后几次大的国际产业转移浪潮，部门内、产品内、公司内贸易日益扩大，制造业全球布局与外包不断拓展，加工贸易作为产品内公司内分工与贸易的产物，日益成为国际贸易的主导方式，推动了战后世界贸易的高速发展与空前繁荣。随着全球生产网络布局的拓展延伸，中国和越来越多的新兴经济体、转轨经济体加入全球产业链、价值链分工体系，通过承接国际产业转移，大力发展加工贸易，实现了制造业的跨越式发展与升级。大力发展加工贸易，促进其落地生根和转型升级，是我国加快走新型工业化道路的重要选择，是我国进一步参与全球价值链分工的重要组成部分。面对内外部新挑战，为了推进全球价值链地位攀升，加工贸易加快转型升级成为必然趋势。

### 一、国际贸易方式演变中的加工贸易

加工贸易是指以“保税方式”从国外进口原辅材料和中间产品，经加工为成品后再出口的贸易方式。加工贸易是一种基于全球产业链、价值链的水平分工与交换方式，其产生、发展和转型都有着深刻的时代背景和理论渊源（王子先，2012）。

1. 基于深化的比较优势理论的加工贸易

传统的以独立民族国家和单个企业自主生产与贸易为主的方式逐步被部门内、产品内分工与贸易所取代，不同国家共同参与到同一个产品的生产过程，出口产品中含有越来越多的进口成分，而按照关贸总协定规则，出口商品中有进口的成分可以享受免税待遇，加工贸易应运而生。加工贸易是基于一种深化的比较优势理论，即在同一个全球制造业产业链中，发达国家利用资金、技术、销售渠道、品牌等方面的优势，承担研发设计、关键零部件和市场营销等环节，而发展中经济体则承担其中劳动密集型生产环节、发挥某些资源的优势。

2. 产业内贸易理论与加工贸易

产业内贸易学说认为：贸易结构不仅受比较优势和要素禀赋影响，还会受产业规模经济的影响，各国基于对规模经济的追求而实行专业化生产也必然产生国际贸易。加工贸易就是基于产品制造工艺过程上下游环节分工的贸易，是一种水平型分工与贸易的方式，为新兴经济体参与国际分工、分享全球化红利、实现外贸大发展、优化产业结构提供了实现途径。

3. 公司内贸易理论与加工贸易

“二战”后，跨国公司进入大发展时期，成为世界经济的主导力量，公司内贸易则成为跨国公司理论重要组成部分。特别是20世纪90年代以来，跨国公司在全球范围内优化配置资源的深度和广度得到前所未有的拓展，形成了其产业链、价值链在全球范围的优化布局，越来越多的制造业产品通过分布在不同国家的子公司进行分工生产，产业内贸易与公司内贸易形成了交集，公司内贸易成为加工贸易的主导方式。

4. 产业集群理论与加工贸易

传统的单个企业制造与贸易方式完全退隐，以跨国公司为主导的全球产业集群分工合作体系成为国际竞争与贸易的主流方式，基于产业集群基础上的规模经济、范围经济和技术管理外溢效应成为国际竞争的新制高点。而全球产业集群与供应链体系的不断扩大和完善，也成为新形势下加工贸易转型升级的新方向、新标志。

5. 动态竞争优势理论与加工贸易

动态竞争优势理论指出，随着发展中国家经济起飞，其要素禀赋结构会发生动态变化，所以比较优势在不同阶段是动态变化的。要避免跟随式发展陷阱，发展中国家必须着力培育动态竞争优势，加快技术进步与创新能力建设，不断提升在国际竞争中的地位。应加快加工贸易转型升级，支持和配合本国动态竞争优势的建立；加快国内贸易与国际贸易、国内经济与国际经济的融合进程，实现加工贸易及产业链、价值链的转型升级。

## 二、全球价值链下加工贸易的定位与功能

价值链从单个民族国家内部向外部的延伸，是与经济全球化的总体进程相适应的。随着国际分工和交换边界的拓展，跨国公司价值链随之向全球延伸。而且伴随经济全球化深度和广度的提高，价值链向外部延伸的范围和程度也一步步扩大。20 世纪末期，经济全球化从贸易全球化延伸到服务全球化这一最高阶段，全球一体化生产服务体系正式形成，世界经济历史上第一个“全球价值链”时代宣告到来。瑞士苏黎世联邦技术学校的专家在对 4.3 万家公司数据进行分析后发现，以 147 家彼此间存在各种联系的跨国公司为主导，织成了覆盖全球的生产服务资产网络，控制着近 40%的全球跨国企业生产。在这其中，加工贸易起着重要的联络和沟通作用。

一是产业价值链中加工组装环节的主要承担者。早期加工贸易的这种业务方式主要发生在制造业领域，如纺织服装、家用电器等行业。20 世纪 90 年代以后，随着高新技术产业的大发展和国际转移，以计算机、通信设备为代表的 IT 领域的加工贸易业务获得了空前发展，其中最具代表性的案例包括 80~90 年代的亚洲“四小龙”，以及 20 世纪 90 年代以后迅速崛起的中国珠三角和长三角地区。

二是跨国公司全球市场服务网络的联系节点。在目前的全球价值链框架下，发达国家和发展中国家作为参与其中的最基本的两类组成主体，在全球产业价值链中的位置存在明显的梯次性，处于全球产业链的不同环节。而加工贸易的出现和发展，使双方保持了高度的关联性。发达地区以合约制造、委托加工等各类加工贸易方式，将发展中地区纳入其全球生产服务网络体系之中，使处于不同生产阶段的各个地区形成一个协调互联的有机整体。因此，加工贸易实质上充当着跨国公司全球生产服务网络的沟通桥梁，是跨国公司全球生产服务网络的联系节点和贸易通道。

三是后发地区参与经济全球化的重要途径。“二战”后，以贸易、投资自由化为代表的经济全球化带动了新一轮的经济增长，发达地区通过广泛参与并积极推动这一进程，分享了绝大部分经济全球化红利。随着经济全球化的不断深入，后发展地区可通过借助承接加工贸易业务的方式，积极主动嵌入跨国公司全球生产服务网络，分享经济全球化红利，推动本国工业化进程，带动本国经济增长。

## 三、我国加工贸易的发展及存在的问题：基于全球价值链的视角

通过发展加工贸易，我国抓住了 20 世纪 80 年代、90 年代和 21 世纪以来三次国际产业转移的重大机遇，有力促进了现代化建设。

30 多年来，我国加工贸易不仅规模迅速扩大，而且水平档次也在不断提高，特别是近年来加工贸易升级步伐加快。一是加工贸易增值率逐步提高；二是加工

贸易向机电产品和高新技术产品升级的趋势十分明显；三是加工贸易国内配套不断增强、产业链条不断延长；四是珠江三角洲、长江三角洲地区产业集聚水平显著提高，使我国在新一轮跨国投资竞争中处于非常有利的位置；五是 IT 等产业加工贸易采用先进技术乃至全球同步技术的比率明显上升，设立研发中心、采购中心、地区总部增加较快。

加工贸易的迅速发展和升级，在我国经济中发挥了日益重要的作用。一是有力促进了我国 IT 等高新技术产业的发展和产业结构的升级，加快了工业化步伐，我国 IT 产业已成为支柱产业；二是在吸纳国际产业转移过程中，产生了明显的技术外溢和人才外溢，有力促进了技术创新和进步，据国务院发展研究中心课题组研究，加工贸易企业技术达到母公司先进水平的占 21%，达到国内先进水平的占 47%；三是成为扩大出口的主要动力，加工贸易出口所占比重超过 50%，中国成为世界第一货物贸易大国，占世界货物贸易比重的 12%（隆国强，2003）；四是有力促进了吸收外资的起步和扩大，截至 2013 年中国累计吸收外商直接投资 1.31 万亿美元，使我国成为全球重要制造业基地；五是逐步成为我国贸易顺差的主要来源，有利于国际收支的平衡；六是发挥了我国劳动力资源优势，增加了就业，目前直接从业人员超过 3500 万人；六是增加了税收；七是促进了区域经济的振兴。另外，也在促进体制创新、引进先进管理经验和加快城镇化等方面产生了广泛而积极的影响。

但是，从全球价值链角度看，我国加工贸易与日本、韩国和其他发达国家比，也存在很大的差距。这种差距主要是由经济技术水平、产业结构、企业竞争力和经济体制等诸多因素决定的，具体表现在以下方面：

一是企业主体和方式不同。日本和韩国主要由本国企业以贸易方式获取订单和进口料件，利用本国生产能力加工装配出口；而我国则主要通过吸收外资和引入国外生产能力，加工装配出口，外商投资企业是加工贸易的主体，成为跨国公司产业链条的一个环节。

二是产业主体不同。发达国家加工贸易以技术、资本密集型产品为主；我国加工贸易以劳动密集型产品为主，即使是高新技术产品也主要集中在劳动相对密集的低端环节。

三是加工深度和附加值不同。发达国家主要集中于深加工、高附加值产品的加工，产业链条长；我国加工贸易增值率、加工深度和配套能力虽然也在不断提高，但与发达国家比，增值率较低。

四是产品研发和市场营销能力差距较大。发达国家跨国公司实力强大，在生产外包加工过程中通常产品研发和市场营销都掌握在自己手中；而我国企业大多缺乏自主研发、设计和营销能力，处于价值链“微笑曲线”的底部。

五是在全球价值链上的地位和自主发展能力不同，我国在全球价值链中处于被支配地位。我国加工贸易目前仍处于依赖外商阶段，基本上由外国跨国公司支配，有较大脆弱性，随着内外部条件变化还有向外转移的可能；我国企业自主发展能力较弱，大多采取贴牌生产方式，没有自己的品牌。发达国家跨国公司是进料和出料加工的双向主导者。

## 四、港台地区加工贸易转型升级的经验

1. 中国香港、中国台湾地区的加工贸易及政策演变

中国香港（中国）以“前店后厂”模式实现加工贸易和产业的同步转型升级。中国香港地区作为自由港，并没有加工贸易制度设计，但由于中国香港地区缺乏原材料，本地制造品出口绝大部分是进口料件加工再出口，转口贸易大部分是典型的加工贸易。中国香港加工贸易经历了20世纪五六十年代的起步发展期、20世纪80年代向内地转移期和随后的“后厂前店”向服务经济转型升级期，中国香港地区的经济结构也由此发生了战略性变化。

中国台湾地区以加工贸易产业链、价值链升级推动了经济的持续成功转型。随着20世纪80年代台商几次到大陆投资高潮，中国台湾地区对大陆和其他新兴市场的投资直接配合了其产业升级的进程，其加工贸易形态也相应出现了“由进到出”的转变。两岸加工贸易呈现出随着中国台湾产业结构升级而升级的态势，从低端轻纺制成品向高科技产业不断递进，两岸产业合作以直接投资和加工贸易为主导，成为继中国香港之后助推内地加工贸易发展与升级的重要动力，同时也对中国台湾经济的国际化转型进程发挥了助推作用。中国台湾在产业重大转型前期曾经制定了有形的加工贸易政策，既有针对出口加工区、保税工厂、仓库等封闭区域，也有针对广泛的开放区域。但是随着中国台湾地区市场的开放和贸易自由化便利化，原先针对进料加工复出口的税收优惠政策在法律上依然存在但在实际运作中已失去功效，因为中国台湾不设增值税而关税税率很低，海关服务很便利，企业已很少有人去申报关税减免优惠。作为参与全球产业链、价值链分工合作重要组成部分的加工贸易方式已成为常态，只不过其具体形式和侧重点会随着产业升级而不断变迁（王子先，2012）。

2. 几点启示

中国香港、台湾地区加工贸易伴随其经济发展阶段和产业升级全过程已基本完成了动态变迁和转型过程，其路径对后起国家和地区有普遍价值，值得我们总结和汲取。

从全球价值链角度看，加工贸易转型升级核心在于内容。尽管在起步阶段有针对性的加工贸易制度安排和政策导向对中国台湾、香港地区产业发展与升级发挥了积极作用，为其参与全球经济分工合作、优化资源配置乃至技术创新都提供了便利化渠道，但是加工贸易作为一种贸易合作方式总体上只是辅助和

形式，是产业的发展与升级进程决定了加工贸易的具体形式、结构。中国台湾、香港地区在产业不断转型的长期过程中其加工贸易制度政策安排基本上没有什么太大变化。

加工贸易自身结构、形式、功能在产业升级过程中的一些动态变化主要依靠市场调节和企业主体的瞬时调整，政府难以取代。中国香港、中国台湾地区加工贸易主体产品由低端向高端、由“进料”向“出料”、由制造外包向服务外包等不断发生的一些动态变化与调整，这主要都是由市场规律决定的，基本上是自发的转型过程。

产业梯度转移规律难以改变，加工贸易由“进”到“出”是必然趋势。中国香港、台湾地区加工贸易的兴起都源于当地廉价高素质的劳动力，通过从外引进原材料进行加工制造，实现自身经济的发展和产业升级。随着劳动力成本上升和产业转型的需要，一部分劳动密集型和低技术含量的加工业逐步转到成本更低的大陆寻找生存空间，中国香港、台湾地区从进料加工逐步向加工贸易的发包方转变，自身经济也占据了产业链和价值链的更高端。加工贸易的转移是全球产业分工不断调整和当地经济结构不断升级的结果，是必然规律。

政府宜选择以正面鼓励为主的加工贸易转型升级导向，加工贸易无论是从自身的形式变化到背后作为内容支撑的产业链、价值链升级，中国香港、台湾地区都采取了正面鼓励的做法，即对符合政府战略导向的产业加大支持鼓励力度，而不是采取简单禁止和限制，主要靠完善制度并让市场自然淘汰。

## 五、全球价值链下我国加工贸易转型升级的方向和内涵

改革开放 30 多年来，我国通过发展加工贸易，快速嵌入了全球产业链价值链的加工组装环节，推动了对外开放和经济社会发展。加工贸易作为我国参与国际产品内分工的主要形式，应遵循全球化下产业发展升级的一般规律，吸引更好的产业链环节进入中国，利用加工贸易转型升级的外溢效应，加快我国产业结构优化和工业化进程，进一步提升中国在全球价值链中的地位。

1. 加工贸易转型升级的总体方向

我国加工贸易转型升级，应立足于优化重塑价值链，从全球价值链的加工组装环节逐步向研发设计和品牌服务两端升级。

一是向价值链左端提升，逐步占据研发设计高端。通过更新技术装备，改善生产工艺，组建工程技术中心、研发中心和设计中心，全力提升加工贸易企业的技术能力和研发水平，逐步形成在技术和研发领域的竞争优势。拥有一定实力和技术层次较高的大型加工贸易企业通过提升研究开发实力，积极申请专利授权，逐步形成自主知识产权产品，不断向全球价值链左端的关键零部件、研发、设计等中高端环节跃升。

二是向全球价值链右端提升，积极发展品牌、服务环节。通过开辟自主营销渠道，大力发展出料加工贸易，逐步实现由受托型加工向自主型加工转变。加大营销投入力度，做好品质管理，逐步创建形成自主品牌，向增值能力较高的环节不断跃升。逐步实现从 OEM 向 ODM 和 OBM 的升级，从进料加工贸易为主向出料、进料加工贸易并重的转变；从“1 强 6 弱”向“6+1”整体强大价值链转型。

三是向自主性加工转型提升，实现加工贸易落地生根。不同于日本、韩国、中国台湾地区的是，我国加工贸易主体仍以外资企业为主。要鼓励国内企业以加工贸易方式获取订单和进口料件，利用本国生产能力加工装配出口，不断提升内资加工贸易企业的比重。鼓励国内中小企业和民营企业积极参与配套产业发展，进入跨国公司供应链网络，培育组织发展能力，成为参与全球价值链分工的新主体。

2. 全球价值链下我国加工贸易转型升级的实现路径

加工贸易转型升级将伴随我国工业化的整个进程，涉及复杂的理论和政策问题，需要不断探索。结合多年来的实践，初步提出基于全球价值链的加工贸易升级转型五种途径：

一是实现产业链的升级。依照国际产业转移由劳动密集型→资本、技术密集型→高科技产业的路径，及时引导，加快加工贸易产业结构的升级，特别是抓住当前以 IT 产业为主导的高科技产业转移机遇，加大对中间品、关键零部件、高附加值和技术含量、高增长率产品的投入，进一步推动加工贸易产品构成向高新技术产品和先进制造业为主方向转变，有力促进我国工业化与信息化的结合，使新兴产业得以迅速向世界先进水平靠拢。

二是向全球价值链中高端跃升。按照发展中国家、地区逆向工业化的路径，从最后工序开始依次向前延伸，循着“简单组装→复杂组装→零部件制造→原材料生产→产品研发→自有品牌产品的研发、设计和生产”的轨迹，重点向“微笑曲线”的两端跃升，推进由 OEM 向 ODM 和 OBM 转型，通过加强全球价值链服务端提升国际定价权，重塑新的国际竞争优势。

三是构建高水平供应链管理体系，提高产业集聚水平。适应国际产业竞争日趋网络化的特点，通过优化一些地区的投资环境，增强配套能力，建立供应链体系，完善创新、人力资源和物流等环境，形成专业化、系列化、规模化的产业聚集区，提升整体国际竞争力，大大增强对国际投资的吸引力、凝聚力。

四是构建自己的价值链，实现加工贸易由外资主导逐步向内资主导的转变。加快对传统产业和国有企业的改组改造，从机制上、管理上、技术上和产品更新换代上，全方位加快升级步伐。

五是强化加工贸易的溢出效应、竞争效应，促进加工贸易“落地生根”和本土企业的发展。优化创业创新环境，逐步增强本土企业的研发能力、市场营销能力和培育自主品牌，实现加工贸易由投资型向贸易型转变，真正达到落地生根。

总之，要通过推动加工贸易转型升级，促进“中国制造”向“中国创造”、“中国制造”向“中国服务”、对外贸易由大到强转变。

## 第六节　基于全球价值链的外贸服务主体创新

当今全球外贸经营主体的两大模式是跨国公司（即外贸自营）和综合商社（即外贸服务供应链企业）。中国外贸服务主体在市场推动下，实现了外贸业务模式的不断创新，实现了专业外贸公司与外贸自营企业并重发展，并涌现出了外贸综合服务企业（包括外贸服务供应链企业、跨境电商、外贸综合服务平台等）这一全新的模式，引领和带动外贸行业和广大中小企业转型升级的作用不断增强。

### 一、我国外贸企业转型的进程及不足

#### 1. 外贸主体演变转型的进程

外贸企业是指从事对外贸易（进出口）的企业，在国家规定的注册企业的相关领域内，这些企业对合法产品有进出口经营权。它的业务往来重点在国外，通过市场的调研，把国外商品进口到国内来销售，或者收购国内商品销售到国外，简单来说就是充当中间商“买进卖出”，从中赚取差价或代理费。外贸行业是一个纯粹流通性质的服务行业，其提供的服务能够降低进出口过程中收集信息、销售商品的成本，提高进出口效率。

改革开放 30 多年来，我国的外贸企业组织形式随着外贸管理体制的市场化改革和外贸形势的转变不断发生着转型变化，走出了一条从传统的国营外贸公司、外贸代理企业到贸贸、工贸、技贸一体化企业，外贸自营企业，到外贸服务供应链企业、跨境电商及外贸综合服务企业的自由化、综合化转变之路，这同时也是中国从工业模式到商业模式、从中国制造到中国服务、从贸易大国到贸易强国的发展过程。

国营外贸公司阶段。1949 年新中国成立后，实行了集外贸经营与管理于一体、政企不分、统负盈亏的高度集中型外贸管理体制，按商品经营分工组建了 14 家专业进出口公司。外贸专业公司是国内生产部门与国际市场进行联系的中介，它们与国内生产部门的业务由国家统一计划安排，不存在协作和关联关系。

地方、部门外贸公司的设立。1979 年 10 月国务院召开全国进出口工作会议，外贸体制改革在全国普遍展开，特别是 1985 年外经贸部发布《关于设立外贸公司的条件和审批程序的暂行办法》，逐步把进出口贸易经营权分散下放到各地方和部门，设立地方和部门外贸公司，外资生产企业拥有本企业产品出口和有关

原材料进口的经营权。1988年，国务院做出《关于加快和深化对外贸易体制改革若干问题的规定》，在全国外贸行业全面推行承包经营责任制；在前期试点的基础上，1991年《国务院关于进一步改革和完善对外贸易体制若干问题的决定》颁布，建立自负盈亏机制。自此，国营专业外贸公司可以根据国际、国内市场的情况，自主地开展进出口贸易活动，自主经营、自负盈亏、自由竞争，逐步成为完全意义上的市场主体。

实行进出口代理制，探索工贸结合途径。1979年全国进出口工作会议后，国务院有关工业部门成立了一批进出口公司（工贸公司）。1984年《对外经济贸易部关于外贸体制改革意见的报告》，提出了"实行进出口代理制、工贸结合、技贸结合、进出结合"的外贸体制改革原则，进口原则上全部实行代理制，由用户自负盈亏，出口基本上实行代理制，但根据商品情况分别确定；开展形式多样的工贸结合试点，组织一些以企业或企业联合体为经营实体的试点，近百家企业直接开展对外经营。1991年外经贸部《关于对外贸易代理制的暂行规定》颁布后，实施灵活多样的外贸代理制，让没有贸易经营权的国内生产企业或贸易公司特别是广大中小制造企业可以直接进入国际市场进行贸易活动，然后再安排国营外贸公司代为执行合同，成为有效的过渡性制度安排。

探索中国式综合商社。1992年开始中国的贸易政策改革以符合"国际规则"为导向，提出有条件的外贸公司要向实业化、集团化、国际化方向发展；1994年中国颁布了第一部《对外贸易法》，年底国务院正式批准中化集团在全国首家进行综合商社试点，目标是建成以贸易为主业，集贸、工、技、金融、信息等功能于一体的国际化、实业化、多元化、集团化的综合贸易公司。此后，形成了一批贸、工、农、技、商结合的综合性集团公司，部分企业成功转型成综合性贸工一体化企业，有的转变成实业公司，但大部分没有明显成效。

试点合资外贸公司和赋予私营企业自营进出口权。1996年，外经贸部发布《关于设立中外合资对外贸易公司试点暂行办法》，在上海浦东新区和深圳经济特区试点成立合资外贸公司。1998年10月首次赋予私营企业自营进出口权。

外贸经营权不断放开，外贸自营企业得到发展。随着国务院、外经贸部多个文件的出台，20世纪80年代以来，中国出口产品中技术和资本密集型的机械、化工、电子和高技术产品的比重不断上升，政府授予了一大批大中型生产企业进出口权，并批准中国境内各类外资企业拥有出口本企业产品和进口自需原材料、机械设备的经营权，设立了下属的跨国经营部门。1992年党的十四大报告提出"深化外贸体制改革，建立符合国际贸易规范的新型外贸体制"，外贸经营权逐步放开，大批的生产企业、商业企业、物资企业获得了外贸经营权，形成了外贸专业公司、生产企业、流通企业、高科技企业和科研单位四类出口主体，加入WTO前获得外贸经营权的企业达30多万家。2001年12月中国加入WTO，外贸政策逐渐与国际贸易体制接轨。2002 年 11 月，“进出口经营资格管理系统”网络在全国联网运行，下发了核准权限，简化了申请程序；2004 年 4 月，新的《对外贸易法》将审批制改为备案制，全面放开了外贸经营权限，进一步壮大了对外贸易经营队伍。

20 世纪生产企业从自营进出口向中国式跨国公司升级。跨国公司既是世界商品的重要供应者和购买者，又是国际资本的主要拥有者和借贷者，也是一体化国际生产的核心。中国大企业的国际化经营继续稳步推进、跨国指数有所提升，中国企业联合会发布的“2013 中国 500 强”企业中海外收入比例高于 30%的企业有华为、中化、吉利、中兴、中国电子信息等 25 家，但还远低于同期世界 100 家大跨国公司的平均跨国指数 61.06%，且大部分企业的国际化经营以贸易或中间产品生产为主，与人员国际化、生产国际化、销售国际化和研发国际化的要求还有很大差距。

2. 外贸企业发展面临的问题及不足

传统外贸企业大多规模较小，业务分散，产品结构和市场结构较为单一，发展面临着不少制约。一是进入门槛低、行业自律性不强。外贸业盈利模式简单化，竞争对手进入普通商品外贸代理行业壁垒较低，为了争夺客户资源，降价是最主要手段，导致行业利润越来越少和国外客户越来越不稳定，一般代理清关业务的利润率已不足 3‰。随着外贸经营队伍的迅速扩大，在一定程度上造成了市场竞争无序状态，产生了企业之间的恶性竞争。二是资金实力差，资金不足和融资困难的问题十分突出。外贸企业特别是中小型外贸企业贷款条件严格、贷款额度低，使得贷款成本居高不下，甚至没有资格获得金融机构贷款。三是服务能力不高。我国大部分中小型外贸企业的注册资金低，员工数量和素质都不高，影响了其服务能力和信誉度。这也致使外贸企业靠降低收费、控制成本来赚取微薄的利润。四是信息资源较为贫乏。面对当今世界信息资源的高速扩张，以及电子商务的迅猛发展，很多外贸企业还依靠展销会等传统渠道获取信息，信息面窄，缺乏依靠信息盈利的能力。五是对供应链上下游的衔接不到位。对下游的买方来说，信息来源和营销渠道不畅，大部分外贸企业主要依靠互联网和电话、传真来获取海外订单、从事外贸业务，缺乏对客户市场需求情况的深入理解，不具备主动拓展市场的能力。对上游的生产厂家来说，外贸企业缺乏懂技术的专业人员，对工厂的控制力不足。进入全球价值链时代，传统外贸企业的不足和问题更加凸显：同质化竞争严重制约外贸企业自我积累和功能升级；大多数没有构建起自己的供应链价值链体系，综合服务能力薄弱；过度依赖中间商，在价值链上缺乏定价权和谈判力，没有形成产业组织辐射带动能力。六是各类企业的分工不够合理、资源整合度低。传统的外贸专业公司有一定的业务渠道，但缺乏实业做依托，很难适应日趋激烈的国际市场竞争。同时，很多生产型企业缺乏国际营销经验和销售渠道，没有自己的品牌和售后服务网络，经营规模难以扩大、企业效益很难提高。七是中国外贸缺乏自主品牌和核心技术，外贸企业必须提升服务水平，实现标准化、规模化发展。外贸企业基本是按单生产，主要是做贴牌生产，在国际市场上很少有自主品牌，如占全国出口 1/3 强的广东省的自主品牌出口额仅占全省出口总额的 3%。外贸企业最大的优势是低成本系统化的生产，但随着国内经济的转型和国际市场的接轨，生产已是整个产业链利润最低的环节，必须想方设法谋取服务环节利润。

## 二、我国外贸服务主体创新实践——以深圳为例

外贸综合服务行业，是指应用电子商务技术，以商业化手段整合融资、通关、退税、物流、保险等外贸必需环节，集中代办后统一提供给中小外贸企业的外贸业态新模式，盈利也来自服务的批发和零售。广义的外贸综合服务行业包括外贸服务供应链企业、跨境电商企业和外贸综合服务平台企业。

2013 年 7 月 24 日，国务院出台促进外贸发展的“国六条”以促进贸易便利化、推动进出口稳定发展，其中首次定义了一个新行业，即外贸综合服务行业。外贸综合服务企业在国内是一个新生事物，在国外也是闻所未闻，它是在我国中小外贸企业众多、外贸业态向小批量多频次发展、互联网时代贸易细分化以及外贸便利化水平不高的背景下，由市场自发形成的一种外贸业务模式的创新。外贸综合服务业态的兴起符合当今国际分工不断细化、服务业和服务贸易大发展、管理信息技术日渐成熟的大趋势，具备广阔的发展空间，也必将对推动我国外贸转型升级、推动服务业开放与创新、提升我国国际分工地位和国际市场话语权发挥重要作用。

### 1. 外贸服务供应链企业打造全流程供应链管理体系，提供外贸服务整体解决方案

得益于改革开放、珠三角外向型企业密集、高效的海关税收管理环节以及毗邻中国香港地区这一全球物流枢纽的优势，2000 年左右，深圳成为国内外贸服务供应链企业的发源地，特别是 2008 年国际金融危机后，外贸、物流企业纷纷延伸产业链环节，提供更多高端服务，并逐步成长壮大并向其他沿海城市发展布局。深圳现有从事供应链管理业务的公司 50 家左右，办理出口退（免）税的供应链企业，从 2005 年的 6 户增加到 2009 年的 40 户，同期出口退税额从 1500 万元增长到 10.56 亿元。2010 年在建行深圳分行国际结算量超过 1 亿美元的供应链企业达 16 家，合计 79.65 亿美元，占分行国际结算总量的 7.8%。深圳怡亚通公司现在已建立起涉及 IT、家电、快速消费品、粮油、汽车后市场（汽车售后服务）等领域的供应链服务体系，为 40 余家世界 500 强企业和 400 多家国内外知名企业提供供应链服务，企业平台上至少集纳了全球数千亿元资金，受到平台辐

射的企业不下 2 万家。

传统供应链管理主要是（物流、资金流、商流、信息流）四流合一的生产组织企业的自我服务模式，延伸到企业采购、生产、经营等全程贸易过程中（见表 9-9）。外贸服务供应链从传统供应链管理模式中发展升级而来的第三方供应链模式，针对中小外贸企业自身业务规模小、物流能力差、融资紧缺等特点而开展新型供应链服务模式，涉及企业资金流和通关物流优化，不涉及买卖信息以及采购生产的供应链服务，属于一种“生产型服务业”领域的专业服务平台。供应链企业的商业平台及强大的资源整合能力，为原材料供应商、物流供应商、信息供应商、资金供应商、生产制造企业等供应链上下游的所有参与者提供一个对接平台，使其致力于核心业务的强化，提高自身核心竞争力。它承接了产品或服务生产和运动过程中的代理采购、库存管理、虚拟生产（委托外包生产）、分销执行和物流运输、进出口通关、融资、税收等各种外包业务，并通过资源整合和再次外包来实现，形成全程供应链管理运作模式，提供整体解决方案。

**表 9-9 供应链管理“四流合一”的主要功能与内涵**

| 类　别 | 主要功能/内涵 | 供应链管理能够提供的服务项目 |
|---|---|---|
| 商流 | 货物在由供应者向需求者转移时，货物与其等价物的交换和货物所有权的转移 | 参与市场调研、作出需求预测、谈判撮合、作为交易的对手参与货物的买卖交易 |
| 资金流 | 随着商品实物及其所有权的转移而伴随发生的资金往来 | 商业信用放大、融通仓、代垫税款、代开信用证、外汇支付便利 |
| 物流 | 货物从供应者到最终用户的全程实体形态的流动 | 运输、仓储、包装、装卸、分拣、供应商库存管理，通关保税、集货、其他增值服务 |
| 信息流 | 信息流是物流、资金流、商流的流动影像，分为信息采集、传递和加工处理 | 条码管理、在途查询、数据报送、供应链管理系统开发 |

伴随着供应链管理行业的发展壮大和市场竞争的加剧，其业务模式不断创新：一是采购执行，即供应链企业建立集商务服务、物流服务、资金结算服务、信息处理服务于一体的采购服务平台，为客户提供采购计划、订单管理、库存管理、运输配送、仓储管理、融资结算等一系列采购环节所需的各种服务；二是分销执行，即供应链企业凭借其分销服务平台，为客户提供分销计划、订单管理、库存管理、运输配送、仓储管理、资金垫付及结算、信息管理等一系列分销环节所需的各种服务；三是虚拟生产，即供应链企业接受客户委托外包加工生产，提供由客户委托采购原材料、生产、配送成品到最终使用者的全面性服务，形成一个完整的接单、组织研发设计、采购、生产、配送的完整生产过程，完全虚拟；四是安全库存管理，即供应链企业购买核心企业的部分产品，依据核心企业以往配送货物的要求及历史数据，保存一定的货物库存，对核心企业的配送指令更快地加以响应，提高效率；五是供应链融资，即供应链企业在为客户做代理业务的

过程中，基于对客户的了解及行业状况，对客户未能按时支付给上游供应商的款项，依据客户要求，临时给予垫付资金服务。

2. *跨境电商开辟外贸新通道*

电子商务特别是一些整合了网络认证、电子银行、出口招标、远程质检和物流安排的综合贸易网站的出现，能够大大减少商品销售过程中的中介环节，缩短商品销售渠道以提高效率和竞争力，对促进中小制造企业加入外贸队伍提供了支撑平台（见图 9-3）。

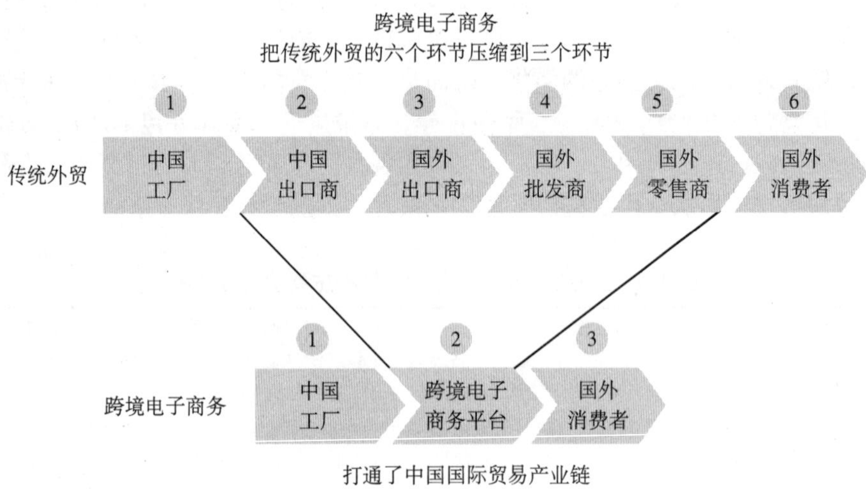


**图 9-3　传统外贸与跨境电子商务模式比较**

过去十年，电子商务在国际贸易中得到应用，国内中小型外贸企业进出口规模在加入 WTO 十年间实现了上百倍的增长。据统计，截至 2012 年年底，我国使用电子商务交易平台的中小企业已突破 1700 万家，外贸网商超过 360 万家，极大地扩大了对外贸易经营主体规模和进出口规模。小额在线外贸出口额突破 200 亿美元，海外代购市场规模达 483 亿元人民币，涌现出一批第三方平台和自营外贸电子商务平台（石广生，2013）。

2008 年后，随着国际金融危机爆发，我国外贸发展疲软，以阿里巴巴为代表的外贸 B2B（企业对企业）业务呈现萎缩态势，但随着海外向中国代购业务的需求不断增长，跨境电子商务 B2C（企业对个人）在珠三角、长三角等地蓬勃发展起来，成为增加贸易机会、降低贸易成本、提高贸易效益的新路径。2013 年 7 月 27 日国务院办公厅印发《关于促进进出口稳增长、调结构的若干意见》（国办发［2013］83 号）中提出：积极研究以跨境电子商务出口货物（B2B、B2C）所遇到的政策问题，第一次为“跨境电子商务”这一创新贸易方式正名。

跨境电子商务进口以 B2C 为主；出口既有阿里巴巴等著名 B2B 平台，也包括 B2C、C2C 平台创新。以深圳跨境电子商务出口 B2C 为例，主要是指：中国中小型企业或者微型企业利用互联网向海外发布商品服务信息，以快件、平邮等方式出口货物，采用国际支付、信用卡等第三方国际支付方式进行结算汇兑，集聚了跨境物流、跨境支付、代运营、电子技术等第三方服务，将中国商品直接销往终端消费者的一种新型国际贸易模式。主要有两种模式：一是企业建立一个独立的跨境 B2C 网站，如亚鼎科技、易宝科技等，将中国商品直接销售到全球；二是在第三方跨境电子商务平台如 eBay 和 Amazon 上开设店铺，通过这些平台销售中国商品。

据初步统计，2010 年全国跨境电子商务的交易额约为 100 亿美元，国内每天用快递方式出口的电子商务包裹达到 100 万个，每年有接近 3 亿个包裹、10 亿个商品通过快递及平邮方式出口到国外。近三年来，跨境电子商务行业交易额平均增长率都在 200%以上。深圳成为跨境电子商务重要聚集地。从跨境电子商务两种主要模式看：独立 B2C 预计有 50 家上规模的企业（年销售额在 1000 万美元以上），其中 2/3 企业的供应链中心聚集在深圳；根据 eBay2010 年在大中华区的交易额 44 亿美元推算，有 5000 家以上规模的第三方平台大卖家（年销售额在 100 万美元以上），其中 1/2 卖家聚集深圳，深圳已经成为跨境电子商务产业链聚集中心（见表 9-10 和表 9-11）。其中，深圳亚鼎科技的 B2C 业务已经做到亚太区规模最大，国外网点布局超过亚马逊。据深圳电子商务协会反映，深圳现有的外贸电子商务企业完全可以组建一个电子商务园区，其规模和能量超过华强北商圈。

**表 9-10　深圳跨境电子商务 B2C 物流情况**

单位：%

| | 一般贸易 | 快件 | 平邮 |
|---|---|---|---|
| 业务数占比 | 1 | 9 | 90 |
| 金额占比 | 0.3 | 90 | 9.7 |

**表 9-11　深圳跨境电子商务 B2C 支付方式情况**

单位：%

| | 第三方支付（PayPal 等） | 信用卡（快钱等） | 邮政汇款（西联等） | 银行转账（TT） |
|---|---|---|---|---|
| 占比 | 70~80 | 10~20 | 5 | 5~10 |

3. 外贸综合服务平台打造标准化的外贸服务平台

目前，我国外贸综合服务平台还处于起步状态，大多集中在深圳、上海、杭州等沿海外贸产业发达的城市。但规模增长迅速，据深圳海关统计，2013 年深圳外贸综合服务企业（广义）出口超过 177 亿美元，其中进出口 1 亿美元以上的企业超过 40 家，一达通、信利康和朗华三家深圳外贸综合服务企业跻身全国一般贸易出口企业十强。外贸综合服务行业的兴起与我国中小外贸企业众多，通关、退税外贸各环节手续复杂烦琐，物流和融资成本高，及外需萎缩等外贸环境特点有很大关系。

以深圳一达通企业服务公司为例。深圳一达通企业服务公司是国内第一家、也是最大的面向中小企业的外贸综合服务企业，较早建立了互联网一站式外贸综合服务平台。一达通整合了复杂的中小微企业外贸服务资源，实现外贸服务总包，通过互联网一站式为中小企业和个人提供金融、通关、物流、退税、外汇等所有外贸交易所需的进出口环节服务。一达通对进出口环节进行完全分解，提供标准化服务，无论金额大小每单进出口业务收取服务费 1000 元（自 2014 年起，通过一达通平台在国内部分地区免费代理出口业务），为中小企业提供高效低成本的通关服务，同时解决贸易融资难题，提升企业竞争力。形成了以电子商务为工具，以进出口流程服务外包为内容，以服务平台为依托的“三合一”整合型外贸综合服务企业。2010 年一达通加入阿里巴巴，形成了从“找外贸”到“做外贸”一站式服务链条，为广大中小企业从事对外贸易提供了更为全面的基础服务。截至 2013 年，一达通平台服务中小微企业达 1.5 万家，2013 年全年实现进出口额近 40 亿美元，进出口单量近 10 万单。

下一步，深圳市将通过为一达通平台上的中小企业提供“一补一贷”，即外贸服务补贴（外贸企业通过一达通平台完成出口，每出口 1 美元，补贴 2~3 分钱）和小微贷款，3 年内拿出 40 亿元补贴出口企业，实现年出口额 1600 亿美元目标，把平台上的外贸规模做大。当实现一定规模后，一是在服务中国对外贸易的同时，服务中国以外的两个第三方国家之间的贸易，将中国打造成全球资金和海运资源的归集地；二是也能大大降低外贸门槛，吸引广大中小制造企业参与进出口贸易，提高我国外贸增量；三是通过外贸综合服务沉淀下广大外贸中小企业的物流、报关等数据，新建基于大数据构建的外贸交易的信用体系，挖掘优质客户，更好地实现综合服务平台的发展和风险防控，还和银行一起探索基于交易数据的流动资金贷款。

外贸综合服务企业的特点：一是综合，二是服务。针对中小外贸企业自身业务规模小、物流能力差、融资紧缺等特点提供系统化、标准化、合约化的综合服务，涉及企业资金流和通关物流优化，不涉及买卖信息以及采购生产服务，解决贸易链实现问题，属于生产性服务业类的专业服务平台，彻底把商贸贸易与流通服务分离开来。在信息技术不断发展的条件下，大企业的外贸时代过去了，越来越多的小微企业进入外贸领域。外贸综合服务企业的出现为生产企业在“微笑曲线”后一段提供综合服务，推动实现大市场和小企业的无缝对接，解决众多中小企业面对国际市场无法解决的问题，提升贸易便利化水平。外贸综合服务企业或将成为国际金融、国际物流服务资源整合的主体，也将是在互联网时代改变我国乃至全球服务业格局的有力推手。

## 三、外贸综合服务企业实现进出口全流程服务外包

经过30多年的发展，中国的制造能力已非常强大，产品性价比具有优势，信息化建设取得显著成效，海内外信息不对称的问题基本上得以解决。当前影响外贸发展的最大障碍出在金融和物流服务缺失上，尤其是中小企业更突出表现为不是没有订单，而是做不了。中国外贸规模巨大、从事低成本加工的外贸中小企业众多及进出口规则的烦琐，催生了专业化、平台化的外贸综合服务模式。

为打通中小企业和金融、物流机构之间的障碍，让小微企业也能够得到优良的金融和物流等专业化服务，必须通过一大批以电子商务为先导的外贸综合服务平台来整合资源、化零为整才可能最终实现。有利于降低企业进出口及管理成本，能增加企业的议价空间，全面的付款方式（TT/LC/OA）能增加企业的接单能力，最高资质的通关优势，帮助企业准时交货。同时海关、商检、国税等外贸监管部门也可以借助民间服务机构来服务中小企业和控制监管风险。

一是外贸服务供应链有利于降低贸易流程环节成本，提升企业核心竞争力，降低外贸门槛。据统计，非制造成本占到我国企业经营成本中的45%，外贸出口中综合物流开支占比高达30%，是国外的一倍以上，严重影响了市场竞争力。中小企业在外贸洽谈过程中最重要的三个要素分别是产品价格、付款方式、交货期，目前中小企业生存状况恶劣，主要是因为缺乏议价能力、无法通过自身实力降低物流成本。外贸服务供应链平台以电子商务平台为载体，为中小企业提供进出口贸易过程中的“通关、物流、金融”等具有共性的交易流程外包服务，提升通关效率和交运时限，标准化、信息化的操作模式提升服务效率，“化零为整”、服务外包，降低企业运营成本。有数据显示，在我国外贸小企业在流通环节的成本占比超过了30%。具体来看，实施供应链管理外包可以将运输成本下降5%~15%，将整个供应链的管理运作费用下降10%~25%；最高资质的通关速度能规避交期延误的风险，可使企业的准时交货率提高15%，订单处理周期缩短25%~35%。北美和西欧的经验数字表明，供应链管理外包可以使现金周期分别缩短19.6%和26.7%。外贸综合服务企业为中小企业带来了极大的便利，进一步降低了外贸的门槛，让越来越多的中小企业有能力做外贸，承接更多更好的外贸订单。在我国沿海地区有约七成的外贸中小企业都选择了外贸服务平台，一达通的客户重复使用率则超过了50%。

二是供应链金融协助国家扶持中小企业金融政策的落实。中小企业风险高、利润低，如果没有有效的工具为金融机构控制风险和成本，国家鼓励金融投向实体经济等措施难以真正落实到中小企业。外贸服务供应链具备掌握中小企业贸易

真实性的有利优势，与银行等金融机构合作，协调中小企业抗风险能力差和银行中小贷成本高、难操作的矛盾。通过“化零为整”的“供应链金融”工具，能够切实引导资金流向实体经济，流向有订单、有发展的中小外贸企业。一达通在介入中小企业外贸经营过程中，为中小企业提供无抵押、无担保、多选择的贸易融资服务，破解金融机构风险和成本难题。此外，因为金融危机当前国外买家的支付能力受到严重影响，导致外贸采用信用付款比例越来越高（美国已达75%，而中国只有10%），越来越多的国外买家要求货到付款。而在国际贸易中已有成熟的贸易金融产品，比如信用支付（L/C、O/A）、金融保险、保理业务、远期外汇合约等，这些业务都有门槛要求，银行基于成本考虑，不达到一定规模的企业难以被覆盖，中小企业无法独立获得，只能接受款到发货的传统交易方式，大幅度压低了中国产品的价格，更导致了接单困难。而外贸供应链服务平台，核心工作就是整合服务资源，比如信用保险公司保费起点是2亿元/年，外贸服务平台则是集中了1000家出口企业的金融资源统一“打包”去投保，再细分给各个中小企业，享受了信用保险产品的出口企业，又可以接收海外“赊销”的订单，不仅扩大了接单范围，还可提高产品价格，利润空间得以扩展。

三是市场化、网络化的外贸供应链公共服务平台，有助于推进区域经济分工、产业梯度转移和外贸转型升级。我国外贸企业主要集中在沿海发达地区，珠三角+长三角占比达70%，土地及人工成本增长将必然使得生产企业向内地转移，而内地服务业落后是制约其外贸发展的重要因素，一达通模式可改善内地服务业落后的“瓶颈”。中小制造企业通过外贸代理公司做出口，付款等环节都由代理公司来完成，自己不能掌控进度，使用外贸综合服务企业的电子商务平台做出口，更加快捷，整个进度流程网上能看到，也更透明安全。对于进口，亦可通过类似“一达通”这样的专业进出口服务平台，解决海外企业对华出口，不熟悉中国的法律、进出口规则等难题，使得海外商家开展对华出口与对西方其他国家一样方便。

四是通过构建中小企业外贸发展状况监控平台与研究服务平台，为宏观调控和政策制定提供服务。一达通不仅是一个商业性的平台，同时也承载着社会性研究服务平台的属性。一达通平台掌握大量中小企业进出口真实数据和信息的服务平台，兼具类公共平台的属性和价值，通过统计、分析和研究大量的、频繁的、真实的动态数据，监控中小企业在对外贸易活动中的状况，掌握中小企业动态的外贸景气状况和资金压力状况。这是国内唯一一家能做到通过真实的中小企业进出口数据信息发布的针对中小企业“外贸景气指数”和“资金压力指数”的报告，并连同阿里巴巴集团研究部的数据定期一起呈交到国家相关部委做调研参考。

五是集约服务资源，助推第三方专业化、精细化服务业的发展。一达通打造了国内第一个进出口服务管理系统，作为类公共平台，服务流程环节通过互联网接驳到各监管部门，涉及银行、海关、商检、国税等。通过IT化的模式，完成进出口服务的电子化操作。整合外贸、金融、物流等服务资源，用信息化工具吸引信用认证、法律支持、外贸咨询、供应链管理等更多的贸易配套服务资源，通过服务接包和转包，助推我国第三方专业化、服务业的发展壮大，并通过打造“虚拟国际贸易服务中心”，掌握物流、结算话语权，建设国际物流中心和金融中心。

六是便于集中化监管。类似一达通模式的市场化、专业化的电子商务服务平台，可以成为政府监管与服务中小企业的桥梁，变以前的对众多中小外贸企业的监管，为对一批平台型企业的集中监管，可缓解政府职能部门如海关、国检、外管、国税等监管与服务中小企业的矛盾，降低社会交易成本。

## 四、外贸主体升级的经验比较

1. 传统外贸交易及代理模式

传统出口型外贸企业或外贸代理企业的作用是根据外商的需求状况准备商品、安排物流，出口业务主要涉及达成合同、组织生产、技术支持、安排货运、办理清关五个流程。相对国外买家而言，其作用体现在备货和物流功能上；相对国内生产企业而言，其作用体现在掌握了客户资源和市场需求信息。过去外贸代理制一直被视为改革的方向，大量的中小制造企业选择外贸代理公司。

2. 跨国公司和生产企业自营进出口模式

主要是国内一些具有进出口经营权的大中型制造业企业，出于开拓全球市场的考虑，构建自己的外贸部门或全球营销渠道，自营从事所生产产品的进出口业务，打造中国自己的跨国公司。

3. 德国的中小企业自营进出口模式

在出口大国德国，99%的企业是中小企业，出口贸易额的80%是中小企业贡献的。但德国中小企业具备高端制造核心竞争力和自有品牌，专注于细分市场的专业技术钻研，具备培育出一大批各行业的中小型领军企业，在国际市场份额中通常占领先位置，成为社会知名度较低但在自己的行业内名声显赫的“隐形冠军”。正因为德国中小型企业在产品生产上的独和专，在市场营销方面也不假于人手，通常在目标市场设立分公司或办事处来构建自己的营销网络和售后服务系统，通过展会和行业协会获取和互通信息。

4. 供应链企业模式

供应链企业的理念因其高度的资源整合能力，在全球得到迅速发展，根据供应链上核心企业类型的不同、涉及的外包服务环节的多少，全球第三方供应链可以分为不同类型。

（1）中国香港的经验：以利丰集团为例。将供应链管理思想作为一种商业模式来塑造起源于香港利丰集团，借助中国香港贸易、金融中心地位逐步形成了利丰模式。深圳众多供应链管理商业模式的拓展和供应链管理行业的演进路径深受利丰模式影响。利丰集团从单一贸易代理商转型为以供应链管理运作的现代跨国贸易集团，大致可分为三个阶段：一是从传统采购代理商向地区性采购代理商转变；二是从地区性采购代理商向生产计划的管理者和实施者转变；三是向交付生产计划战略向分解价值链、分散生产的供应链管理模式转变。利丰不仅为供应商和客户提供中介服务，还不断向“微笑曲线”两端延伸，整合研发设计、产品生产、物流分销等整个供应链和价值链环节，为客户提供整个出口贸易供应链内各种增值的多元化服务组合。目前，利丰的客户有1000多家世界知名企业，没有自己的工厂和工人，却管理着遍及40多个国家和地区、1.5万家工厂和2.7万多员工为其服务的网络，掌控了2/3的产品价值链环节，成为全球价值链的掌控者。

（2）美国是现代供应链管理理论和实践的发源地之一。随着企业间相互依存及协作程度的不断提高，美国跨国公司为提高全球竞争力，最大可能减少商品和服务的成本，积极建立供应链管理模式。目前，美国供应链管理企业总的来说有两大类模式：一是为自身进行供应链管理的企业，如沃尔玛（零售商主导模式）、戴尔电脑（生产企业直销模式）、NIKE（品牌管理模式）等大型跨国公司；二是为其他企业提供供应链管理服务的企业，如IBM、威特（WAITEX）、UPS公司等。纽约已成为全球供应链枢纽，第三方供应链主体云集，竞争优势突出，还成为其国际贸易中心的关键支撑，改变了其国际贸易中心地位一蹶不振的局面。

（3）日本综合商社是外贸型供应链管理企业的代表。以贸易为主体提供中介服务，向供应链上下游充分延伸，成为供应链的主导者和组织者。此外，通过在贸易中建立起全球商业网络，开展对外投资和各种中介咨询服务，实施更加严密的供应链管理。综合商社作为中小企业开展进出口贸易的窗口，还为中小企业提供融资、信息服务，保持生产企业对商社的依赖关系，通过股权投资与相关企业形成稳固的利益共同体。

（4）新加坡的供应链管理行业起步于20世纪70年代，逐步成为全球重要的供应链管理基地和运营中心。新加坡拥有高效灵活的物流、采购、运输和通信基础设施，发达的金融、电子商务和服务体系，以及产品开发、工艺设计、制造、营销、配送和技术服务整个价值链方面的高素质专业人才。跨国公司在新加坡经历了制造业投资，整合上下游服务体系，建立设计、制造、销售及配送的低成本运营基地三个阶段。目前，第三方供应链管理被广泛应用于多个行业，具备从研发到产品设计与生产，再到国际销售一条龙作业的整体商务开发能力，也成为其国际贸易中心和金融理财中心重要支撑。

## 五、从全球价值链视角推动外贸服务主体创新的政策建议

当前，我国外贸企业正不断适应时代潮流实现转型升级，亟须理清发展思路、明确行业定位、制定相应的扶持政策，引导我国行业长远健康有序发展。

1. 从外贸企业转型升级角度的建议

第一，提升认识，明确外贸综合服务企业作为新兴服务业、商业模式创新的行业定位，加快研究制定我国发展第三方专业化供应链的战略规划和相关扶持政策。

第二，将发展外贸综合服务企业作为推动外贸转型升级的新抓手。在全国外贸行业宣传推广外贸综合服务企业的供应链“四合一”服务平台、业务流程外包、电子商务经营等做法，促进外贸主体的创新升级。

第三，改善政策和营商环境，把贸易便利化措施落到实处。对有诚信的外贸综合服务企业在通关、报税、外汇、融资等方面在合法合规的基础上有更多灵活性；在外贸综合服务企业申请相关特殊行业经营资质方面给予便利，或可引用被代理公司的资质开展供应链服务；给予一定的办公仓储用地补助、银行融资贴息、人力资源扶持、物流税收减免等政策。

第四，支持行业龙头构建自己的全球价值链，提升参与全球价值链治理能力，发挥行业带头作用引导行业发展。加快研究外贸综合服务企业对现有外贸代理业态的冲击，引导行业良性竞争。

第五，加强行业标准规范建设和国际合作，加强复合型人才队伍建设，成立行业协会，形成行业规范，引导行业规范有序竞争，积极参与网络时代国际贸易规则制定。

2. 从外贸行业发展角度的建议

第一，支持外贸流通企业建立高效的供应链体系和服务外包平台，扶持第三方供应链外贸服务新业态，提升流通业对制造业的带动作用，强化产业组织辐射能力。

第二，把有实力的外贸综合服务企业打造成发展在岸服务外包、整合利用全球资源、促进产业企业转型升级的国际化平台，为制造业提供外贸、物流、金融等高端配套服务，实现实体企业与外贸综合服务企业共赢发展，提高“中国服务”水平，打造以技术、品牌、质量和服务为核心的国际经济合作竞争新优势。

第三，引导外贸企业针对主要目标市场建立全球营销网络，改变对国外贸易中间商的过度依赖，提升国际定价权和话语权。

第四，推动供应链金融的发展。政府出资建立贸易融资贴息资金，以担保公司的方式，对“贸易融资”平台落实贴息、坏账补贴等政策。通过贸易融资，逐步建立中小企业外贸商业领域信用指数，进而构建中小企业商业领域信用体系；

以实际贸易过程为基础，保证银行贷款进入实体经济，通过掌握流程、规模收益来控制风险。

第五，在珠三角、长三角等部分外贸代理企业众多的地区，重点扶持一批外贸综合服务企业发展，合理引导外贸企业转型升级，防止进出口额业绩和出口退税压力向某一地区口岸过分集中，稳定当地进出口规模，实现区域协调发展。

**参考文献**


江小涓：《中国经济的开放与增长 1980~2005》，人民出版社 2007 年版。

江小涓：《中国开放 30 年：增长、结构与体制变迁》，人民出版社 2008 年版。

任家华：《中国电子信息产业创新升级——基于全球价值链的研究》，西南财经大学出版社 2009 年版。

杨丹辉：《全球化：服务外包与中国的政策选择》，经济管理出版社 2010 年版。

白万纲：《中国外贸企业战略转型》，中国发展出版社 2009 年版。

刘向东：《对外开放起始录》，经济管理出版社 2008 年版。

石广生：《中国对外经济贸易改革和发展史》，人民出版社 2013 年版。

金碚：《全球竞争格局变化与中国产业发展》，经济管理出版社 2013 年版。

王子先：《中国对外开放与对外经贸 30 年》，经济管理出版社 2008 年版。

王子先：《深圳市供应链行业发展报告 2012》，经济管理出版社 2012 年版。

张桂梅：《价值链分工下发展中国家贸易利益研究》，经济管理出版社 2012 年版。

曲建、王子先：《基于全球价值链角度的中国加工贸易转型升级》，中国经济出版社 2013 年版。

郑艳玲：《供应链增值》，中国人民大学出版社 2013 年版。

王子先：《全球化条件下中国服务业跨越式升级的路径与开放战略》，《宏观经济研究》2011 年第 7 期。

王子先：《加工贸易从产业链价值链角度的国际比较的启示》，《开放导报》2012 年第 12 期。

王子先、杨正位、宋刚：《促进落地生根——我国加工贸易转型升级的发展方向》，《国际贸易》2004 年第 2 期。

王子先、邓娜：《全球第三方供应链革命和中国的实践》，《全球化》2013年第 10 期。

张晓静、王子先：《我国外贸发展模式及其政策取向的转变》，《宏观经济研究》2007 年第 10 期。

邓娜：《中国加工贸易的发展历程与政策演变》，《开放导报》2012 年第 12期。

张斌：《对电商服务外贸行业现状及发展的探讨》，《国际商务财会》2012年第 11 期。

张斌、吴频：《全球经济再平衡进展分析》，《对外经贸实务》2011 年第 9 期。

徐建伟：《我国产业链升级面临的问题与战略重点》，《宏观经济管理》2014 年第 6 期。

赵明亮、杨蕙馨：《经济全球化条件下的国际生产网络与发展中国家价值链的重构》，《产业经济评论》2012 年第 1 期。

张琳：《日新韩贸易转型升级之路　日本实施“雁行模式”》，中国经济网，2014 年 5 月 30 日。

国家信息中心预测部课题组：《基于全球价值链的中国产业升级战略研究》，商务部课题，2013 年。

全球价值链与国际贸易利益关系研究课题组：《全球价值链与中国出口增加值研究报告》，商务部课题，2013 年。

国发中心课题组：《外贸对经济社会发展作用的量化分析与预测》，商务部课题，2007 年。

《中国成为最大贸易国之际，访商务部部长高虎城》，新华社、中央政府门户网站，2014 年 3 月 1 日。

# 第十章　全球价值链下贸易增加值统计及贸易比较利益分析

目前，中国已经成为世界第一贸易大国，占世界贸易总量都在10%左右。但是，与进出口快速增长相伴而生的，是中国的贸易不平衡问题。中国每年货物贸易顺差接近2000亿美元，与欧美的双边的贸易不平衡问题更加严重，由此引起的外贸摩擦这几年有愈演愈烈之势，往往令中国对外经贸谈判处于被动地位，也令中国企业蒙受了不必要的损失，不利于它们进一步拓展海外市场。实际上，中国制造以及制成品出口包含了大量进口成分，越来越成为真正意义上的“世界制造”，不仅带动了中国生产和就业，也给全球创造巨大增加值和福利。而现行的国际贸易规则及统计方法以跨境贸易额为基础，在相当程度上扭曲了中国的贸易数据。墨西哥、巴西、印度尼西亚、越南等发展中国家同样被这一问题所困扰，这些国家的企业频频被指责海外低价倾销，但实际获得利润却不高。

为了解决这一问题，准确评价各国在全球价值量上的分工地位以及贸易增值情况，世界贸易组织（WTO）总干事拉米（Pascal Lamy）2011年6月在日内瓦建议，应以进出口贸易中的各国国内增加值的变化作为贸易统计的标准。这一想法立刻成为国际研究的热点，欧盟、世界贸易组织、联合国贸发会议、经合组织等国家和国际组织都非常重视这方面的研究。中国作为货物贸易大国，同样高度重视贸易统计规则的变化。自2011年10月起，由商务部政研室牵头，会同财政部、海关总署、国家统计局、外汇管理局等有关部门的司局，在工作层面成立了跨部门协调机制，开始系统研究中国出口带来的贸易增加值问题，也就是贸易对于中国经济的实际贡献，从而为调整贸易统计方法打好基础。

# 第一节 贸易增加值统计方法与传统国际贸易理论方法的重大创新

## 一、关于国际贸易比较利益的一般分析

国际贸易的经典理论告诉我们，国际贸易可以给各国带来比较利益。李嘉图将亚当·斯密的绝对利益理论加以修正构建了比较利益理论，认为构成国际贸易基础的是各国的比较利益或者比较成本，一国只要有比较利益或相对有利的条件，就能从贸易中获益。各国都以比较有利的条件参与国际贸易，进行专业化生产，不仅对本国有益，而且能使世界的共同福利得到提高。

1919 年，赫克歇尔提出了资源禀赋理论的重要观点，俄林发展了赫克歇尔的理论，创立了资源禀赋理论模型，简称赫克歇尔—俄林模型。要素禀赋是指一国拥有各种生产要素，包括劳动力、资本、土地、技术、管理等生产要素的数量。俄林得出结论：一国（地区）专业化生产和出口使用本国（本地区）丰富要素生产的产品，进口那些密集使用本国（本地区）稀缺要素生产的产品，可以达到资源的有效配置，使该国产品总量增加。例如，劳动力丰裕的国家和地区出口劳动密集型产品，而进口资本密集型产品；相反，资本丰裕的国家和地区出口资本密集型产品，而进口劳动密集型产品。

第二次世界大战以后，经济学家进一步论证了国际贸易中的规模经济和范围经济效应。克鲁格曼提出了战略贸易理论，他认为比较成本理论和要素禀赋理论不能解释实际生产中普遍存在的生产成本递减和规模报酬递增的规模经济效应。解决规模经济和产品差异的最佳途径是开展国际贸易，使批量生产的产品分布在不同国家市场上，既顺应了规模经济效应的要求，也满足了不同国家消费者产品差异化消费需求。这一理论很好地解释了“二战”后占据国际贸易 60%以上的发达国家之间的产业内贸易。

美国哈佛大学的波特教授提出了国家竞争优势理论，进一步丰富了比较优势和比较利益理论。他认为，一方面政府可以通过制定和实施金融市场规范、税收体制、产业发展政策等四要素对产业升级产生影响；另一方面政府本身也是市场的重要客户，通过政府购买行为对产业施加影响。因此，国家政治稳定、政府政策支持、经济制度进步、外汇管制宽松等，可以促进产业国际竞争力提升。这一理论对外贸与产业结构升级具有重要指导意义。

大量的实证分析表明，国际贸易是世界经济的发动机，日益成为拉动世界经

济发展的综合性引擎，对外贸易的利益范围进一步扩大，主要包括：①贸易的资源配置效应；②贸易的技术效应；③贸易的收入分配效应；④贸易的市场规模效应；⑤贸易的资本和结构效应；⑥贸易的竞争示范效应；⑦贸易的制度效应。当然，也有学者否认国际贸易的比较利益和引擎作用，特别是国际经济金融危机时各种贸易保护主义就会出现，反对全球化和自由贸易的声音抬头。

第二次世界大战后，基于传统的国际贸易理论和比较优势学说，以西方为主导形成国际贸易多边规则和贸易原产地制度及统计方法。其对跨境贸易的意义更多是基于部门间产品间的垂直分工，一个产品的全部生产工艺过程都在单一民族国家内部完成，中间品成分微乎其微，更谈不上全球制造和生产服务外包。这越来越脱离全球贸易的真实状况。

## 二、传统国际贸易理论和方法的局限性

传统国际贸易理论的两个层次和核心是比较成本理论和要素禀赋学说。比较成本理论的局限性主要表现为方法论上的缺陷，即以静态的、短期的观点分析问题，缺乏动态的、发展的观点和分析方法。它所反映的主要是经济发达国家的利益，为资产阶级的对外扩张服务。虽然要素禀赋说相对于比较成本说而言更深入、更全面，认识到了生产要素及其组合在各国进出口贸易中居于重要地位，但是要素禀赋说所讲的要素，主要着眼于量的问题，而忽略了同种要素的质的差异，这是明显的不足。正是因为这一不足，所以用该理论解释国际贸易时，有很多现象它无法解释。

20 世纪 60 年代以来，出现了大量新贸易现象：以自然资源为基础的分工逐步让位给以现代化工艺、科技为基础的分工；部门间产品间的分工逐渐让位于部门内产品内分工；制成品内部的贸易比重上升，中间品贸易日益增加，初级产品的贸易下降；纵向的垂直型分工逐步过渡到横向的水平型分工；跨国公司内部贸易额越来越大；以劳动密集型和自然资源密集型产品出口为主的国家出现“比较利益陷阱”。传统关于跨境贸易的理论与统计方法无法准确反映一国的贸易利益。国际贸易中的动态利益日益突出，一国开展国际贸易更重视贸易对就业、技术进步、产业升级、经济增长等的影响。经济全球化背景下的贸易利益通过贸易、金融、投资等渠道传导，跨国公司利用全球性的生产网络组织来转移，形成了贸易利益主体多元化、贸易利益传导多样化、贸易利益表现复杂化的特点。国际分工已经进入全球价值链分工为主导的新阶段，传统贸易理论建立的基础与经济全球化和价值链的背景相背离，其完全产品交换、生产要素不能自由流动以及完全竞争市场等假设前提被打破，贸易利益的分配变得更加复杂化，传统贸易理论不能全面解释很多贸易现象。一些传统的贸易规则或方法严重脱离现实（张桂梅，2012）。

## 三、贸易增值统计应运而生

现代国际贸易是以跨国公司主导的，商品和服务在创造过程中经历了从原材料处理到最终产品形成的各个连续的价值增加值阶段，包括研发设计、生产制造、营运销售等诸多环节，涵盖所有参与者在其中参加价值创造和利润分配的过程。传统的国际贸易统计方法是在关境上计算进出口商品的总值，它没有考虑经济全球化下国际贸易的新变化，缺陷较大。主要表现在：无法准确反映全球生产链的全部过程，只将原产地定为组装并出口最终产品的国家，导致原产地被误读；无法准确反映不同国家在不同生产环节实现增加值的实际情况，导致贸易额被重复计算；无法准确反映真实的国际贸易状况，贸易数字被严重曲解，最终产品的贸易额被简单地归于最后组装地，巨大的中间品贸易被疏忽，产品组装地贸易额被高估。增加值贸易统计就是通过衡量一国在每个环节上的增加值，来真实反映一国的贸易利益。2010 年以来，世贸组织等积极推进全球价值链下的国际贸易统计方法研究，尝试使用贸易增加值统计方式核算一国对外贸易额，展示出价值链每个环节的贡献。主要有个案分析法、垂直专门化法（HIY）以及 KPWW 法等。其中，HIY 方法是指由 Hummels、Ishii 和 Yi（2001）提出的一种核算一国（地区）直接和渐减贸易增加值的方法。虽然 HIY 方法可用于分析一国在垂直一化生产网络中的地位，但使用标准 HIY 法测算出口的国内增加值需要两个关键假设：一是对于以出口为目的及以满足国内最终需求为目的的货物生产，其进口投入的程度必须是相等的。二是所有进口中间投入 100%是国外增加值。前一种假设不适用于以加工贸易出口为主的发展中国家，后一种假设不适用于通过第三方转口，且进口中包含极大自身增加值份额的发达国家；为进一步提高贸易增加值统计方法的适用性，Koopman、Power、Wang 和 Wei（简称 KPWW，2010）将国民账户核算体系中的增加值统计法（Value Added）与传统通关统计法，即含不同生产链中间投入品贸易的通关统计法（Gross Value），进行整合，通过构建全球多部门投入产出数据库，将国内增加值统计从单一国家拓展至区域乃至全球，全方位地对一国贸易中国内与国外增加值进行估算。[①] 目前，KPWW 法已被经合组织、WTO、联合国贸发会议、欧盟等借鉴采用，取得初步的研究成果。

贸易增加值方法以增加值替代传统的总价值来衡量贸易流量及流向，新增加值由出口产品全过程的所有国家共同创造，反映了全球化时代中间品和零部件贸易比重日益增大和各国经济一体化融合的趋势，形成了“你中有我、我中有你”的复杂格局，实际上也宣告了真正的“世界制造”时代的来临。核算贸易增加值

① 李昕：《贸易总额与贸易差额的增加值统计》，《统计研究》2012 年第 10 期。

的主要做法依据是非竞争型投入产出表。通过核算贸易增加值，可以对全球贸易流量、流向、平衡及利益格局得出新的结论，还原真实的全球贸易格局。贸易增加值方法是在继承国际贸易传统理论方法基础上的一次重大创新。

与贸易总额统计相比，增加值贸易统计下，参与全球价值链的国家实际贸易额可能会有所收缩，其贸易依存度也可能会降低。即使如此，也不能否认贸易在国民经济中的真实地位。马涛、刘仕国（2013）选取 8 个主要出口贸易国，比较其传统出口贸易与增加值贸易占国家 GDP 比重的变化（见图 10-1）。其研究发现，按照总值统计方式，各国出口贸易在 GDP 中的比重都比较高，特别是德国、韩国、中国和欧盟，这些国家近十年来的贸易依存度几乎都超过了 40%。经济最发达的美国、英国和日本的依存度也达到了 12%~30%。发展中国家的印度也超过 20%。当然，按照增加值贸易统计，各国贸易依存度出现了明显降低。其中，下降较为明显的国家是德国、韩国、中国和欧盟，说明贸易依存度越高的国家，增加值贸易修正其贸易依存度的程度越明显，所获得的贸易依存度更真实。[①]

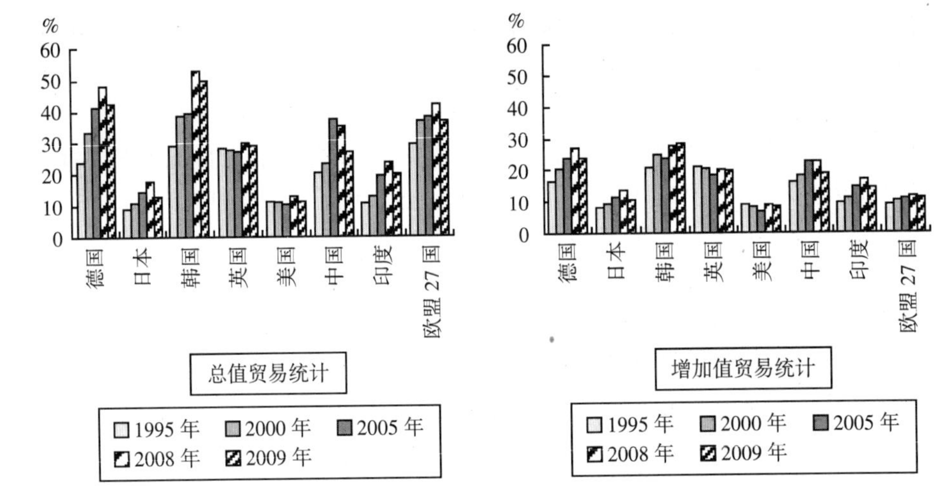


**图 10-1　两种贸易统计方法下各国出口额占 GDP 的比重**

资料来源：马涛、刘仕国：《全球价值链与增加值贸易》，中国社会科学院世界经济与政治研究所，工作论文，2013 年。

① 马涛、刘仕国：《全球价值链与增加值贸易》，中国社会科学院世界经济与政治研究所，工作论文，2013 年。

## 第二节　中国和发展中国家在全球价值链下的比较利益与贸易增加值

### 一、发展中国家贸易增加值情况

联合国贸发会议2013年发表的专题研究成果，分析了发展中国家附加值贸易模式及情况。发展中国家国外附加值占比为25%，低于世界平均水平的28%和发达国家的31%，但是仍然比美国和日本高很多。发展中国家依赖全球价值链的出口及所占份额相当大，其中东亚和东南亚是参与全球价值链程度最高的地区，反映了其作为出口导向型经济体和全球加工制造基地的首要地位；南亚是全球价值链参与率最低的地区。另外，几乎所有发展中经济体全球价值链参与增长率均超过发达国家，这可能主要归因于其处于全球价值链下游，投入较多的自然资源和原材料。不过，本书认为，这与发展中经济体越来越多地进入全球生产网络、承接制造和服务外包也有很大关系，后者更代表未来的趋势。衡量全球价值链参与率的附加值贸易方法也有局限性，可能仍然需要探索链上更具有整体性、综合性、动态性的方法、指标及模型。根据附加值贸易份额计算的全球价值链参与率显示，发展中经济体为52%，低于全球平均的57%和发达经济体的59%，但是差距不大。总体来看，发展中国家的全球贸易附加值份额迅速上升，从1990年的20%增加到2000年的30%，2010年达42%。这也推动了发展中国家和转型经济体在全球贸易中的地位，其整体出口占全球出口的比重相应从1990年的23%，提高至2000年的30%和2010年的40%（联合国贸发会议，2013）。发展中国家贸易增加值总体来说有以下特点：①初级产品和原材料出口国贸易的国内附加值相对较高，如孟加拉国国内的贸易附加值份额高达91%，秘鲁达93%。②全球化和全球生产制造服务网络参与程度低的经济体，因为进口中间品含量较低，其出口的国内增加值比重较高，如埃及为85%，巴基斯坦为87%。③服务出口国国内附加值比率较高，如印度为90%。④开放度高的经济体出口的国内附加值比率较低，但是其贸易附加值对经济增长的绝对贡献较大，如中国和亚洲"四小龙"、"四小虎"，说明贸易附加值目前还仅仅是一个观察角度，并不能全面衡量贸易对经济社会发展的综合性贡献。⑤一些较大的新兴经济体对全球价值链参与率相对较低，如印度、巴西、阿根廷、土耳其。这些国家上游参与程度低，是因为出口服务和自然资源进口需求少，同时作为生产大国出口产品所需要的中间品大多能够自给自足；下游参与率不高主要可能与很少参与出口中间品生产、参与全球制造程度较低有关。⑥东亚及东南亚经济体全面融入全球价值链上下游网络，在全球价值链的“中间”运作，成为中流砥柱。它们不仅进口大量的外国出口品（外国附加值），而且大部分出口产品是第三国出口制成品的中间投入品，因此它们参与全球价值链程度最高。

## 二、发展中国家在全球价值链下贸易利益的总体估计

发展中国家在全球价值链中可以获得静态和动态两种贸易利益。静态利益是指一国通过对外贸易以相同的投入可以获得比以前更多的产品，或者以更少的投入获得与以前相同的产品，包括：分工利益或生产利益——按照比较优势分工带来的优化资源配置效率和成本降低；交换利益即通过国际贸易交换获得消费数量的增加以及消费者福利的改善。在全球价值链贸易分工模式下，传统国际贸易理论关于完全产品交换、生产要素和劳动力不能自由流动以及完全竞争市场等假设前提被打破，贸易利益分配变得更加复杂化多样化。但是发展中国家在全球价值链贸易模式中获得的利益并没有根本性变化。参与全球价值链分工，总体上符合比较优势原理，通过参与国际分工和贸易获得了多样化广义贸易利益，发展中国家能够利用外资和国外较先进的技术，利用“干中学”效应，介入更多产品的生产环节，优化资源配置，获得更多的知识技术外溢，突破本国资源禀赋的“瓶颈”，实现跨越式发展（张桂梅，2012）。

对于发展中国家而言，在全球价值链时代获取国际贸易动态利益比静态利益更加重要，是利用后发优势实现后来居上的关键。作为一种全新的分工和贸易模式，参与全球价值链可以对发展中国家改善要素供给、知识传导、技术创新、制度创新、管理创新、人力资源开发带来综合性动态利益。在生产、生活、投资、消费、流通等领域产生广泛的影响，成为推动经济社会发展的重要动力。

全球价值链分工从分工规模和深度上都超过了以往的国际分工方式，为发展中国家快速融入全球生产体系提供了新的发展机遇，对发展中国家就业、技术进步、产业升级、经济增长都产生了巨大影响。根据联合国贸发会议的研究，发展中国家的全球附加值贸易迅速上升，从1990年的20%升至2010年的42%，发展中国家越来越多地分享了贸易全球化的红利。但是，传统的比较优势理论和原产地统计方法夸大了发展中国家在国际贸易中的收益。2013年5月，经合组织与WTO联合发布研究报告。报告认为，2009年世界贸易总值22万亿美元，而增加值约16万亿美元。发达国家贸易增加值普遍高于发展中国家。2009年，美国出口中的国内增加值占比为82.5%，欧盟27国为86.6%，日本为83.6%，发展中国家中我国水平属于偏高，也只有66.9%。2009年，若按贸易增加值计算，我国出口比美国低673亿美元，而按出口总值计算，我国比美国还高1456亿美元。按联合国贸发会议的研究，2010年全球商品和服务19万亿美元出口额中，增加值

贸易约 14 万亿美元，发展中国家国外附加值占比为 25%，低于发达国家的 31% 和世界平均的 28%（联合国贸发会议，2013）。全球价值链分工和贸易模式没有改变利益分配不平等现象，从贸易增加值统计方法可以看出，发达国家和发展中国家存在贸易不公平性，发达国家跨国公司主导全球价值链，掌控全球市场和资源，获得大多数贸易增加值利益；虽然广大发展中国家也从中获益，但是相对利益较少，还承担了环境污染等全球化的负面效应，存在被低端锁定、陷入跟随式发展陷阱的风险。

## 三、基于贸易增加值方法对中国贸易利益的新评估

在与国际组织开展合作研究的同时，中国有关部门还自主进行了贸易增加值方法研究。中国的研究方法大体与国际上保持一致，但也考虑到中国在经济转型期的对外贸易特点，加工贸易占比相对较高，不同类型企业在进出口贸易、就业和收入分配等方面发挥了不同作用，在理论、方法和政策解读等方面对全球价值链研究做出了自己的拓展。研究人员将加工贸易从国内生产中分离出来，提出了一套系统地测算中国出口增加值的方法。

2012 年，商务部、海关总署、国家统计局、外汇管理局、中国科学院等联合启动了“全球价值链与国际贸易利益关系”研究。初步研究成果显示，2010 年我国货物出口中的国内增加值占 61.5%，其中加工贸易出口中的国内增加值占 38.7%，一般贸易出口中的国内增加值占 78.1%，加工贸易出口增加值不足一般贸易的 1/2。纺织服装、鞋帽、皮革、家具等产品出口的国内增加值占比为 70% 以上，运输设备、电气器材、通信设备、计算机及其他电子设备、仪器仪表等产品出口的国内增加值占比均不足 55%。我国向各贸易伙伴出口中所含的贸易增加值差别较大。2010 年，我国对印度出口的贸易增加值为 65.3%，对欧盟为 65.1%，对东盟为 60.8%，对日本为 56.5%，对美国为 56.3%，对韩国为 55.8%。

以贸易增加值测算，中美贸易顺差大幅下降，2010 年为 794 亿美元，相比以总值测算的 1812 亿美元，降幅达 56.2%；中欧贸易顺差降为 806 亿美元，相比以总值测算的 1428 亿美元，降幅达 43.6%；而若以增加值测算，中日贸易逆差则扩大 23.5%（商务部数据库，2013）。研究结果表明，我国已经是一个贸易大国，但国际竞争力有待提高。

## 四、中国在全球价值链上的外贸比较利益

20 世纪 70 年代末以来，我国抓住发达国家产业转移的重大机遇，通过改革开放，大量外资涌入我国，对外贸易迅猛发展。中国通过对外贸易获取了广泛的比较利益。根据联合国贸发会议的研究，增值贸易对发展中国家 GDP 的平均贡献率约为 25%，中国增值贸易对 GDP 的贡献率还略高于发展中国家平均水平；

同时，中国还逐步推动了出口产业升级，提高了高附加值产品和服务出口比重，成为在全球价值链中不断升级、进而创造更多国内增值的范例。所以，贸易的综合性引擎作用在中国当之无愧，不仅拉动了经济增长，而且参与全球价值链分工对我国就业增加、技术进步、产业升级、制度创新和效率提升等都发挥了积极的促进作用。但是，采用贸易增加值方法评估，剔除了重复计算等问题后，我国出口对经济的贡献和贸易顺差规模都会下降，反映出我国出口的增加值成分仍然较低，在全球价值链中的地位有待提高，离贸易强国还有较大差距。

中国出口增加值比率总体较低，这与经济全球化大潮下中国实行外向型发展战略、大力吸收外资、积极融入全球化有很大关系，通过创造自由贸易的小环境中国以加工贸易方式直接嵌入国际水平分工体系和全球制造网络，借鉴亚洲“四小龙”经验，选择开放式工业化模式，使得中国制造与先行工业化国家有着很大不同，形成了独特的“大进大出”模式。但是，恰恰是建立在大量进口中间品、投资品和零部件、原材料以及积极利用外资的基础上，中国打破了外汇、资金、资源、技术、人才、创新能力、管理能力等方面的“瓶颈”约束，加快了产业结构调整、技术进步、管理和制度创新，以开放推动了跨越式发展，中国成为世界工厂，无论是从产业结构、技术创新、劳动生产率上，还是从参与全球化和全球价值链的程度与效果看，中国都在发展中国家中间居于前列，中国出口结构在新兴经济体中也在最好之列。因此，简单以出口增加值比率来比较各国贸易利益以及不同地区、不同领域、不同产业、不同企业参与全球价值链的比较利益，是不合适的，存在大量不可比因素，也与大量实证研究和现实严重脱离，搞不好还会误导国家战略及政策制定。因此，我认为有必要，对此作出进一步分析和说明：

第一，要长期动态看待出口增加值的变化。学者研究显示，1994~2007 年我国制造业出口创造的附加值比重从 29%提高到 33.5%（张桂梅，2012），表明出口国内配套及采购比率是不断提高的，如果把起点放在 1978 年，落点放在 2013 年，那可以说是发生了巨大变化和进步，参与全球价值链对国内产业升级及配套产业的拉动作用十分巨大。

第二，大量进口中间品投资品恰恰是推动技术进步、产业升级的原动力。实证研究充分证明，进口对中国全要素生产率提高和技术进步贡献巨大，还通过竞争和示范效应对国内产业、企业产生广泛影响，进口发挥了结构转换的关键作用，是推动跨越式发展的原动力。

第三，加工贸易增加值比率相对较低并不表明其技术水平和效率低于一般贸易。通过加工贸易中国能够直接嵌入全球价值链并实现出口结构不断升级，由于其天生具有参与全球化程度较高特点，基本建立在大进大出的国际水平分工基础上，与一般贸易主要立足国内市场是两种完全不同的发展模式，两种增加值比率没有可比性。大量实证研究表明，加工贸易和外商投资企业大多数技术水平、管理水平、产业结构明显优于国内企业，劳动生产率高于国内企业。因为加工贸易进口中往往包含大量先进技术、先进设备和高质量中间品，会带动技术进步和劳动生产率提高，所以加工贸易进口比加工贸易出口对经济的拉动作用更大。

第四，分析贸易利益既要看贸易增加值，更要关注全要素生产率和技术创新等动态比较利益。技术创新和劳动生产率提高是过去中国经济发展的根本动力，建立创新与效率驱动的经济发展新模式更是中国经济转型升级的战略目标。过去30多年来，我国充分利用后发优势，通过外贸与产业的互动，有效发挥了国际市场转换机制的作用，促进了经济增长质量和效率的提高。外贸成为推动技术进步和生产效率提高的主要路径：一是引进先进适用技术，填补产业和技术空白，1979年以来到2005年年底，全国共引进技术77469项，合同金额2137.52亿美元，而且近年来，软件技术引进的比重有明显提高，大中型企业技术引进技术加快，外商投资企业技术引进比重上升；二是通过产业集聚，实现了规模经济，我国长三角和珠三角地区从轻纺产业到高新技术产业都已经形成了不同水平的产业集聚，既增加了其出口能力，又增强了对外资吸纳能力，有些产业门类的集聚达到甚至超过国际先进水平，成为效率提高的重要源泉；三是竞争效应，进口竞争和出口竞争对国内产业和企业发展增加了压力和动力，激发了企业活力，大大加快了企业技术创新和管理创新的步伐。改革开放以来，我国的轻工、纺织、化工、机械、电子、冶金等行业的技术装备水平有了实质性飞跃，培育出一批如大规模集成电路业、计算机业等高新技术产业。1952~1978年间我国劳动生产率增长率为1.78%，1979~1990年年均增长5.97%，1991~2000年为9.09%。此外，改革开放以来，反映我国技术进步对经济增长作用的全要素生产率（TFP）也在不断提升。改革开放以前，我国TFP增长率平均为-0.78%，改革开放以后，TFP开始由负转正，年均为2.6%。这表明，中国参与全球价值链分工与贸易模式，有效促进了技术创新和生产效率的提高。这才是外贸给中国带来的最重要的比较利益。

第五，增强发展中经济体在国际规则制定中的话语权和影响力势在必行。国际金融危机以来，国际经贸规则、标准的改革和创新进入活跃期，以扩大发展中国家尤其是新兴大国发言权为特征的国际经济治理改革开始起步。全球价值链下的国际贸易核算方式改革引发了国际组织和西方世界的高度关注，并成为2013年二十国集团峰会的议题之一。长远来看，国际贸易统计方法改革是大势所趋，其实质是未来国际经贸规则标准的制定权的争夺。这是广大发展中国家面临的共同任务，需要付出长期艰苦的努力，应该加强在国际贸易规则制定领域的合作，在推进多边贸易谈判的同时加强区域和双边经贸合作，提高整体的影响力，更好地维护共同利益；着力推动改善全球经济治理，完善机制，提高份额，促进均衡公平和利益共享，实现共同繁荣。中国应继续参与全球价值链下贸易增加值统计方式的国际合作与交流，以贸易增加值统计为突破口，及时拓展全球价值链研究深度和广度，完善指标和方法体系，在国际贸易规则和评估方法的改革中，发挥积极作用，反映中国利益诉求，深化各方对全球经济现状及平衡的认识，以对全球贸易格局的准确判断为基础，积极参与制定有效的国际经济贸易规则，营造对中国和广大发展中国家有利的外部环境。

## 第三节　关于贸易增加值方法及全球价值链评估的建议

### 一、贸易增加值统计方法是顺应经济全球化而来的贸易理论方法创新

20 世纪 90 年代以来，随着服务业革命的兴起，经济全球化进入崭新的发展阶段，逐渐从全球制造向全球服务延伸，全球生产服务网络逐渐取代全球生产制造网络，也展示了全球价值链升级的主线。跨国公司利用供应链网络和服务外包等多样化渠道，充分整合全球资源，借此重建全球价值链，优化全球资源配置，提升核心竞争力。由于全球价值链的日益深度分解，越来越多的企业、机构、个人成为全球价值链的参与者，它们分别进行着设计、产品开发、生产制造、营销、出售、消费、售后服务、最后循环利用等各种增值活动。跨国公司这种全球范围内整合资源的方式暴露了传统的国际贸易理论和“原产地”统计标准的缺陷。利用海关进出口值进行的一般统计方式无法反映全球价值链分工中各个地区在最终产品上的增加值的贡献度，也不能准确反映各个国家的真实利益。WTO 总干事 Pascal Lamy 在日内瓦提出，传统国际贸易统计侧重于计算进出口总值，使得国际贸易出现了“看似失衡”的局面，应以进出口贸易中的各国国内增加值的变化作为贸易统计的标准。随后，全球主要国际组织和中国、欧盟等国家和地区积极投入到贸易增加值统计方法的研究中，并取得了一定成绩。

### 二、贸易增加值方法能够更好解释国际分工与贸易一些新趋势新变化

通过增加值贸易统计可以较好地解决跨国生产中有关中间产品和隐含服务的重复计算问题，真实反映实际发生的贸易流量和贸易差额。通过增加值贸易统计对出口产品增加值进行分解，可以清楚地看出出口产品中的来自国外的中间投入品的比重，确定出口产品对一国经济发展所作的真正贡献，分析本国产品的国际

竞争力来源以及贸易对各国经济和就业的直接影响与间接影响。如以贸易增加值方法来重估中美贸易顺差就会发现，2005 年中美贸易顺差将从 2180 亿美元降至 1010 亿美元，2008 年的中美贸易顺差 2850 亿美元也将下降 40%。因此，采用增加值贸易统计可以帮助各国更好理解其在全球生产链条上的具体优势，更好地参与国际分工，更好地从全球生产中受益。

## 三、传统国际贸易理论面临挑战

传统的国际贸易统计方法是在关境上计算进出口商品的总值，它无法准确反映全球生产链的全部过程，只将原产地定为组装并出口最终产品的国家，产品组装地贸易额被高估。中国等接受产业转移较多的发展中国家贸易额虚高，贸易顺差被夸大，贸易和经济利益被高估。进而导致对一系列贸易问题产生误判，如近年来西方国家热炒的“全球经济失衡”概念，并在此基础上提出的要求中国等发展中国家以汇率调整为主要内容的全球经济再平衡政策，甚至在 2008 年国际经济金融危机后，部分发达国家还掀起了贸易保护主义和反全球化的呼声，更是缺乏科学依据。在发达国家跨国公司主导的经济全球化的新趋势下，如何客观衡量一国在全球价值链中的贸易利益，制定科学的贸易政策，以及正确看待国际经济失衡问题，引导正确的全球治理模式，都对传统的贸易理论提出了新的挑战，创新在所难免。贸易增加值方法也存在局限性，建立全面反映基于全球生产网络的整体分析方法及评价体系仍是艰巨而庞大的全球性课题。

当然，基于全球价值链的贸易增值法不是对传统贸易理论的全盘否定，而是一种继承基础上的补充和创新，使其更符合全球化新现实，得出更契合实际的结论，更好地为全球经济贸易治理和各国贸易政策制定服务。特别是全球价值链作为反映全球生产网络的一套理论和方法，目前还处在初始阶段，如何构建一整套系统的理论体系、指标体系和科学方法仍是全球面临的艰巨任务。就两者的关系而言，全球生产网络是全球价值链的基础和源头，全球价值链是全球生产网络的高级阶段，是全球生产网络的简化和具体化形态。贸易增加值方法找到了反映全球生产网络的一个核心环节，但对基于全球生产网络如此庞大复杂系统的全过程，特别是其中知识端服务端和“微笑曲线”的两个高端，如何做出更全面客观真实的描述，仍是下一步的巨大挑战。

## 四、立足实际，建立中国科学的全球价值链下贸易利益评价体系

科学评估外贸比较利益，需要将传统贸易理论与贸易增加值方法及广泛的实证研究相结合，建立更加全面的综合性评价体系和方法。最重要的是，一定要贴近实际。在符合基本原理的同时，务必小心求证，通过大量实证研究补充和完善理论方法，使得得出的结论与中国改革开放发展的历史相吻合，并能够前瞻性科

学性指导未来实践。起码不要与一些重要的实证研究结论相悖。

第一，30 多年的实践已经证明，中国是经济全球化的最大获益者之一。贸易增加值方法是观察贸易利益的一个角度，与这个综合性判断并不矛盾。确实，中国参与经济全球化和全球价值链的最大好处集中体现在全球各种生产要素以中国为基地向中国“集结”。中国成为全球制造基地，资金、技术、管理、知识等可以流动的要素大规模向我国转移，使作为一个转型发展中国家逐步减缓乃至摆脱一系列严重制约经济发展的生产要素“瓶颈”，为工业化、现代化提供了最大的动力，这是中国从经济全球化中获益的关键。

第二，中国制造获得了大部分收益（江小涓，2008）。从更加综合的全球生产网络看，中国参与全球价值链分工与贸易，实现了产业不断升级，获得了广泛的示范溢出带动效应，使得中国成为全球制造业第一大国和第一贸易大国，直接生产贸易过程大部分收益留在中国，至于“微笑曲线”两个高端生产性服务环节收益分配另当别论。以外商投资企业为例，按照收入法统计的 GDP 由劳动者报酬、固定资产折旧、生产税净额和营业盈余四部分构成，外国投资者获得的收益主要是营业盈余中的一部分，作为东道国我们获得了大部分收益。而且国内外实证研究均显示，在发展中国家，外资企业提供的劳动报酬虽然不如其在本土的水平，但却是东道国相对最高的。同样，从动态上看，说外资不能引来先进技术也缺乏依据，从中国的实证情况看，外资向我国转让同步技术和转移研发业务的比例在不断提高，外资在技术和管理方面产生的外溢效应和我们从“干中学”中得到的收益，是促进我国自主创新能力提高的重要动力，大大提升了我国产业整体国际竞争力。

第三，高新技术产业参与全球价值链分工与贸易，是提升国际分工地位的必然选择。由于我国出口产业只是全球产业链价值链条的部分环节，有些高端产业甚至只参加了末端环节，高新技术产业出口增值率较低或技术含量暂时不高，这是发展中国家迈向工业化必须要经历的阶段，其在我未来提升产业结构和国际分工地位的重要阶梯性作用绝不能低估；而以全部出口销售额为分母得出其利润率偏低的结论更是一个误解，因为有些高端产业进口料件所占比重可能超过 90%，我们并没有投入，当然也不会有收益（江小涓，2007）。总之，在全球价值链分工日益向产品内、公司内乃至服务环节不断深化的今天，按照封闭经济条件下的产业发展观念及模式，或者简单化的方法，来分析评估开放条件下的产业发展，肯定会得出错误的结论，误导我们的认识和政策选择。

第四，正确评估参与全球价值链分工的资源与环境成本。虽然存在有些出口产品和外商投资项目严重浪费资源和污染环境的案例，但总体上看，资源与环境问题是我国整体经济增长方式中的问题，在外向型经济中并不算特别突出。如加工贸易在我国主要集中在资源节约和劳动密集的分工环节上，大量引进国外资源和中间投入品，实际上是缓解了国内的能源资源“瓶颈”，符合我国的国情特点和比较优势。总体来看，我国大量进口而不是大量出口资源密集型产品。同样，外商投资并不是集中在那些对资源和环境造成突出影响的领域，如工业废水废气排放的前三位行业化学、电力等都不是外资集中的领域，外资集中的恰恰是通信设备、计算机、交通运输设备等排放量较低的行业。因此，解决国内能源资源和环境问题根本上是要转变经济增长方式，加快资源和要素价格市场化改革，加强环保执法，从产业源头上治理（江小涓，2007）。

总之，贸易增加值方法对一国内部经济社会发展及产业升级解释能力有限，目前主要是对全球贸易流量流向及利益平衡的解释和对外谈判有重要参考价值，但是对国内经济发展战略、开放战略、产业升级、企业升级，尚缺乏一个能够全面反映科学发展观要求的、体现经济社会文化生态环境全面协调可持续发展以及创新改革等要求的综合性动态性平衡性分析框架及方法指标体系，无法替代传统的指标体系和方法，对于中国面上发展改革开放战略、规划、政策的参考指导作用有限。所以，不能以贸易增加值方法替代全球价值链和全球化，而是应该进一步提升全球价值链研究水平和范围，通过对传统国际经贸理论的集成整合，实现与全球价值链时代实践的对接，形成新的理论方法体系，更好地为中国政府决策和开放实践服务。

**参考文献**

UNCTAD Report，“Global Value Chains and Development”，February，2013.

G.C.Rifflart and D.Schweisguth. Who Produces for Whom in the World Economy? OFCE Working Paper，Sciences Po Paris，Available on：www.ofce.sciences-po.fr/pdf/dtravail/WP2009-18.pdf.6.

Hummels D.，J.Ishii，and K.Yi. The Nature and Growth of Vertical Specialization in World Trade，Journal of International Economics，2001，54.

Koopman R.，W.Powers Z.Wang，and S.J. Wei. Give Credit Where Credit is Due：Tracing Value Added in Global Production Chains，NBER Working Paper，#16426，Available on：http：//www.nber.org/paper/w16426，2010.

WTO IDE-JETRO. Trade Pattern and Global Value Chains in East Asia：From Trade in Goods to Trade in Tasks，2012.

World Bank. The Global Apparel Value Chains，Trade and the Crisis，Challenges and Opportunities for Developing Countries and Others，2010.

OECD，WTO OMC. Trade in Value-Added：Concepts，Methodologies and Challenges，Joint OECD-WTO Note，2012.

EU. Competing for Global Value Chaim，December，Iuuse，2012.

徐清军：《贸易增加值统计方法改革研究》，《国际贸易》2013 年第 5 期。

李昕：《贸易总额与贸易差额的增加值统计》，《统计研究》2012 年第 10 期。

盛斌、魏方：《贸易增加值统计体系》，《中国海关》2013 年第 7 期。

马涛、刘仕国：《全球价值链与增加值贸易》，中国社会科学院世界经济与政治研究所，工作论文，2013 年。

# 第十一章　全球价值链时代中国新一轮对外开放展望

迄今为止，国际金融危机带来一轮世界经济重大调整，贸易投资保护主义有所抬头，多边贸易谈判受阻。但是，经济全球化的大趋势没有改变，全球价值链在世界经济中的主导作用也没有改变，而且世界经济大调整及新的工业革命也给我们带来新机遇，全球价值链进入重塑期更给中国实现地位攀升和创造国际竞争新优势带来新空间，中国扩大开放仍然面临重要战略机遇。过去 30 多年来，中国成为经济全球化的重要获益者，走开放式发展道路取得巨大成功。国际金融危机严重冲击世界经济，中国不可能置身其外；严峻的外部环境和重大冲击容易扰乱人们的正常思维，但是一旦我们将经济发展的视野完全退缩到国内，重新回到封闭半封闭状态，我们就将在危机后新的经济全球化潮流中面临再度被“边缘化”的危险，错失未来世界经济和科技发展的新机遇（王子先，2009）。因此，在后危机和全球价值链重塑造的时代，我国推进新一轮对外开放面临重大选择。新一轮对外开放不同于 20 世纪 80 年代的开放，也不同于 2001 年加入世界贸易组织以及过渡期的对外开放，是进入全球价值链时代更加全面更高层次更高目标的对外开放，以推动全球价值链地位攀升和国内产业升级为根本支撑，以成功迈过中等收入阶段向高收入阶段跨越为追求，以实现中国由大到强的民族伟大复兴梦想为根本动力，再创对外开放新辉煌。

## 第一节　后危机时代经济全球化的大趋势

需要强调的是，后危机时代经济全球化的总体趋势并不会改变，全球价值链分工将进一步深化，并表现出一些新的特点。

### 一、经济全球化是人类经济活动发展的必然趋势

经济全球化是指跨国商品和生产要素流动日益频繁、跨国经济活动日益增加的一种趋势，其结果是各国经济日益相互融合、相互依赖。经济全球化的内涵基

本上包括以下五个层次（王子先，2009）：一是各种市场的国际一体化；二是经济活动的国际化；三是经济活动载体的国际化；四是各国经济相互依赖性增强；五是经济贸易治理和规则的全球化。经济全球化一词被频繁使用是20世纪90年代以来的事，随后逐步被国际经济组织和各国政府所接受，1992年联合国秘书长布特罗斯·加利在联合国致辞时说："第一个真正的全球化的时代已经到来。"但经济全球化现象有着很深的历史渊源。实际上在第一次世界大战前，跨国贸易和投资就十分活跃。在19世纪中期到"一战"前，世界出口就以年均3.5%的速度增长，超过实际产出年均2.9%的增速，出口占世界产出的比重于1913年达到高峰，该水平直到1970年才被超过。同样，跨国投资占西方国家国内投资的比重也达到较高的水平。"二战"以后，经济全球化进程被重新启动，特别是20世纪90年代以来，人类历史上真正意义上的全球化时代降临，出现了一些划时代的变化：一是随着冷战的结束，东西方两大阵营的隔绝状态被打破，第一次几乎所有的国家和地区都被卷入经济全球化范围；二是科技革命特别是信息技术革命使世界变成一个地球村，人们的生活方式也日益全球化；三是与世界范围内的市场化进程相适应，经济市场化、自由化成为大多数国家共同的选择；四是经济全球化从实体经济逐步渗透到虚拟经济领域（王子先，2000）。

历史证明，经济全球化适应了科技革命条件下人类经济活动发展的客观需要，具有深厚的物质基础和制度基础，前所未有地改变了人类经济和社会发展面貌，带来了巨大的红利，成为全球范围内优化配置各种生产要素乃至知识和智力资源、提高效率、推动创新、增进福利的原动力，创造了人类历史上前所未有的发展奇迹，战后世界经济增速特别是20世纪90年代以来发展中国家人均实际收入增长远超过英、美等强国高峰时期的增长速度。总之，当今时代，经济全球化已经成为不以人的意志为转移的大趋势，成为世界各国共同的选择。

## 二、国际金融经济危机不会改变经济全球化的总体趋势

国际金融危机迎来一轮世界经济的重大调整，世界经济经历了较长的调整期，目前世界经济贸易仍然处于恢复期，并面临很大不确定性。另外也应该看到，经济全球化、市场化的总体趋势没有改变。这与以下四个方面重要原因有关（王子先，2009）：一是市场经济成为各国的普遍选择，各国发展市场经济的路径和模式可以有所不同，但并无其他道路可供选择。在市场化的目标下，对内实行经济自由化、对外实行开放政策同样成为大趋势，参与经济全球化事实上已经成为各国市场化的内在制度安排。二是"二战"后以发达国家跨国公司为主导，已经形成了全球范围内优化配置资源的产业链价值链，国际分工日益变成部门内分工、产品内、公司内分工，各国经济高度融合，要彻底改变这种分工格局将要付出巨大的成本和代价，这是谁也不愿意的，欧美"再制造业化"的努力也同样改

变不了大的格局。三是战后形成的国际经济金融体制虽然存在很多不足，但在国际协调上仍发挥了积极作用，特别是多边贸易体制总体上维持了贸易投资自由化便利化的大势，从危机以来的情况看这种势头不会发生根本逆转。四是科技革命特别是信息及互联网技术确实已经把当今的世界变成地球村，成为提高全球资源配置效率和改善全球福利的源泉，世界各国无论是在危机前还是危机中，都已经形成了“一损俱损，一荣俱荣”的互利共赢关系，大家都是全球化的利益攸关者，终结全球化总体来看对谁都没有好处。因此，危机中经济全球化可能会经历一些局部调整和挫折，但长期来看难以发生根本逆转。战后历次世界经济金融危机的历史也充分证明了这一点，一旦危机过去经济全球化进程就将重新启动，世界贸易与投资的一些长期趋势仍将保持下去。

### 三、全球价值链分工将进一步深化

未来一个时期，既是全球价值链的调整重塑期，也是全球价值链分工进一步深化期。经济全球化仍然是推动全球价值链发展与升级的根本动力，贸易与投资是具体推手，服务外包则成为全球价值链升级的驱动器。尽管一些跨国公司对全球价值链进行了局部收缩，但是全球价值链总体布局没有根本改变，相反很多跨国公司还在对全球价值链知识端服务端进行更深度分解，服务外包特别是高端知识流程外包保持良好发展势头就是明显例证，世界越来越进入全球资源深度整合时代。

## 第二节　外部危机不能改变我国对外开放的战略方向

外部危机形势下，我们更需要以战略思维和全球视野，统筹国际国内两个大局，谋划好危机中和危机后时代的开放战略，构建自己的全球价值链体系，开辟现代化建设新局面。

贸易与投资的开放和发展已成为推动我国工业化现代化的综合性引擎。

30 多年实践表明，外贸的开放和发展对我国工业化现代化进程发挥了综合性推动作用：通过积极参与国际分工与交换，充分发挥了我国的比较优势，优化了资源配置，促进了技术进步，缓解了资金与资源“瓶颈”，引入了竞争机制，成为促进我国产业结构升级和经济效率提高的主要动力。出口的贡献已有大量量化测算结论，其实进口的作用也不可忽视，进口是促进我国生产率提高最为重要的因素。据国家统计局课题组测算，进口对我国生产率变化的贡献率约为 46%

(邱晓华，2005)。特别是作为一个转型经济体，贸易开放和自由化还有助于打破国内产业过度保护的坚冰、在加快市场化改革、建立现代企业制度和推动宏微观经济制度创新等多方面发挥了重要作用。国际实证研究表明，[①] 贸易开放和自由化，可以打破内生的体制和利益壁垒，不仅成为体制转型和制度创新的重要动力，而且还可以推动金融改革的深化，提高资源配置效率，从而成为经济增长的重要驱动力；同时，贸易开放还可以推动金融开放，减轻金融抑制，从而降低货币金融危机的可能性。

同样，FDI 的开放和发展在中国现代化中更是具有突破性的重要驱动力，有力弥补了我国内生能力的不足，大大缓解了一系列要素“瓶颈”。实证研究表明，FDI 除了成为中国出口的主要动力外，还对产业升级、技术进步、引进人才和管理、理念创新、提升效率、增进福利、拉动内需等方面发挥了重要推动作用，特别是成为推动体制改革和制度创新的重要动力，成为以开放促改革促发展促创新的主渠道之一（江小涓，2008）。进入 21 世纪以来，对外直接投资进入快速增长期成为我国更深入参与全球范围内要素优化配置日益重要的渠道。

## 一、对外开放已经成为世界各国普遍选择

从 20 世纪 60~70 年代开始亚洲“四小龙”和其他新兴经济体都先后走上了对外开放之路，对外经济贸易无不成为经济起飞的重要引擎。进入 90 年代苏联东欧国家开始融入全球经济体系，进入 21 世纪以来发展中国家普遍进入快速发展并逐步融入全球分工体系中去，对外开放已成为世界各国的普遍选择（王子先，2009）。以开放为核心的经济全球化已经形成强大惯性，开放惠及人类和世界各国已经成为国际共识，世界大多数国家和人民都已经分享了全球化红利和开放带来的种种好处，倒退不符合全世界大多数人的利益；信息网络技术创新了全球开放的形式和方式，为全球开放赋予了现代性特征，为各国提供了可行的发展路径，任何与之相反的行为，都是对全球开放现代性的反动，最终必会遭到各国人民的摒弃（深圳综合开发研究院，2014）。同样，在全球价值链上各国经济相互依存更达到历史的新高度，并越来越将各国广大的企业、市场主体及个人高度融合到全球市场网络体系中，形成“一赢俱赢，一损俱损”的命运共同体，开放更加不可逆转，各种非理性、说胡话的反全球化虽然不时冒出，但最终都会烟消云散。

考察世界上大国崛起的历史，人们同样不难发现：从最早的海上帝国西班牙、葡萄牙，到日不落帝国英国，到战后的美国，再到“二战”后的日本，在纷繁复杂、波澜起伏的军事争夺、政治角力背后都有共同的一面，即通过寻求对外

① [美] 弗雷德里克·米什金：《下一轮伟大的全球化》，中信出版社 2007 年版。

经济的霸权追逐海外贸易的巨大商业利益，通过对外贸易的大发展来突破自身资源和市场的瓶颈实现自身的迅速崛起，通过跨国投资打开和控制海外贸易的渠道。战败后的日本更是实施了“贸易立国”战略，通过对外贸易的大发展摆脱了作为岛国的种种局限，创造了高速增长的经济奇迹。实际上，现在被人们当作例外的美国相当长时间内也是依靠海外贸易和外需得以迅速崛起的。

中外历史充分证明，封闭和过度保护导致落后和停滞；只有开放宽容兼蓄并包，才能打破“瓶颈”和束缚，实现经济起飞和崛起。

## 二、外部危机和世界经济变局不能改变对外开放基本国策

无论外部环境发生什么变化，我国发展开放型经济的进程都不能也无法中断（王子先，2010）。改革开放政策开启了我国经济由封闭、半封闭型经济向开放型经济转变的进程。迄今我国经济的开放程度有了很大提高，这大大焕发了我国经济的活力，加快了我国的现代化建设进程。今后能不能正确处理内需与外需、内资与外资、国内市场与国际市场的关系，也关系到我国能否长期坚持对外开放基本国策。世界金融经济危机总有结束的时候，经过一段或长或短的调整后世界经济必将进入新的发展周期，世界贸易和投资作为世界经济引擎的作用不会改变。其中最关键的原因是，在全球价值链分工新阶段，世界整体产业链的水平分工格局已经形成，部门内、公司内贸易与投资日益成为拉动世界贸易投资超前增长的动力，即使一段时间内欧美等消费需求处于低迷期，但长期内世界消费同步或略高于世界经济的趋势不会改变；短期内随着去恐慌化和去库存化接近尾声，跨国双向贸易和投资活动会逐步向基本面回归；在短期急坠基本结束之后，未来将经历一个降幅大幅收窄、低速增长，再到新一轮繁荣的过程，并继续成为拉动世界经济复苏和繁荣的发动机。关于东亚和中国所谓过度依赖出口的经济模式难以持续的观点，已经被 1998 年亚洲金融危机和此次危机的历史证明是不成立的，实际上中国和东亚发展中经济体不仅在这次危机受冲击相对较小，而且其需求和进口回升恰恰成为拉动发达国家经济回暖和世界经济进一步复苏的重要动力；现在得出关于未来出口难以恢复两位数或者以前高增长的判断也为时尚早，实际上东亚很多国家领导人都一再肯定了在扩大内需的同时高度重视出口的未来选择。

因此，中央关于“四个不变”的判断是非常正确的，我们对外开放的基本国策也绝不能动摇。如果我们遇到严峻的外部环境和困难，就将经济发展的视野完全退缩到国内，那么我们在经济全球化的浪潮中有可能面临再度被“边缘化”的危险，未来世界经济和科技发展新的机遇就会与我们失之交臂。

相反，如果我们能够在防范金融风险、确保经济安全的前提下，坚定不移地推进新一轮对外开放，继续积极发展对外经济贸易，以开放促改革促发展促创新，我们就能抓住全球价值链时代的有利机遇，继续成为经济全球化的受益者，

进一步缩短与世界先进水平的差距，全面改变在全球价值链中的低端位置。

## 第三节　我国开放型经济新体制的进展

面对全球化进程加快带来的机遇和挑战，《中共中央关于全面深化改革若干重大问题的决定》明确指出构建开放型经济新体制，并提出“放宽投资准入、加快自由贸易区建设、扩大内陆沿边开放”等政策措施，掀起了深化外贸体制改革、创新外经贸管理方式的新高潮。这些新举措必将释放出巨大的制度红利，加快形成全方位开放格局，为加快迈向贸易大国提供有力支撑。

### 一、上海自贸区建设取得积极进展

2013 年 8 月 22 日，国务院正式批准设立上海自由贸易试验区（以下简称上海自贸区），并于 9 月 29 日正式挂牌。上海自贸区总面积为 28.78 平方公里，范围涵盖上海市外高桥保税区（核心）、外高桥保税物流园区、洋山保税港区和上海浦东机场综合保税区四个海关特殊监管区域，建成后将形成“四区三港”的格局（见图 11-1）。作为中国大陆第一个自由贸易区，建立上海自贸区是党中央在新形势下推进改革开放的重大举措。上海自贸区将实行政府职能转变、金融制度、贸易服务、外商投资和税收政策等多项改革措施，大力推动金融、转口、离岸业务发展。目前，依照国务院批准的《中国（上海）自由贸易试验区总体方案》，上海自贸区正在加紧建设，各项改革试验取得了初步进展。以“负面清单”

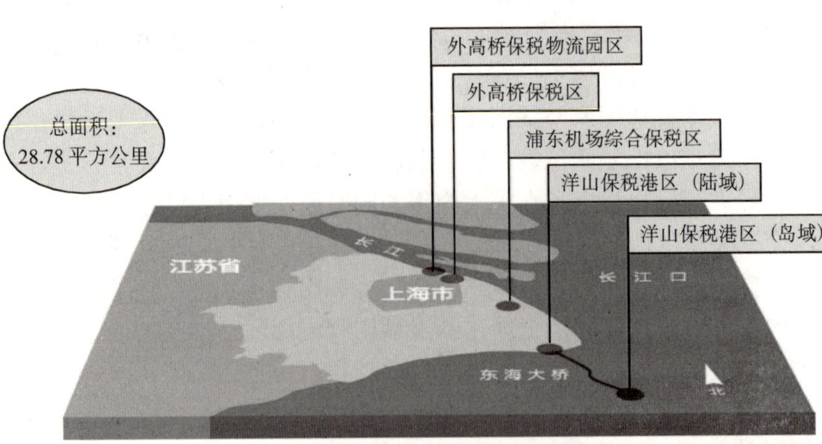


**图 11-1　上海自贸区示意图**

资料来源：中国（上海）自由贸易试验区官方网站。

的管理模式作为转变职能的关键步骤，上海自贸区已着手推进国际贸易结算中心、融资租赁、期货保税交割功能、扩大保税船舶登记试点规模、研究建立具有离岸特点的国际账户等十项功能先行先试。

上海自贸区建设具有重大而深远的意义。从体制层面来看，自贸区不仅将为上海带来丰厚的制度红利，而且也是构建开放型经济新体制的最大亮点和集中体现。这项重大改革举措顺应全球化和国际竞争格局变化的新趋势，其主要任务不仅要培育中国面向全球的竞争新优势，构建与各国合作发展的新平台，打造中国经济“升级版”，更重要的是要探索对外开放的新路径和新模式，成为深化改革和扩大开放的“试验田”，实现以开放促发展、促改革、促创新。值得注意的是，上海获批自贸区实验后，全国掀起了以申立自贸区为重点的新一轮对外开放热潮，初步形成了一定的带动效应。然而，应该看到，首个自贸区落户上海是其自身区位优势和国家战略布局的共同结果，现阶段全国具备相应条件的省份并不多，而且上海自贸区建设尚处于起步阶段，各项改革影响大、难度高，存在一定的风险和不确定性，盲目申立有可能进一步加剧各地优惠政策比拼。同时，上海自贸区建设既不是特区也不是新区，更不能搞“政策洼地”。因此，应及时总结自贸区建设进展，着力形成可复制、可推广的经验，从而更好地服务于全国，推动开放型对外经济新体制的建立完善。

## 二、“负面清单”管理模式初步确立

“负面清单”管理模式是指政府明确列出不对外开放的经济领域，即凡是与外资的国民待遇、最惠国待遇不符的管理措施，或业绩要求、高管要求等方面的管理措施均以清单方式列明，而除了清单上的禁区，其他行业、领域和经济活动都允许开展。可见，负面清单实际上是一种“原则的例外”，相当于列出“黑名单”，设置排除式的市场准入标准。这种管理模式遵循“非禁即可”的解释逻辑，体现出“法无禁止即自由”的立法理念。自 20 世纪 90 年代起，一些自由贸易协定（FTA）开始采用负面清单规范市场准入和开放领域。其中，1994 年生效的北美自由贸易区（NAFTA）是最早实行负面清单模式的 FTA 之一，而在美国和新加坡达成 FTA 之后，这种制度也被亚洲多个国和地区仿效，成为 FTA 谈判的重要内容。

《中国（上海）自由贸易试验区总体方案》首次提出，“探索建立负面清单管理模式。借鉴国际通行规则，对外商投资试行准入前国民待遇，研究制订试验区外商投资与国民待遇等不符的负面清单，改革外商投资管理模式”。随后，上海自贸区于 2013 年 9 月公布了首份“负面清单”，涵盖国民经济所有 18 个经济行业门类，涉及 89 个大类、419 个中类和 1069 个小类，编制特别管理措施共 190 项。在这份清单之外的领域，外商投资项目核准将改为备案制（国务院规定对国内投资项目保留核准的除外)。推出负面清单是上海自贸区建设的主要任务和重大制度创新,标志着中国政府对外资准入和开放领域的管理发生了导向性的重大变化,政府管理由强调事先审批转为注重事中服务和事后监管,并逐步与国际接轨。目前,负面清单管理模式运行基本平稳,但由于出台比较仓促(上海自贸区挂牌后不到一个月即推出),现行负面清单尚有不完善之处,也引发了一些争议。如清单内容比较繁复,与外国投资者期待的简洁、明晰的准入标准仍有一定差距。针对2013年版负面清单中存在限制领域较多等问题,2014年7月上海市政府发布了《中国(上海)自由贸易试验区外商投资准入特别管理措施(负面清单)(2014年修订)》。修订后的新版"负面清单"中特别管理措施共计139条,比2013年版减少了51条,向进一步扩大开放、放宽市场准入又迈出了一大步。另外,负面清单管理模式下的"备案制"如何操作,也是外商投资企业普遍关心的问题,企业担心现行行政体制改革不到位,导致换汤不换药,"备案"沦为升级版的审批。

## 三、内陆沿边开放升级提速

我国内陆腹地广阔,人口众多,市场潜力大。西部大开发等一系列国家区域战略实施以来,内陆和沿边地区交通等基础设施条件不断改善。同时,在外需持续低迷、人民币升值、劳动力成本上升等因素作用下,近年来东部沿海地区对外开放的制度红利缩减。随着综合成本此消彼长,生产要素逐步向内陆地区流动集聚。目前,我国已具备在全国范围内扩大对外开放的基本条件。为适应对外开放的新形势,党的十八届三中全会作出了扩大内陆沿边开放的重要决策,要求抓住全球产业重新布局机遇,推动内陆贸易、投资、技术创新协调发展;推动内陆同沿海沿边通关协作,实现口岸管理相关部门信息互换、监管互认、执法互助。在这一重大决策的推动下,内陆沿边对外开放明显提速,一批内陆沿边"开放高地"正在形成。东北地区通过深化与俄罗斯、蒙古等国的经贸合作与技术交流,发挥内引外联的枢纽作用,打造"向北开放重要桥头堡";以"新丝绸之路经济带"建设为突破口,西北地区不断深化与中亚、西亚、南亚及欧洲国家的合作,"向西开放门户"已具规模;西南地区则加快建设完善与东盟合作平台,深化大湄公河次区域合作,加强与东南亚、南亚、印度洋沿岸国家合作,打通西南出海战略通道。尽管内陆沿边开发进入新阶段,但内陆沿边地区发展开放型经济仍面临诸多障碍,不仅存在交通、基础设施、物流成本等区位劣势,而且人才储备薄弱和开放理念滞后的制约尤为明显。总体来看,现阶段内陆沿边省份对外开放仍是各自为政,尚未形成战略合力。内陆沿边地区扩大开放,不能照搬东部经验,简单复制沿海地区的模式更行不通,理念创新、战略整合、人才集聚是进一步提升内陆沿边开放经济发展水平的关键。

## 第四节　全球价值链时代新一轮对外开放展望

面临全球价值链重塑、世界经济格局大调整、世界产业大重组等新形势，我们必须在更好地统筹国际国内两个大局的前提下，全面考虑我国新一轮对外开放的战略选择。由于我国要素结构失衡以及长期处于社会主义初级阶段的国情，我国比其他大国更需要对外开放。按照党的十八大和十八届三中全会要求，建设开放型经济新体制，最终建成比较成熟的开放型经济，实现商品、服务、要素和人员更加自由的流动，促进两种资源高效配置、两个市场高度融合，创造新的国际竞争优势，是我们坚定不移的战略目标。新一轮对外开放不同于 20 世纪 80 年代以渐进主动区域开放为主的对外开放，也不同于 2001 年加入世界贸易组织以及过渡期的对外开放，是世界进入全球价值链时代的新一轮对外开放，是经济、政治、社会、文化、生态等主要领域的同步开放，是高标准的制度性规范性开放，需要更好优化对外开放的战略和行为方式。需要在统筹国际国内两个大局、协调国内发展和对外开放的基础上，实现几个结合，包括对内开放与对外开放的结合、开放与改革的良性结合、不同区域开放的协同结合、不同领域与行业开放的协同配合、多边双边与区域开放的结合、主动开放与参与多边区域开放的协同配合。这需要加强新一轮对外开放的顶层设计和协调指挥，更全面统筹对外开放的政策、标准、水平和布局，使新一轮开放更加市场化规则化、国际化和高端化，把握好开放的主动权和控制权，实现积极主动有序可控的开放（深圳综合开发研究院，2014）。因此，本书认为，在全球价值链时代，未来对外开放功能必须适应现代化和全球化潮流，及时得到新的拓展和升级：一是在 2025 年我国劳动力供求格局发生根本转变之前仍需充分发挥劳动力的比较优势，为工业化现代化提供最终需求的支撑；二是提升全球资源整合深度，组合利用全球范围内的资金、资源、人才，集成全球优势要素，提高经济效益，强化经济发展的内生能力；三是以开放促改革，实现开放与改革良性互动，为全面深化改革提供新引擎；四是加强国际合作，充分利用全球范围内的科技、知识、人才和创新资源，以开放促创新，加快创新型国家建设，在全球新产业新技术革命中占据有利地形，全面提升我国技术创新能力；五是全方位参与全球价值链分工与重塑，实施新一轮积极主动的对外开放战略，推动中国产业向全球价值链中高端的跃升。从后危机和全球价值链时代的国内外形势看，未来新一轮对外开放将开启新旅程，展现新格局。

## 一、抓住全球价值链大重塑机遇，提升我国产业核心竞争力

历史证明，危机往往伴随着产业的大重组、大洗牌。由于这次危机可能将伴随一次中期调整，因此全球实体经济去产能化和要素重组也将经历更长的周期。在此过程中，新技术新产业变革与传统产业改造并存，共同推动世界经济逐步复苏和走向繁荣，并带来新一轮国际产业结构布局调整和转移，企业跨国并购大潮再起，全球范围内产业重组、资本流动、要素转移、技术合作、人才流动蓬勃向前。历史上很多国家抓住这种机遇实现了产业振兴，如大萧条期间的苏联通过大量吸纳外部的技术、资金和人才逆势而上；同时很多产业、很多企业在大重组中实现了跨越式发展。由于我国在国际金融危机中受冲击相对较轻，宏观经济金融相对稳定，具备难得的综合性优势，积极参与全球价值链产业链大重组面临的百年一遇的机遇；同时这也是发挥我国在应对危机中的引擎作用、促进世界经济复苏与繁荣的需要。

我国应在统筹考虑提升自身产业核心竞争力和参与国际协调合作两方面关系的前提下，以企业和市场为主体，着力组织推动若干重点计划（王子先，2010）：一是积极支持具备实力的企业开展核心能力型跨国并购，通过更大范围聚集全球优势生产要素，重塑企业核心能力，培育我国自身全球性跨国公司；二是大力加强国际经济金融合作，加大对外援助力度，支持发展中国家的经济复苏，拓展海外区域价值链，创造新的外部需求，拓展新的对外经贸合作空间；三是大力加强技术引进与跨国合作（特别是新技术领域的合作），充分整合利用全球科技和智力资源，引进中高端人才，全面提升我国技术水平和创新能力；四是适应国际产业转移新趋势，全面重塑全球供应链体系，拓展上海、深圳等沿海城市的贸易中心功能，发展一大批像香港利丰那样有高端供应链体系的龙头企业，提高国际产业转移的承接、组织和辐射能力；五是抓住目前机遇通过并购、战略合作、管理咨询等多样化方式全方位引进国际上先进的企业管理方法与理念，推动我国企业经营管理与国际惯例的接轨，通过借船出海等多种方式重塑我国企业管理现代化国际化体系。

## 二、打造集成全球优势生产要素平台，推动我国产业向全球价值链中高端跃升

过去 30 多年，中国制造在开放的推动下，实现了跨越式发展，取得了巨大成功，目前存在的各种问题总体都是前进中的问题、好中求好的问题。从全球比较的视野看，中国制造处在低端，主要症结不在制造业本身，而是因为我国在全球整个产业链、创新链、价值链中处于不利位置（张晓静，2007）。在全球价值链中，制造仅占一个环节，六个环节都在其他交易服务领域，而我们的短腿恰恰

就在其他处于产业链高端的研发设计、市场营销、物流供应链等六个环节。具体来说，制约我国总体产业国际竞争力的关键因素主要在以下方面：一是研发设计和市场营销等高端生产性服务业严重滞后，使中国制造处在国际价值链也就是“微笑曲线”的低端；二是物流供应链管理水平低下，整合利用国内国际资源要素能力不足，交易成本与费用居高不下；三是金融体系落后，金融服务效率低下，制约企业的自主创新、结构升级；四是在知识产权保护、政府行政管理、公共服务、公用事业和税费等政策安排上，不适应新的形势，与发达国家比差距很大，不利于产业和企业核心竞争力的提升，不利于自主品牌和知名跨国公司的培育；五是科技教育培训和管理咨询等比较落后，在中高端人才上存在严重不足；六是在微观上不适应国际分工不断深化、制造业与服务业既专业化分工又紧密融合的新趋势，业务流程、产业组织、管理和制度创新严重滞后，影响了总体产业竞争力的提升。但是，这些制约因素很大程度上与我国目前阶段的有关体制制度政策环境有关，必须伴随整个现代化的过程有序推进，逐步解决。

全球价值链时代我们有必要也有条件通过深度整合全球资源，寻求以开放推动整体链条优化重组的突破口：一是进一步深化市场化改革，特别是政府行政体制、金融和要素价格等几大关键领域的改革，为我国产业链的优化重组消除体制障碍；二是抓紧打破重要服务业的制度性垄断，引入竞争，加快专业化信息化现代化步伐；三是积极参与服务业全球化、扩大服务业开放，积极承接国际服务业转移与外包，以开放促进服务业改革发展和创新；四是大力发展生产性服务业，特别是研发设计和市场营销等高端服务业，实行鼓励性的产业政策，支持自主创新，加快升级；五是积极引导企业提升生产服务供应链管理水平，更高程度参与全球资源优化配置，强化核心业务，全面发展外包业务和外包协作，提高交易效率；六是学习借鉴国际上制度和政府规制创新的做法与经验，推动有条件的中心城市和区域先行开放，并进行全方位制度创新，激发地方经济活力，在我国整体产业链重组优化过程中发挥先导示范作用。

## 三、抓住服务业国际转移机遇，实现全球价值链服务端跨越

进入 21 世纪以来，服务业全球化掀起新高潮，带动了服务业跨国投资、贸易和离岸外包的迅速发展，实际上正在推动着一场新的产业组织革命，服务业与制造业既分工又融合的格局正深刻地改变着世界产业（江小涓，2009）、技术和经营管理的发展模式，将给全球经济带来巨大影响。国际金融危机短期内对服务业跨国投资与贸易也带来一定影响，但服务业全球化大趋势没有改变，跨国公司迫于竞争压力开展服务外包的意愿反而强化，尤其是对中国市场兴趣增强。可以预见，在全球价值链时代，服务全球化正在并将继续掀起新的高潮，服务业跨国转移和要素重组将成为新一轮国际产业转移的重点。我国有可能吸取制造业通过

不断扩大开放、积极参与经济全球化实现全面升级的经验，抓住战略机遇，适时推出新一轮以服务业为重点的对外开放，推动服务业跨越式发展。

当前尤其要将积极参与服务业全球化、大力发展服务贸易、承接国际服务转移外包，作为新一轮对外开放的战略重点，努力实现在全球价值链服务端的跃升，并将其纳入国家战略，像当初建设经济特区一样予以高度重视和支持。当前扩大服务业开放的举措（王子先，2011）：一是积极有序扩大服务业市场准入，引入竞争，以扩大开放推动服务业体制和管理的创新，全面优化服务业的行政和法律环境；二是以承接服务业跨国转移和外包为突破口，带动我国有比较优势的一些现代服务业部门的迅速振兴；三是引入外部战略投资者，加快我国服务业的重组，引入国际上的先进技术、组织形式和经营管理方式，全面促进服务业技术进步和现代化；四是将一批有条件的沿海中心城市办成国际化生产性服务的聚集区，显著增强其产业组织、供应链管理、市场营销和国际接单能力，提升在全球生产网络和价值链中的位置，对国内经济和产业发展形成更强大的辐射带动效应；五是在以引进来为重点的同时，不失时机地推动有实力的服务企业"走出去"，积极开展双向服务外包，增强整合利用全球优势要素的能力；六是大力培育一批具有自主知识产权、自主品牌和高增值服务能力的服务供应商成为外包龙头企业，实现服务外包与服务业发展升级的良性互动；七是加快服务贸易发展，增加和改善服务供给；八是加强服务业监管体系建设，确保国家利益和经济安全。

## 四、积极参与全球绿色经济领域的合作，构建我国绿色产业全球价值链

面对日益严峻的全球性能源、资源、气候和生态环境问题，发展绿色经济已成为当前世界经济新的亮点，新能源革命促推新产业革命，并且有可能成为新一轮世界经济的主力引擎，蕴藏着巨大的发展潜力和经济价值，决定着各国在未来国际竞争中的地位。虽然中国已经具备了一定的绿色产业基础，如在太阳能、风电和电动汽车等领域涌现了一些新的亮点，但总体上看我国与发达国家比差距很大。以美国为首的发达国家在技术、产业和话语权等方面拥有巨大实力和优势，而我国和广大发展中国家总体上在绿色经济领域处于非常不利的地位。特别是欧美在节能环保和气候领域控制了国际话语权，占据了规则和标准的制定权。虽然发展经色经济是全人类可持续发展和生态健康的共同选择和普遍潮流，但其背后仍然有物质利益和国际竞争地位的较量。加上发展中国家与发达国家总体处于不同发展阶段，发展中国家加速工业化对于资源能源和碳排放的需求量处于明显上升阶段，但在资金、技术投入等方面却相对乏力，问题的解决需要一个更长期的过程。因此，中国和广大发展中国家在绿色经济领域既有机遇，也面临一系列挑

战。为此，中国既要顺应潮流，调整发展战略和模式，努力创造绿色经济新优势，也要大力加强国际合作，更好地整合利用全球要素、技术和人才，在绿色产业全球价值链上占据有利地形。一是大力加强节能环保技术产业领域的国际合作，打造绿色资源和要素聚集的平台，促进我国绿色产业和技术的快速成长，缩短与国际先进水平的差距，实现链上的升级；二是适应绿色革命新潮流，抓紧建立健全绿色经济领域的法律法规、标准，还有税收、科技、金融政策和公共监管与服务体系，创新体制，完善激励和约束机制，让发展绿色经济成为全社会共同的选择；三是积极参与全球治理，增强我国在全球绿色规则制定方面的话语权，以建设性姿态参与多边活动、维护作为发展中国家应有的权益，努力实现绿色经济领域的互利共赢（王子先，2010）。

## 五、积极参与全球经济金融体系改革，推动改善全球经济和全球价值链治理

此次危机使现行国际经济金融体系的深层次问题空前暴露，各方改革压力和共识明显增加；同时，世界经济格局处于大调整期，我国和其他新兴经济体发挥作用的空间增大。因此，作为一个发展中大国，中国首先应当采取多种措施，稳定自身经济和金融市场，这本身就是对世界金融危机的一个最大缓解和贡献。同时，必须更加积极地参与全球治理，确定适应当前新形势的参与战略，以务实、积极的态度，按照全面性、均衡性、渐进性、实效性的原则推动国际经济金融体系改革，建立公平、公正、包容、有序的国际经济金融新秩序。具体应包括以下方面：一是加强国际经济金融监管合作、完善国际监管体系；二是对主要国际金融组织治理结构进行改革，建立合理的全球金融救助机制，增强履行职责的能力；三是增加发展中国家在国际经济金融组织中的发言权和代表性，积极发挥其在维护国际和地区经济金融稳定等方面的作用；四是积极参与推动多哈回合多边贸易谈判早日达成协议，努力维护开放的多边贸易体系，反对各种形式的贸易投资保护主义；五是致力于与世界各国一道积极有序构筑适应全球化趋势的全球经济治理和协调新机制，共同推动世界经济的复苏与持久繁荣；六是提升参与全球价值链治理水平，共同推动全球价值链规则标准的完善，强化跨国公司的责任，促进各方利益的均衡。

## 六、促进国内各地区协调开放，提升各地区参与全球价值链分工水平

继续积极推动沿海地区新一轮对外开放，力争率先实现向全球价值链中高端的跃升。发挥沿海地区在对外开放中的先导作用，积极参与全球价值链分工，提升全球资源整合能力，强化产业核心优势和核心能力；大力发展生产性服务业，

扩大服务业开放，加快向服务经济转型，显著提高沿海中心城市接单营运能力，更好实现制造与服务的一体化融合；在长三角、珠三角、环渤海建设若干国际贸易、航运、金融、经济中心及次中心，强化外溢效应，发挥中心城市的辐射带动作用，促进沿海与内地经济协调发展和产业对接。沿海地区要以新一轮开放促改革促创新，在提高自主创新能力和产业升级基础上，更高层次参与全球价值链分工与合作，率先实现产业向全球价值链高端的跃升，引领全国产业开放与升级的步伐。

进一步扩大内陆地区对外开放。提升内陆地区产业技术实力，全面夯实内陆开放型经济发展的基础；创新内陆加工贸易模式，加快产业梯度转移，打造新型国际制造基地，使其更多嵌入全球价值链分工环节；统筹推进内陆地区国际大通道建设，加快建成面向东南亚、中亚、欧洲等市场的国际物流大通道，发展江海、铁海、陆航等多式联运，形成横贯东中西、连接南北的对外经济走廊。推动内陆与沿海、沿边的通关协作，提高通关效率；加快内陆地区行政体制改革，优化营商环境，显著提高贸易投资便利化水平。

加快沿边开放步伐。重新认识沿边开放的战略意义，开创沿边开放新格局。创新沿边开放政策，探索沿边经贸合作新方式，提高贸易投资发展水平；努力改变沿边开放有贸易无产业的状况，着力培育基于地理、资源和要素优势的加工制造基地和园区，面向本地和周边国家市场加快产业升级步伐。加大金融支持力度，建立开发性金融机构，加强基础设施建设并加大与周边国家的互联互通。当前，特别要大力推动“一带一路”建设，发挥其在沿边开放中的核心带动作用。加强与中亚有关国家合作，以点带线，由线到面，逐步推动惠及近30亿人口的“丝绸之路经济带”建设，打通从太平洋到波罗的海的运输大通道，加强配套基础设施建设，逐步形成连接东亚、西亚、中亚、南亚的交通运输网络；大力提升与周边区域的贸易自由化便利化水平，加强投资合作，促进共同发展。在加强与东盟自由贸易区建设基础上，进一步合作推动“海上丝绸之路”建设，为建设中国—东盟命运共同体、推进区域经济一体化注入新的动力，迎接中国—东盟经贸合作的新高潮。“一带一路”两大战略交相辉映，都以周边国家为基础，同时向其他国家和地区开放，一个着眼于大陆，一个着眼于海洋，必将极大推动我国沿边和整体对外开放进程，揭开我国对外开放新的历史篇章。同时，也将有力拓展我国经济发展战略空间，成为我国重塑海外区域价值链的重要枢纽。

## 七、坚持多边、双边、区域开放并重，拓展海外主要区域价值链体系

作为一个大国，必须长期坚持多边、双边、区域合作并重的大方向，最大程度上拓展我国经济发展的空间，优化重组全球价值链布局，维护我国对外经济利

益和安全。首先，继续把推动建立更加开放的全球贸易投资体制作为长期战略，以积极主动的姿态参与多边贸易谈判，与各国一道共同推动全球贸易投资自由化便利化，遏制形形色色的保护主义，完善多边规则，加强全球经济治理，改善全球经济秩序，共同应对和解决全球性的经济社会问题（江小涓，2009）。其次，以双边经贸合作为基石，推动与世界各国、各地区更加广泛深入的双边经贸合作关系，完善双边经贸促进机制和政策体系，实现与世界五大洲的互利共赢和共同发展。

在多边贸易谈判停滞不前、全球范围内区域经济一体化大潮迭起的大趋势下，今后一个时期我们应该把参与区域经济合作、扩大区域开放作为战略重点，同时结合我国经济外交战略，把参与区域经济合作作为构建和重塑我国自己的全球价值链体系的核心环节和枢纽。加快实施自由贸易区战略，以亚洲和周边为基础，形成面向全球的高标准自贸区网络。积极推动中韩、中日、中澳自贸区谈判，开展中国—东盟自贸区升级版谈判，推进区域全面经济伙伴关系协定（RCEP）谈判。基于全球经济格局变化和地缘战略，应该把参与亚洲企业经济合作作为实施自贸区战略的关键。正如博鳌亚洲论坛研究院发布的亚洲区域一体化报告中所指出的：面对全球经济的不确定性，亚洲经济体需要进一步探索如何依靠内部市场需求的扩大来保持经济持续增长，如何依靠重量级的区域贸易协定强化亚洲生产网络，如何协调彼此对区域经济一体化路径的观点，提升区域经济合作质量（博鳌亚洲论坛，2013）。目前，亚洲经济体之间的经济联系日益密切，经济一体化进程明显加快，显示出蓬勃生机与活力。亚洲经济体的贸易联系也日益密切，区域整体的贸易依存度从 2007 年的 53.1%上升至 2009 年的 53.4%，2010 年进一步升至 54.9%，2011 年为 54.1%。这说明亚洲经济体中有一半以上的贸易额是与本地区贸易伙伴进行的。2011 年 21 个可以测算一体化指数的经济体中有 15 个对亚洲贸易的依存度指标大于 50%。中国对亚洲贸易的依存度也高于 50%，成为我最重要的市场支撑。虽然，亚洲各种形式的次区域合作蓬勃发展，实质上的经济融合在广泛推进，但是世界上人口最多、经济增长最快的地区——亚洲整体经济一体化上无突破性进展，不仅与欧盟、北美自由贸易区形成巨大反差，甚至与非洲、拉美等其他大洲正在推进的整体区域经济一体化相比也有差距，亟待加强。可以以东盟十国合作为基础，通过“10+1”模式渐次推进，是一条可行的途径。我们应该与亚洲各经济体一道增强相互的战略互信，稳扎稳打，渐进推动亚洲区域经济一体化合作，提升贸易投资自由化水平，力争早日取得实质性进展。可把积极参与亚太区域经济合作作为实施自贸区战略的重要途径，2014 年 5 月召开的 APEC 贸易部长会议已经将建设亚太自贸区作为重要议题之一。APEC 是世界经济增长的最重要引擎，APEC 成员的外贸总量和经济总量分别占全球的 46%和 57%，中国以 APEC 中国年为契机，致力于推动以亚太自贸区为目标的亚太区域经济一体化进程，是高瞻远瞩之策，必将对加强亚太区域经贸合作、实现更高程度上的一体化产生积极影响。推动亚洲及亚太自贸区建设，既是促进本地区和世界经济复苏与繁荣的重要动力，是推进全球价值链合作的关键动作，也是强化亚洲生产网络、构建自己的亚太区域全球价值链的契机，必将为推动中国与亚洲及亚太区域成员的互利合作作出新的贡献。

## 八、进一步深化对外经济体制改革，为参与全球价值链分工提供制度保障

充分发挥市场在对外经济领域的决定性作用，进一步推动从政策性开放向制度性开放的转变，形成市场主导的资源配置机制，推动商品、服务、要素和人员更加自由的双向跨境流动。总体上，应该进一步推进对外经贸领域由"奖出限入"向中性化开放体制转变（江小涓，2008）。尽管这个过程从2001年加入世界贸易组织时就已经开始，并已取得重大进展，整体贸易投资自由化水平大大提高，开放日益变成市场经济的内生要求，逐步实现了开放与市场化的对接与融合(姜荣春，2008)。但同时由于一些重要领域和环节的改革仍然没有突破，行政干预以及地方与行业壁垒仍然普遍存在，也制约了制度性开放的推进。所以，一方面要扩大关键领域的开放，以开放促改革；另一方面，更需要全面深化改革，来打破领域、行业、区域壁垒，建立市场起决定作用的对外开放新体制机制，为制度性开放扫除制度障碍，进一步强化开放的外溢效应，实现开放与改革的良性互动，推动对外开放与对内开放的无缝对接，收获更大的开放红利，释放出以开放促改革促发展促创新的新动力。新形势下，深化对外经济改革、完善开放制度保障主要思路如下：

一是与全面深化改革相互配套，通过一揽子互动改革进一步强化对外经济领域市场配置资源机制，促进国内市场的规范公平竞争，提高两个市场的对接水平；二是适应经济全球化新潮流，按照多边规则、区域合作和自身需要，进一步开放市场，减少市场准入壁垒，继续提高贸易投资自由化水平，推动实现商品、服务、要素和人员更加自由的双向流动；三是继续推动开放体制法制化，进一步健全涉外经济法律法规体系，完善执法，依法管理对外经济获得，形成稳定、透明的管理体制和公平可预见的法制与制度环境；四是继续改革对外经济管理体制，减少行政审批，下放审批权限，巩固贸易自由化，推进双向投资自由化；五是确保各类企业及贸易投资主体在对外经济活动中的自主权和平等地位，调动各方面积极性，特别是注重释放民营企业和中小微企业引进来、"走出去"参与全球价值链合作的生机与活力；六是改革对外经贸中介体系，加强行业自律，规范贸易投资秩序，提高自我服务水平；七是改善对外经济公共管理和服务，不断完善对外经贸促进体系，提高行政效率，强化公共服务意识，提高监管水平，规范

公共服务和监管行为，依法严格约束执法单位自由裁量权，全面提升贸易投资便利化水平；八是改革完善外经贸政策性金融支持体系，更好地发挥其在我国拓展全球价值链布局中的政策性功能作用，参照各国通行做法改进其运作与监管，大幅提高服务水平和效率；九是借鉴其他国家经验，推动对外开放制度设计的国际化，包括以世界贸易组织为代表的多边贸易规则、发达国家开放型经济运行的成熟经验、人类在长期实践中形成的国际贸易投资通行做法等，外贸应该结合国情合理借鉴，推进我国开放型经济体制机制符合国际惯例，一方面提升我国对外经济管理水平，另一方面也便于我国有效参与全球经济贸易治理，强化话语权和影响力（江小涓，2008）。

**参考文献**

综合开发研究院（中国深圳）:《中国开放报告》，中国经济出版社 2014 年版。

江小涓:《中国开放 30 年：增长、结构与体制变迁》，人民出版社 2008 年版。

江小涓:《中国经济的开放与增长 1980~2005》，人民出版社 2007 年版。

王子先:《中国对外开放和对外经贸 30 年》，经济管理出版社 2008 年版。

江小涓:《服务全球化与服务外包：现状、趋势及理论分析》，人民出版社 2008 年版。

杨丹辉:《从贸易大国走向贸易强国》,《中国工业发展报告 2014》（第十章），经济管理出版社 2014 年版。

# 后 记

近年来本人一直关注全球价值链问题，不断在实际工作和理论研究方面接触和运用到有关概念和内容，但是也只有一些零星的知识。一直觉得这个问题很重要，但是不清楚为什么和怎么重要。直到2013年前后看到联合国贸发会议及相关国际组织的关于全球价值链的专题研究成果，才顿时眼睛一亮；后来看到我所在的商务部牵头组织的关于全球价值链的国际研讨会信息，更感到这项研究十分重要而紧迫。所以从2013年6月我从商务部驻深圳特办调回商务部政策研究室以后，自己就选择该主题，进行了一年多的跟踪研究。但是查遍所有书刊和网上资料，仍然感觉内容十分有限。特别是结合中国实际的研究更少，研究过程极其不易。幸亏商务部召开的一些国际研讨会以及联合国贸发会议2013年发表的关于全球价值链专题研究成果，对我启发颇大。加上自己近30年从事全球化与对外开放政策研究的知识与成果积累，终于利用一年多时间完成了本书的书稿。尽管还不太成熟，研究也不够系统深入，但是我个人主要凭借一己之力完成这项任务，也算是拼了一回老命，又履行了一次对生命的承诺。而且，现在社会上至今尚未见到类似的系统研究成果推出，为了激发更多专业人士投入这项有重要意义的主题研究工作，笔者不揣浅陋做个先行者，希望起到抛砖引玉的作用。

为什么要研究基于全球价值链的对外开放问题呢？起源还是过去多年一直搞对外开放和经济贸易政策研究，特别是国际金融危机以来，中国经济转型、产业升级问题变得十分紧迫，中国制造面临重重压力，如何寻找转型升级的出路，成为大脑思考的常态问题。这时接触到关于全球产业链、全球价值链的概念，初步感觉可能是一条路子。其间，看到郎咸平教授关于中国产业升级关键是提高"6+1"整体产业链的竞争力，不仅仅是制造环节的升级问题，觉得深有同感，对全球产业链、价值链、创新链有了越来越浓厚的兴趣。2011~2012年，我被单位派到驻深圳特办工作，有机会接触深圳的供应链公司，对供应链公司情况及运作模式有了更深的接触和了解，慢慢打通了供应链与价值链的一些脉络关系，找到了价值链问题研究的新角度。其间，我们承担了部里"关于基于全球产业链价值链的加工贸易转型升级"课题，与深圳综合开发研究院等一起合作进行了相关研究，通过广泛的国际比较和实证案例研究，梳理了加工贸易与全球价值链的关系，提出了基于全球价值链的加工贸易转型升级思路及对策，是一次对全球价值链问题的边缘性介入和突破。自己的研究热情真正被激发起来，还是看到联合国贸发会议关于全球价值链的专题研究成果及主要结论之后——世界经济进入全球价值链时代，全球价值链在世界经济中的主导作用日益突出，中国应该积极参与全球价值链重塑，构建自己的全球价值链，实现全球价值链地位攀升，避免被低端锁定，等等。同时，自己长期从事对外开放和全球化方面的研究，也感到仅仅从贸易平衡和对外经贸交涉谈判角度研究全球价值链问题是远远不够的。参与全球价值链对中国意义特别重要，既是在全球价值链时代推进新一轮对外开放、培育国际竞争新优势的战略选择，也与国家整体发展战略、经济转型、产业升级、区域协调、创新模式、企业升级密不可分，同时还是中国参与全球经济治理、完善多边贸易体系、推动世界经济发展的客观需要。中国作为一个大国，确实需要有自己系统的全球价值链战略思路，这是新形势下中国推进改革开放和现代化建设的必然选择，既有利于提升中国国际分工地位和国际竞争力及话语权，同样也是承担必要的国际责任、促进各国共同发展与持久繁荣的必然之选。正是在上述背景下，笔者顿有空前的危机感和紧迫感，希望能够为全球价值链时代国家发展与改革开放大计尽点心力。

此外，虽然全球价值链（简称 GVC）研究不需要新理论，但确实也需要集成和整合传统国际经贸理论。经合组织《互联经济体：受益于全球价值链》中指出：现有贸易和跨国公司模式已经包含了许多元素，能够使我们更好地了解 GVC 的逻辑，GVC 可能并不需要一个全新的理论。GVC 对经济社会的影响与过去观察的全球化影响大致相同。

这个判断，总体来看是正确的。GVC 虽然源自管理学的价值链理论，但一旦跨界进入全球生产网络体系以后，基本上是传统国际贸易、国际投资和跨国公司理论及模式的延伸，传统理论已经包含了许多解释元素。所以，可能并不需要从头开始构建一整套新的理论体系。

GVC 与全球化更是一脉相承、高度关联，是全球化推动了 GVC 的形成与升级，而 GVC 的形成标志着全球化进入更高级的阶段，全球化深度、广度都达到了前所未有的水平。世界经济进入 GVC 时代，全球化也进入全球资源深度整合时代。GVC 对经济社会的影响确实与过去看到的全球化影响差不多，由于全球化是一个从低到高迅速推进的动态变化过程，本身没有也难以建立一套精密系统的理论和分析方法，总体停留于一些理论应用和实证分析，而 GVC 作为全球化的高级阶段，自身展现出一系列新特征新趋势，乃至革命性突破，更使一些传统理论和方法面临越来越大的局限，比如基于跨境贸易额的统计分析框架，就严重脱离了如今的“世界制造”的现实，难以全面准确地反映基于 GVC 的世界贸易分布、平衡及利益分配状况。更进一步，传统的贸易理论大多是基于传统民族国家和单个企业完成全部生产过程的福特模式，属于部门间的分工与贸易，但现实是部门内产品内公司内贸易成为绝对主导，全球的制成品贸易基本上都是“世界制造”，都不同程度包含自他国进口的中间品和零部件，所以传统的贸易及国际经济理论大多存在这样那样的局限性与不足，难以反映现今真实的世界。

GVC起源于微观的企业价值链理论，有一套相对细化的理论框架和方法，可以延伸应用，同时GVC基于现今的全球生产服务网络，已经日益成熟，完全有可能也需要集成已有的理论和方法，整合形成一套相对齐全的理论分析框架、指标体系和方法。

从企业价值链到GVC演进也需要理论方法的创新。作为GVC源头的企业价值链理论，由美国学者迈克尔·波特和格里芬等所创，总体上基于企业管理学和会计学范畴建立的，后来价值链理论的发展也更多是基于企业管理学和管理会计领域，总体构建了一套比较系统的理论基础、分析框架、指标体系、数理模型与方法。这些理论和方法有些是可以延伸到GVC研究的，而且已在实践中应用。但是两者也有很大不同，有些理论方法就很难应用到GVC分析中，因为GVC的范畴和逻辑覆盖了从微观、中观、宏观到全球各个层级，远远超过价值链理论微观层次的出发点和理论范式。

这就需要对价值链理论、方法和模型与GVC大背景的异同进行一些对比分析，找出一些适用的理论、观点、方法和模型，同时结合中观、宏观和全球几个层次的客观现实需要进行必要的理论方法整合与重构，为GVC理论找到更坚实的基础分析框架和方法。

发达国家市场体系比较成熟，市场和企业主体作用突出，无论是国内经济还是对外经济，政府直接干预都比较少，在对外开放领域更是如此，并不需要每个领域、行业和区域都要制定自己的发展战略、行业规划和政策，很多时候都是交由市场调节。所以，现在微观性的价值链理论及方法也许对它们基本上是够用的，而我国情况很不一样。在市场体系不太成熟、企业自主发展能力和产业组织能力都相对薄弱情况下，国家战略、宏观政策、行业及区域规划还发挥着重要作用，在对外经济领域国家总体开放战略与政策更为重要，所以，仅有微观层面的价值链理论与方法是远远不够的，加上基于全球生产网络的GVC分析对经济开放度比较高的中国战略意义实在太重大，非常有必要将价值链理论由微观向中观、宏观和国际层面延伸，并将两个市场、两种资源、两种能力紧密对接起来，进行战略谋划和政策应用的延伸研究。这样，才能更好地适应全球化和世界经济进入GVC时代的新现实，更好地为各层次决策和发展服务。

其实，国内关于全球价值链问题研究很早就有，但是总体处于低层次、碎片化状态，大多是简单介绍和运用国外的全球价值链理论及方法，缺乏系统的研究和创新，更不能与中国的改革开放和发展实际相结合，未见有系统性论著，只有少数学者开展了一些有深度的研究。学术理论研究大大落后于全球化和对外开放实践，当然就谈不上怎么去指导实践，产生严重的两张皮现象，非常不适应实际工作的需要。加上国际上对全球价值链基础理论整合也不太重视，认为过去的传统国际经贸理论知识和方法已经够用，虽然整体研究水平要比国内高很多，但也一定程度上存在理论碎片化问题，基本上沿用企业价值链微观层次的研究分析框架和方法，没有建立打通全球价值链“微观—中观—宏观—全球”全链条的分析体系，不适应全球化和全球价值链不断发展与升级的新形势。理论研究碎片化和低层次重复状态会带来不少问题与风险，加剧认识分歧，产生误解误读，更无法对新形势下对外开放及宏观转型与产业、区域、企业升级实践提供有益指导。这也增强了笔者研究全球价值链战略及对外开放问题的紧迫感，希望能够尽快改变这种局面。

几年前，关心我的领导和朋友就嘱咐我趁着到深圳工作的机会，把这几年的研究成果好好整理一下。初期我也有这种想法，但真要着手弄马上碰到一系列问题，自己不会操作电脑，打字刚刚学会一点，每天日常工作就应接不暇，哪有时间干这个事啊？加上到一线有机会接触实际，真不忍放弃。更重要的是，总觉得过去已有的研究成果重新拾起来意义不大，提不起大兴趣。其实，浏览一下，过去的成果还真不少，制作的光盘中多的年份有几十篇文章，一年就够出本书。但是，还是不愿意给别人和自己添麻烦，出版要找同学帮忙，不能让人家赔钱，难！所以，这次研究基于全球价值链的对外开放战略，也可以把以前的思想观点用上一点，正好一举多得。加上自己现在身体情况不太好，治疗留下的后遗症日益严重，为自己热爱的对外开放事业尽力的机会可能也越来越少，所以下决心抓紧机会拼一次，回报国家，回报社会，回报大家的关爱。

自从 2004 年生病以来，自己能够很快恢复身体，还能恢复和保持信心，坚持研究和思考问题，甚至登上个人研究事业新高峰，特别要感谢我的家人，他们给予了无微不至的关心和照料，他们付出很多，我却无以为报，只能感恩终生，铭记永远。感谢商务部关心我的各位领导，特别是廖晓淇和刘向东副部长，他们的关爱和鼓励为我注入新的人生动力和信心；感谢政策研究室的各位同事，多年来大家一起奋斗，挥洒汗水，收获成果，在我治病和恢复过程中给予无微不至的关心照顾，帮我渡过人生难关。感谢我的导师王洛林老师和江小涓老师，在学术研究上给了我很多指导、支持和鼓励，王老师还专门为本书作序。感谢张斌、邓娜同志，他们参与了本书个别章节的研究起草，我们一起在商务部驻深圳特办经历了一段朝气蓬勃、战天斗地的研究生涯，出了不少应用性研究成果，受到部领导好评。感谢杨丹辉、彭敬、姜荣春、李蕊，她们为本书提了不少宝贵意见，特别感谢杨丹辉同学帮助我对全书文字、内容作了审校核改和编辑处理。最后要感谢经济管理出版社细致的编辑工作，感谢沈志渔同学一直对我的研究工作的关心、支持。

由于全球价值链研究是一项巨型新课题，本人知识和研究能力有限，研究工作仅仅是开了一个头，肯定存在很多问题与不足，所有责任由本人承担。真诚希望我的研究能够起到抛砖引玉的作用，今后有更多的专业人士积极参与全球价值链理论与实践研究，努力缩短中国与欧美等发达国家在这一研究领域的差距，并力争尽快站在更高的起点上，在全球化和全球价值链领域的研究中发挥引领作用，培养理论大家，更好地为我国国际国内战略、政策及规则制定服务，为推进新一轮对外开放服务，创造以开放促改革促发展促创新的新辉煌，以推动中国产业向全球价值链高端跃升来迎接国家从中高等收入阶段向高收入阶段的顺利跨越，助推中华民族的伟大复兴，助推每个人"中国梦"的实现。

王子先

2014 年 11 月